JN274860

図説 わが国の銀行

9訂版

全国銀行協会金融調査部［編］

財経詳報社

は　し　が　き

　銀行は，内外の経済社会において，金融の仲介者として，また決済サービスの提供者として，大きな役割を果たしている。このような銀行の基本的機能に変わりはないが，経済社会環境の変化に対応して，制度改正や規制緩和，金融技術の進展等により，銀行業務，金融制度，金融市場，金融行政，金融政策を含め，わが国の金融システム全体には大きな変革が生じている。

　わが国では，1990年代のバブル経済の崩壊とそれに伴う不良債権問題が2004年度をもってようやく終結し，その後，回復の兆しが見られていたが，米国のサブプライム・ローン問題に端を発し，2008年のリーマン・ショックを契機とした世界的な金融危機は，わが国においても株価の下落や実体経済の急激な悪化をもたらし，銀行経営にも大きな影響が及ぶこととなった。そして，この金融危機に対して，G20諸国の協調の下で各国政府・中央銀行等による様々な対策が講じられるとともに，この教訓を踏まえて国際的な金融規制のあり方が議論されている。

　さらに，2011年3月11日に発生した東日本大震災は，甚大な社会的・経済的被害をもたらし，現在，震災復興と日本経済の復活に向け，銀行界の貢献が求められている。

　このような最近の激しい変化はなお進行中であるが，今回，本書の約3年ぶりの改訂にあたり，前版同様，図表を用いながらできるだけ平易にわが国の銀行の機能・役割やその業務等について解説しつつ，できる限り最近の動きを取り入れたものとした。

　本書が，金融を学ぶ際の一つの手引書として，また金融問題を理解するための参考書として広く利用されるならば幸いである。

　最後に，本書の刊行にあたり，ひとかたならぬ労をおかけした財経詳報社の宮本弘明氏と，金融調査部員の原稿とりまとめを担当した三橋　衛次長に厚く感謝したい。

　　2013年3月

　　　　　　　　　　　　一般社団法人　全国銀行協会
　　　　　　　　　　　　事務局長兼金融調査部長　神門　隆

目　　次

はしがき

第1章　わが国の金融構造

1　概説 …………………………………………………………… 2
2　経済活動と資金の流れ ……………………………………… 4
3　経済部門別の資金過不足 …………………………………… 6
4　部門別資金調達 ……………………………………………… 8
5　家計部門・法人部門の金融資産残高 ……………………… 10
6　海外部門の影響 ……………………………………………… 12
7　直接金融と間接金融 ………………………………………… 14

第2章　銀行の基本的機能

1　概説 …………………………………………………………… 16
2　資金仲介機能（預金の受入れと資金の運用） …………… 18
3　銀行の信用創造機能 ………………………………………… 20
4　資金決済機能 ………………………………………………… 22

第3章　わが国の金融制度と金融機関

1　概説 …………………………………………………………… 24
2　バブルと不良債権問題 ……………………………………… 26

3	不良債権処理の一層の加速 …………………………	28
4	新しい金融システムの姿 ……………………………	30
5	金融機関の種類 ………………………………………	32
6	日本銀行 ………………………………………………	34
7	5大銀行グループ ……………………………………	36
8	地域を営業基盤とする銀行 …………………………	38
9	資産運用・資産管理を主な業務とする銀行 ………	40
10	新しい業務形態をとる銀行，在日外国銀行 ………	42
11	協同組織金融機関 ……………………………………	44
12	証券会社，保険会社，ノンバンク …………………	48
13	ゆうちょ銀行（日本郵政グループ）………………	50
14	政策金融機関とその改革 ……………………………	52
15	主要金融機関の資金量・貸出残高 …………………	54

第4章　金融市場

1	概説 ……………………………………………………	56
2	金融市場の種類 ………………………………………	58
3	インターバンク市場 …………………………………	60
4	オープン市場 …………………………………………	62
5	外国為替市場 …………………………………………	64
6	証券市場 ………………………………………………	66
7	株式市場 ………………………………………………	68
8	公社債市場 ……………………………………………	70
9	オフショア市場 ………………………………………	72

第5章　預金業務

1　概説 …………………………………………………………… 74
2　預金の種類 …………………………………………………… 76
3　預金の構成 …………………………………………………… 78
4　信託 …………………………………………………………… 80
5　預金利子課税制度 …………………………………………… 82

第6章　貸出業務

1　概説 …………………………………………………………… 84
2　企業の資金調達 ……………………………………………… 86
3　貸出の種類 …………………………………………………… 88
4　貸出の金利 …………………………………………………… 90
5　貸出のリスク管理 …………………………………………… 92
6　貸出の構成 …………………………………………………… 94
7　新しいタイプの貸出 ………………………………………… 96
8　中小企業の資金調達 ………………………………………… 98
9　民間金融機関の中小企業向け貸出 ………………………… 100
10　政府系中小企業金融機関と信用補完制度 ………………… 102

第7章　為替業務

1　概説 …………………………………………………………… 104
2　決済システム ………………………………………………… 106
3　内国為替と全銀ネット ……………………………………… 108
4　外国為替円決済制度 ………………………………………… 110

5	手形・小切手と手形交換 ……………………………	112
6	電子記録債権 ……………………………………………	114
7	CD・ATMの普及とオンラインサービス ……………	116
8	デビットカードサービス ………………………………	118
9	各種受払いの電子化 ……………………………………	120
10	インターネットバンキング ……………………………	122

第8章　個人向けの銀行取引

1	概説 ………………………………………………………	124
2	個人の資産運用 …………………………………………	126
3	消費者信用の種類 ………………………………………	130
4	消費者ローン ……………………………………………	132
5	住宅ローン ………………………………………………	134
6	クレジットカード ………………………………………	136
7	個人信用情報機関の役割 ………………………………	138
8	金融商品購入時の消費者保護 …………………………	140
9	金融ADR制度 ……………………………………………	142
10	預金者保護の法制 ………………………………………	144

第9章　証券業務

1	概説 ………………………………………………………	146
2	銀行本体による証券業務 ………………………………	148
3	銀行の証券子会社等による証券業務 …………………	150
4	銀行の投資信託販売業務 ………………………………	152
5	証券投資業務 ……………………………………………	154
6	銀行の窓口販売業務 ……………………………………	156

| 7 | ディーリング・ブローキング業務 | 158 |
| 8 | 社債管理業務と証券代理業務 | 160 |

第10章　デリバティブ・証券化

1	概説	162
2	デリバティブ取引の種類と規模	164
3	金融先物取引	166
4	オプション取引・スワップ取引	168
5	デリバティブ取引のリスク管理	170
6	デリバティブの時価評価とディスクロージャー	172
7	証券化の動向	174
8	証券化のさらなる動向	176

第11章　国際業務

1	概説	178
2	邦銀の海外展開の動向	180
3	国際業務部門の収益内容	182
4	国際比較でみたわが国の銀行の競争力	184

第12章　銀行に対する規制・監督

1	概説	186
2	銀行法の主な内容	188
3	ベター・レギュレーション	190
4	銀行の健全性規制（自己資本比率規制）	192
5	自己資本比率規制と早期是正措置	194

6	銀行の大口信用供与規制	198
7	金融検査マニュアル	200
8	銀行経理・ディスクロージャー	202
9	預金保険制度	204
10	独占禁止法と銀行	208
11	株式保有規制	210
12	マネー・ローンダリング規制	212
13	金融コングロマリット化への監督上の対応	214
14	金融商品取引法	216
15	銀行代理業制度	218
16	国際的な金融危機への対応（その１）	220
17	国際的な金融危機への対応（その２）	222

第13章　銀行の経営

1	概説	224
2	金融機関の収益構造	226
3	銀行の経営分析指標	228
4	収益力の向上	230
5	効率化の推進	232
6	銀行の各種リスク管理	234
7	銀行グループ経営の展開	236
8	CSRや環境配慮行動への取組み	238

索引 …… 240

図　説

わが国の銀行

第1章　わが国の金融構造

1　概説　我々が日常使用しているお金には，第一に商品の交換の過程を円滑にし，取引費用を節約する機能（交換仲介機能），第二に商品に価値基準を与える機能（価値尺度機能），第三に将来に購買力を保存する機能（価値保存機能）の三つの機能がある。

お金の持つこうした機能から，商品・サービスの購入に対する代金の支払いなどの実物取引によって発生する流れ（実物的流通と呼ぶ）と，資金の余っているところから資金の不足しているところに資金を融通する金融取引によって発生する流れ（金融的流通と呼ぶ）が存在する。したがって，前者は経済全体の生産活動を示すものであり，国民所得分析として表される。一方，後者の流れは，金融取引の動きを示すものであり，資金循環勘定（金融取引表，金融資産・負債残高表）として表される。特に，資金循環勘定では，金融機関，非金融法人企業部門，一般政府部門，家計部門，対家計民間非営利団体部門，および海外部門の各経済部門別に，金融資産と金融負債の取引量（フロー）と残高（ストック）が記されており，我々はこれによって一国の金融構造の特徴を捉えることができる。

実物的流通として，わが国経済の動きを歴史的にみると，戦後の民間消費および設備投資の高い伸びに加え，旺盛な海外の需要に支えられて高い成長を遂げた。しかし，1973年の第一次石油危機をきっかけに，翌1974年に戦後初のマイナス成長を記録するなど急激な景気の低迷を経験し，高度成長は終焉を迎えることになった。その後，わが国は安定成長経済に移行したが，1980年代後半には再び経済成長率が

5％を超える好況，いわゆる「バブル景気」を迎えた。しかし，このバブル景気も株価・地価といった資産価格の暴落によって崩壊し，1998年度には実質・名目ともマイナス成長を記録した。その後も名目ではマイナス成長が続くデフレ経済が続いたが，実質では2002年度以降，緩やかな景気回復を続けた。

　こうした経済環境の変化を反映して，金融的流通のあり方，つまり金融システムにも大きな変化がみられた。戦後の高度成長期には常に法人部門が大幅な資金不足であり，個人部門が資金余剰であった。そこで，この両者の資金過不足を効率的に調整するルートとして発達したのが，銀行を中心とした間接金融システムである。その後，第一次石油危機を契機として，企業が設備投資を控える一方で政府が大量の国債を発行したことにより，資金不足側では法人部門に代わって一般政府部門が最大の資金不足部門として登場した。この国債の大量発行は，国債流通市場の発達を通じて，金融の自由化を促進した。その後，バブル経済期に，再び企業の設備投資および資産運用（いわゆる財テク）に対する需要が高まり，法人企業部門の資金不足は拡大したものの，バブルの崩壊後は，バブル期に積み上がった過剰設備の調整に加え，有利子負債の削減などの財務体質の見直しを実施していることなどから，1998年以降，資金余剰に転じた。他方，一般政府部門は，1993年度以降，税収不足と不況対策としての公共投資が拡大し，国債発行が増加したことを受けて資金不足主体に転じ，その後も資金不足の状況が続いている。近年では，少子高齢化にともない社会保障費が増大しているほか，2008年の金融危機後の不況対策や2011年の東日本大震災後の復旧・復興対策などにより，資金不足額が拡大している。

2　経済活動と資金の流れ

我々が生活している経済社会の中では，日々財やサービスの生産，購入といった経済活動が行われており，こうした経済活動を行う者を一般に「経済主体」と呼んでいる。経済主体の代表的なものとしては，財・サービスを生産する企業とそれを購入する個人があるが，わが国のように国や地方自治体（都道府県・市町村など）の活動や海外取引が活発な経済社会では，一般政府部門や海外部門も経済主体として重要な影響をもたらす。

これらの経済主体間では，様々な経済取引が行われている。例えば，企業は収益を得るために従業員を雇用し，設備投資を行って生産物を販売する。そうした企業活動によって産み出された付加価値の一部は税金として政府（国や地方自治体）に納められる。個人は，企業に労働力を提供する見返りとして賃金を受け取り，そこから政府に税金や保険料を納め，残りを消費や貯蓄にあてる。一方，政府は徴収した税金や保険料によって，公共事業で社会資本を整備したり，医療や年金などの社会保障を行うことになる。

我々が生活する経済社会では，こうした財・サービスの移動にともなう取引（実物的流通）とは別に，資金の過不足を調整する取引（金融的流通）が行われている。経済全体では，常に，資金余剰となる経済主体が存在する一方で，資金不足となる経済主体も存在している。総体としてみれば，資金余剰主体から資金不足主体へと資金が融通（資金取引）されることになるのだが，現実には資金不足（余剰）主体であっても資金市場で資金を運用（調達）しており，現在の金融的流通は，資金調達手段が限られていた時代に比べて，かなり複雑なものとなっている。

第1章　わが国の金融構造

実物取引と資金の流れ（実物的流通）

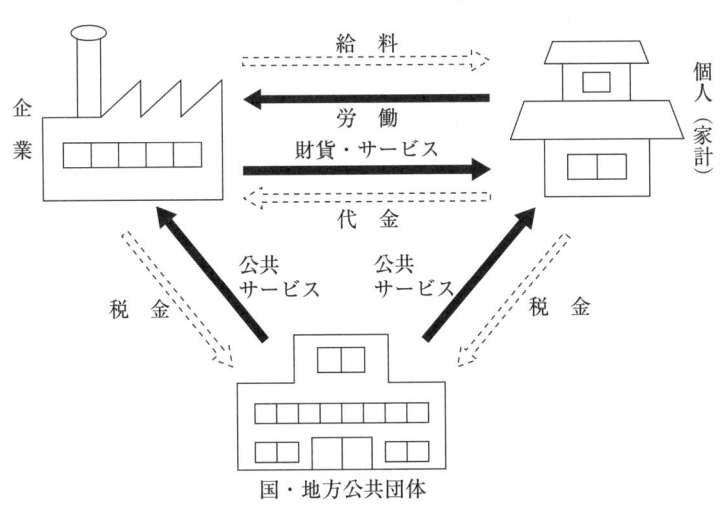

➡ 財貨・サービスの流れ
⇠ 資金の流れ

企業　──給料──　個人（家計）
　　　　労働
　　　財貨・サービス
　　　　代金

公共サービス　公共サービス
税金　　　　　税金

国・地方公共団体

金融取引と資金の流れ（金融的流通）

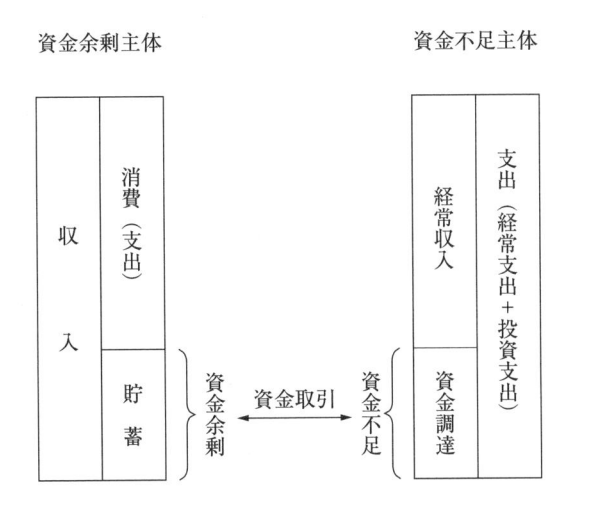

資金余剰主体

収入 ／ 消費（支出）／ 貯蓄 ｝資金余剰

資金不足主体

経常収入 ／ 支出（経常支出＋投資支出）／ 資金調達 ｝資金不足

←資金取引→

3 経済部門別の資金過不足

お金の金融的流通の動きは，日本銀行が作成する「資金循環勘定」（金融取引表，金融資産・負債残高表）によって示される。これは，個別の経済主体をグループ化して，国内の取引を「金融機関部門」，「非金融法人企業部門」（以下「法人部門」と呼ぶ），「一般政府部門」，「家計部門」，「対家計民間非営利団体部門」に分け，海外取引を「海外部門」としたうえで，これらの経済部門別にかつ取引形態別に資金の流れを示したもので，これにより様々な資金の動きの分析が可能となっている。

「部門別資金過不足」は，金融取引表をもとに毎年の資金過不足の状況（資金調達額と資金運用額との差額）を経済部門別に示したもので，資金の不足部門と余剰部門の特徴を捉えることができる。

法人部門は，1990年代初めまでは恒常的に資金不足部門であったが，バブル崩壊後の1998年以降は資金余剰部門へと転換している。法人部門の設備投資は経済活動にともなって変化するものであるから，バブル崩壊後の景気低迷の長期化が過剰投資の調整の問題と重なって，現在の資金余剰をもたらす結果となっている。家計部門は，一貫して資金余剰部門であるが，近年は高齢化の進展や景気低迷にともなう労働分配率の低下を反映して，貯蓄する余力が低下している。一般政府部門は，景気動向によって過不足が大きく変化する。1990年代以降は，バブル崩壊後の景気低迷を契機に，国内最大の資金不足部門となっており，最近では，世界金融危機や東日本大震災への対応のための財政支出の増加等により，資金不足額が拡大している。海外部門は，わが国の経常収支黒字の定着にともない，1981年以降恒常的に資金不足の状態となっている。

部門別資金過不足の推移

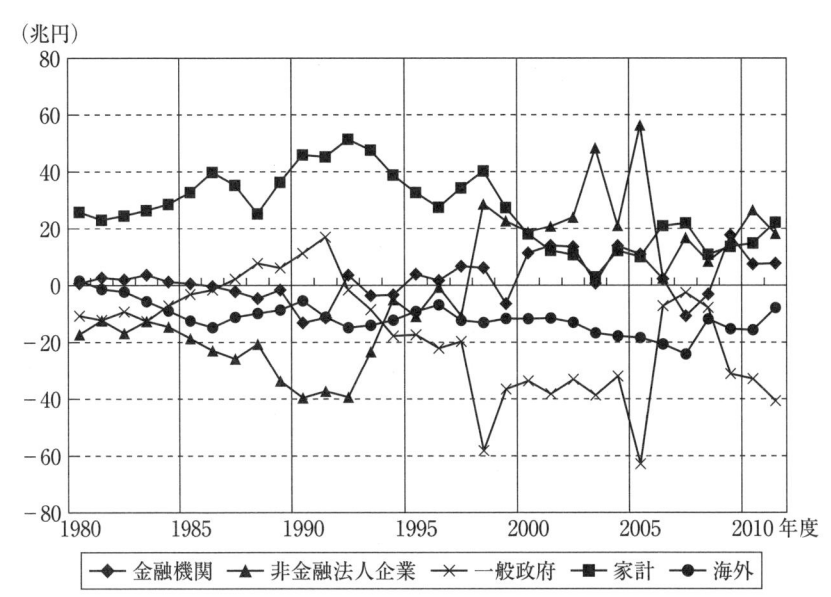

(資料) 日本銀行「資金循環統計」
(注) 2005年度の一般政府部門は、道路関係4公団の民営化にともなう特殊要因（42兆8,363億円）を含む。

（参考）部門別資金過不足（2011年度中）

			金額（億円）	対名目GDP比率
金融機関			77,066	1.6
国内非金融部門			1,674	0.0
	非金融法人企業		181,567	3.8
		民間非金融法人企業	193,811	4.1
		公的非金融法人企業	-12,244	-0.3
	一般政府		-406,847	-8.6
		中央政府	-405,120	-8.6
		地方公共団体	24,373	0.5
		社会保障基金	-26,100	-0.6
	家計		222,263	4.7
	対家計民間非営利団体		4,691	0.1
海外			-78,740	-1.7

(資料) 日本銀行「資金循環統計」

4 部門別資金調達 部門別資金過不足は，各部門ごとに資金調達と運用を差し引いて不足または余剰を算出したものであるが，ここでは，同じく金融取引表に基づき，国内非金融部門のフローベースの資金調達について，部門別，調達ルート別に動向をみることとする。

まず，資金調達の部門別のシェアをみると，1980年代までは投資活動を行う法人部門が大きなウエイトを占めてきたが，1990年代にはそのシェアが低下し，1997年度以降はマイナス（返済超過）となった。これはバブル崩壊後のデフレの下で，投資機会が縮小したうえに，企業が過剰債務を返済して財務リストラを進めたことの反映である。2006〜2007年度は景気回復から資金調達はプラスに転じたものの，2008年度は世界金融危機による景気の落ち込みにより再びマイナスとなった。一方，一般政府部門は歳出と歳入（税収）の差が縮まらないことから，1993年度以降，最大の資金調達主体となってきた。2006〜2008年度には一服したものの，最近では再び拡大している。家計部門の資金調達は景気動向の影響を受けて変動している。

次に，資金調達をルート別にみると，1990年代は金融機関経由が高いシェアを維持してきたが，2000〜2007年度は，不良債権処理の進捗等もあって減少している。他方，国内非金融部門の直接調達は増加傾向がみられる。わが国の資金調達ルートとしてはこのほかに，企業間信用が無視できない規模で存在するが，企業間信用は1997，1998年度の金融不安発生時に大きく減少している。2008年度は金融危機により国内非金融部門の直接調達や企業間信用は困難となり，金融機関経由の資金調達が増加に転じる状況となった。

第 1 章　わが国の金融構造

国内非金融部門の資金調達（部門別）

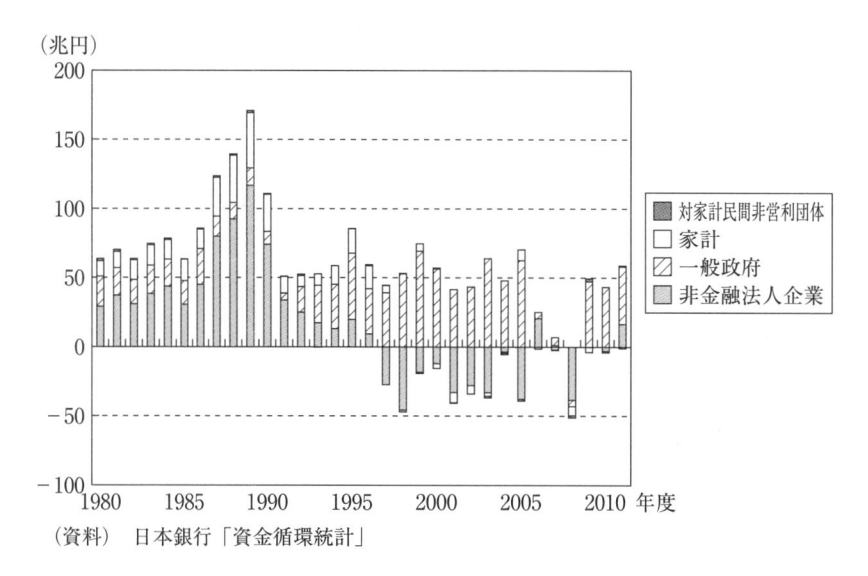

凡例：
- 対家計民間非営利団体
- 家計
- 一般政府
- 非金融法人企業

（資料）日本銀行「資金循環統計」

国内非金融部門の資金調達（ルート別）

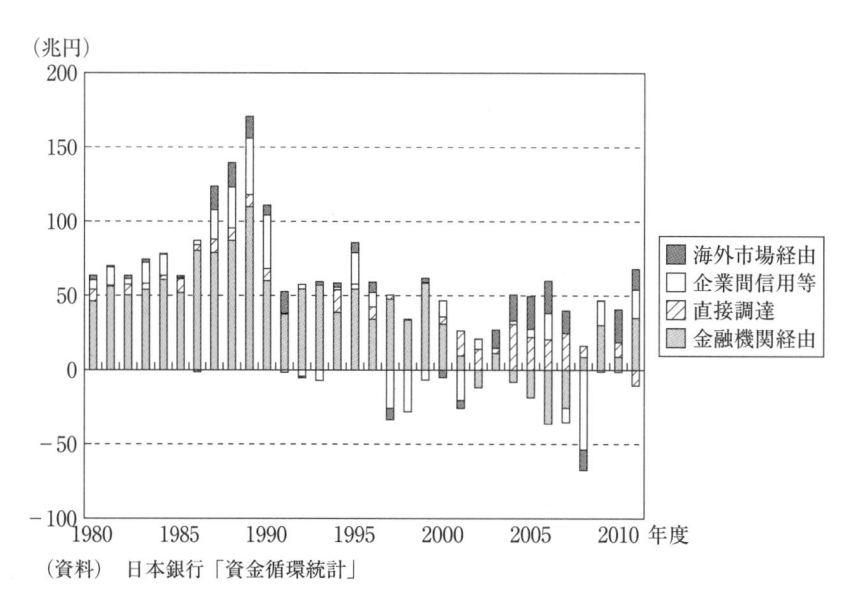

凡例：
- 海外市場経由
- 企業間信用等
- 直接調達
- 金融機関経由

（資料）日本銀行「資金循環統計」

9

5 家計部門・法人部門の金融資産残高　ここでは，部門別の資金運用で大きなシェアを占める家計部門と法人部門について，その金融資産残高の動きをみる。

家計部門の金融資産残高は，経済成長にともなう所得の増加，高貯蓄率を背景に年々増加を続け，2005年度末には約1,548兆円に達た。しかしながら，サブプライム・ローン問題を契機とした金融危機の影響により，2008年度末には約1,400兆円へと大きく減少した。最近は，デフレと高齢化の進展により伸び悩んでいるものの，1,500兆円台に回復している。

金融資産の構成をみると，現金・預金が50％を超え，国債・保険等を加えると大半の資産が元本保証型の金融商品で保有されている。2000年代半ばには株式や投資信託の保有割合が上昇する傾向がみられたが，近年は，株価下落の影響等により期待されているような大きな動きはない。一方で，保険・年金準備金については，1980年代以降着実に増加し，2011年度末には約424兆円と，現金・預金（約835兆円）に次ぐ残高となっている。

法人部門の金融資産残高（対外資産，企業間信用を含む）は，企業の余剰資金の高まりとそれにともなう資金運用（財テク）の活発化を背景に，1980年代は趨勢的に増加したが，1990年代以降は，バブル崩壊とその後の景気後退もあって伸び悩んでいる。内訳をみると，「企業間・貿易信用」や対外証券投資等からなる「その他の金融資産」の割合が合わせて常に40％以上と高い。2005～2006年度の景気回復の時期には，株価の回復やM＆A，持合い復活もあって，株式の割合が再び高まったが，その後の金融危機の影響により，2007～2008年度には減少した。

第1章 わが国の金融構造

家計部門の金融資産残高

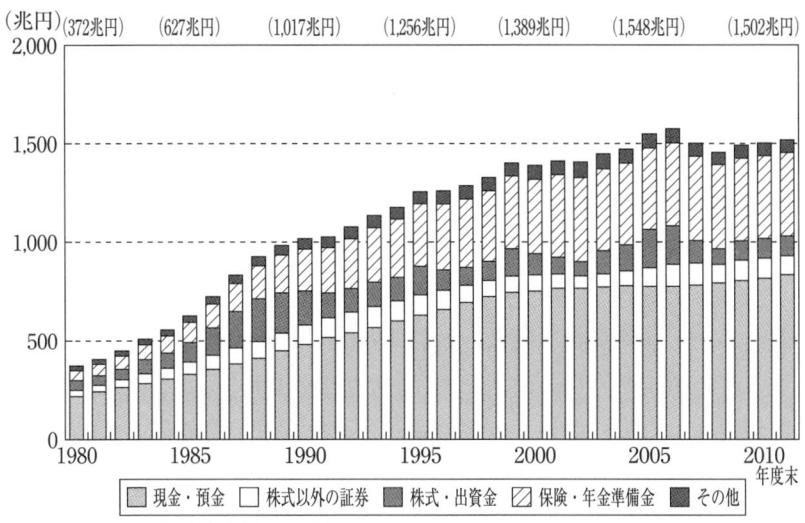

(兆円) (372兆円) (627兆円) (1,017兆円) (1,256兆円) (1,389兆円) (1,548兆円) (1,502兆円)

凡例: 現金・預金 / 株式以外の証券 / 株式・出資金 / 保険・年金準備金 / その他

(資料) 日本銀行「資金循環統計」

法人部門の金融資産残高

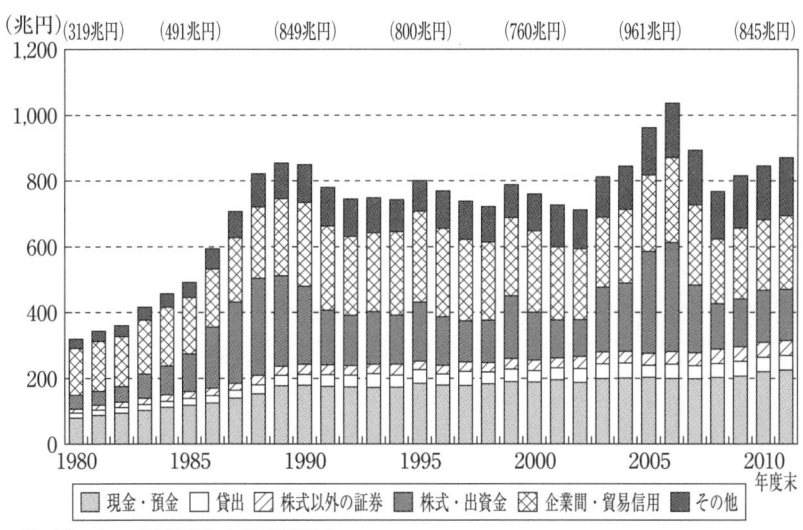

(兆円) (319兆円) (491兆円) (849兆円) (800兆円) (760兆円) (961兆円) (845兆円)

凡例: 現金・預金 / 貸出 / 株式以外の証券 / 株式・出資金 / 企業間・貿易信用 / その他

(資料) 日本銀行「資金循環統計」

6　海外部門の影響　わが国経済の国際化は，1970年代から活発化し，財・サービスの輸出，輸入が名目国民総支出に占める割合は約10％となっている。以前は，貿易収支は，国内の景気が好調なときには輸入増加から悪化し，不況の際は輸入減から改善する傾向があった。また，海外の景気が好調な場合には輸出が増加し，低迷している場合には輸出が減少した。しかし，現在のわが国の貿易構造は，中国を含むアジア諸国との分業化（例えば，日本から部品を輸出し，中国等から完成品を輸入）が進み，従来のパターンとは異なる動きを示している。また，世界金融危機後，先進国経済が低迷する一方でアジア諸国等の新興国は高い経済成長を遂げ，わが国経済にとって新興国の重要性が増している。他方，多額の対外資産を背景とする利子・配当収入や特許料収入などによる所得収支の黒字が大幅に拡大し，わが国の経常収支は黒字基調を続けている。

このため，海外部門は1980年代以降，恒常的に資金不足となっている。海外部門の資金過不足は，わが国の国際収支を相手国の立場からみたものであり，その資金不足はわが国の経常収支の黒字を示す。つまり，これは実物的流通の面において輸出品代金や利子・配当収入等の海外からの流入が，輸入品代金や利子・配当支払等の海外への流出を上回っていることを意味している。一方の金融的流通の面からみれば，そうした経常収支の黒字が対外投資という形で海外へ流出していることを意味している。特に，わが国では1998年4月の改正外為法施行以降，対外資産の保有が増加傾向にあった。その後，国内の超低金利が継続していることから外債投資なども増えてきた。2008年末は，サブプライム・ローン問題を契機とした金融危機の影響を受け，外国証券の価格下落にともなう評価替えや為替相場の変動にともなう外貨建資産・負債の評価替えにより，対外純資産高は約225兆円へと減少したが，2011年末には約265兆円に回復している。

第1章　わが国の金融構造

国内部門と海外部門の資金取引
（日本の経常収支黒字の場合）

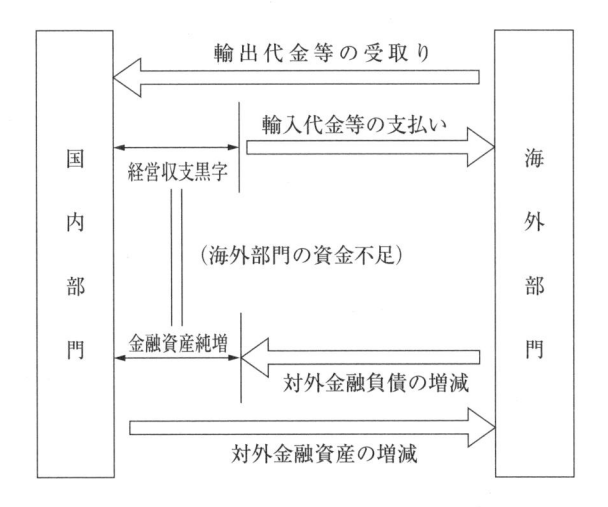

```
               輸出代金等の受取り
         ←──────────────────────
                輸入代金等の支払い
国          ─────────────────→       海
内    経営収支黒字                    外
部    ↕                              部
門        （海外部門の資金不足）      門
         ↕
      金融資産純増
         ←──────────────────────
              対外金融負債の増減
         ──────────────────────→
              対外金融資産の増減
```

本邦対外資産負債残高の推移

（単位：10億円）

	資産残高 Assets Total					負債残高 Liabilities Total				対外純資産 Net Assets Total
		直接投資 Direct Investment	証券投資 Portfolio Investment	その他投資 Other Investment	外貨準備 Reserve Assets		直接投資 Direct Investment	証券投資 Portfolio Investment	その他投資 Other Investment	
2006年末	558,106	53,476	278,757	116,698	106,435	343,024	12,803	209,696	116,938	215,081
2007年末	610,492	61,858	287,687	146,227	110,279	360,271	15,145	221,487	118,674	250,221
2008年末	519,179	61,740	215,682	141,752	92,983	293,271	18,456	139,907	127,146	225,908
2009年末	554,826	68,210	261,989	123,599	96,777	286,580	18,425	141,496	121,445	268,246
2010年末	560,215	67,691	269,207	129,700	89,330	304,308	17,502	152,051	129,488	255,906
2011年末	581,509	74,289	262,324	140,192	100,517	316,083	17,548	157,481	135,413	265,426

（資料）　財務省「本邦対外資産負債残高」

7 直接金融と間接金融　貸し手と借り手の間の資金の橋渡しをするのが金融であるが，その方法には直接金融方式と間接金融方式とがある。わが国では，従来から「間接金融優位」が金融の特徴として指摘されてきた。

　直接金融は，最終的な借り手である企業や国が発行する株式や債券などの債務証書（本源的証券）を，最終的な貸し手である個人や企業が直接購入することにより，借り手の資金需要を満たす金融手法である。したがって，この場合，発行者である企業が倒産したり，社債の償還不能にともなうリスクは直接購入者が負担することとなる。

　他方の間接金融は，金融機関が預金などの金融債務証書（間接証券）を発行して最終的貸し手から資金を調達し，それを企業や国などの最終的借り手が発行する債務証書（本源的証券）の購入により運用する金融の方式である。この方式の場合，直接金融とは異なり，仮に最終的借り手である企業などの破綻が発生したとしても，そのリスク自体は金融機関が負担するため，金融機関が健全であれば最終的貸し手である預貯金者に個別の借り手の破綻リスクが及ぶことはない。

　直接金融と間接金融の割合は，資金循環勘定に基づいて作成される「広義金融市場の資金仲介」によって確認することができる。わが国では，戦後一貫して金融機関を介した資金供給が高い比率を占めてきたが，最近では，直接金融の比重が少しずつ高まってきている。

　また，投資信託や，貸出債権の証券化といった，いわゆる「市場型間接金融」方式がわが国においても徐々に進んできているが，世界金融危機後はその動きは大きく減速している。

第1章　わが国の金融構造

国内非金融部門の資金調達（ストック・シェア）

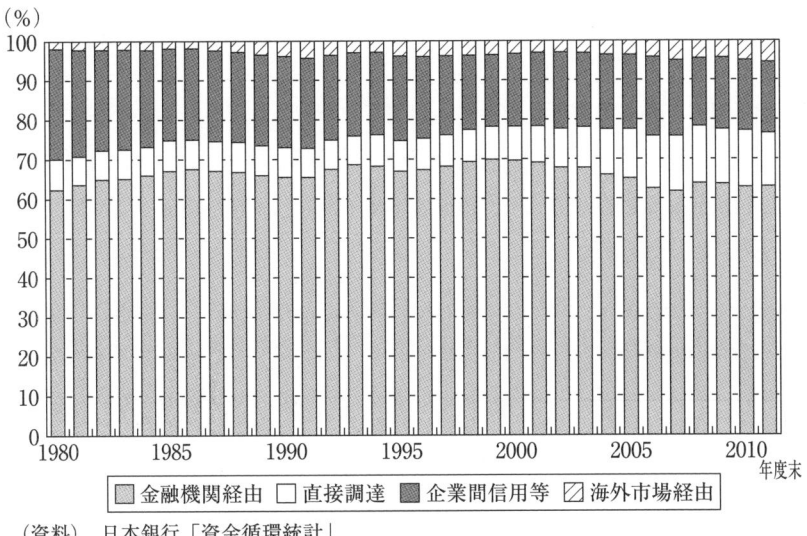

　　■ 金融機関経由　□ 直接調達　▨ 企業間信用等　▨ 海外市場経由

（資料）　日本銀行「資金循環統計」

直接金融と間接金融

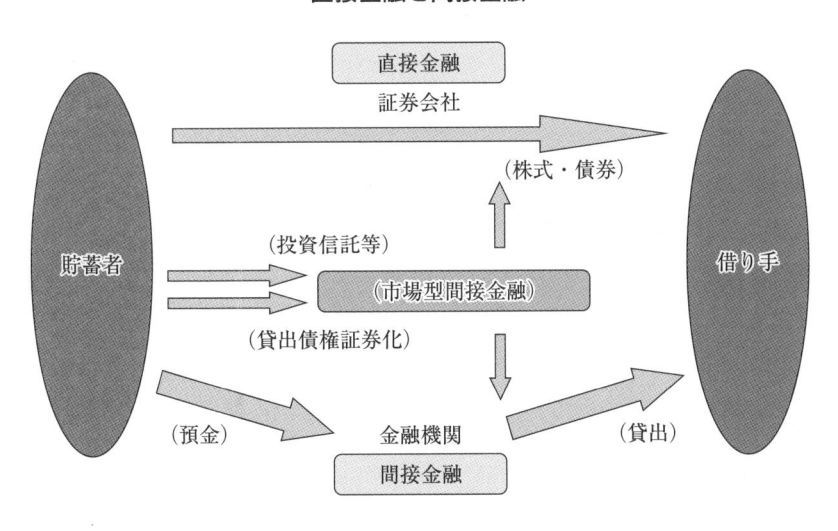

15

第2章　銀行の基本的機能

1　概説　銀行には固有の機能があり，その機能を効率的に発揮することによって国民経済の発展に貢献している。今日，銀行の行う業務は多様であり，その機能も多岐にわたっているが，銀行の基本的機能は4種類ある。それは，①貯蓄手段の提供機能（預金の受入れ），②資金の供給機能（資金の運用），③信用創造機能（預金通貨の創出），④資金決済機能（支払手段の提供）である。このうち，①と②の機能は，これを一体化して捉えることができ，資金仲介機能と呼んでいる。

銀行は，預金の受入れによって，預金者に，安全で有利な貯蓄手段の提供を行っている。具体的には，期間の定めがあるが金利の高い定期預金と，金利は低いかあるいは無利息であるが，いつでも引出しが自由な流動性の高い普通預金・当座預金の受入れが中心となっている。仮に預金が存在しなければ，国民は自ら多額の現金を保管しなければならず，盗難や火災等の危険からは免れず，また利子を生むこともない。

一方で、銀行は，自らの信用を背景として、預金を受け入れることにより，資金を必要とする企業，国・地方公共団体，個人等へ供給する。具体的には，手形貸付，手形割引，証書貸付，国債や株式等の有価証券への投資の形で行われる。これらは，企業の投資資金として経済の発展を促し，また，国や地方公共団体の公共投資として，道路，橋，学校，公園等の社会資本の充実に役立っている。

このように，預金の受入れと，資金の運用を別々の機能として捉えることもできるが，両者を一体として，これを資金仲介機能としてみ

ると，経済の資金余剰主体と資金不足主体との間の資金の流れを円滑にする働きを果たしている。こうした資金は，通常，金額や期間が異なり，地域的にも離れているが，これらの調整を行い，また，貸出リスクの軽減，貸出事務の効率化といった役目も果たしている。

次に，銀行は，これらの資金仲介機能を通じて，信用創造機能を果たしている。銀行は，受け入れた預金のうち一定の支払準備を除いた資金を貸出に向けるが，これは当該銀行あるいは他の銀行の預金となり，再度その大部分が貸出に回される。こうした過程を繰り返すことによって，銀行全体としては，当初預金者から銀行に預入された預金（本源的預金）の数倍の通貨供給を行うことができる。この資金仲介を通じた信用創造機能は，要求払預金を通じて行われるため，預金業務を扱っている銀行に固有のものであり，保険会社や証券会社にはないものである。

さらに，銀行が受け入れた預金のうち，いつでも引出可能な要求払預金は，手形・小切手の振出や，自動支払いなどの支払口座として利用され，また，給料や年金など各種の資金の受取口座としても利用される。これらは支払人と受取人間の代金決済を行う業務であることから，付随業務である各種の代金の支払いや受取りの代理業務も含め，銀行の資金決済機能と呼ばれ，銀行はこの機能を円滑に果たすために，手形交換制度や内国為替制度など，銀行間の決済システムを構築している。

なお，預金の提供や為替業務は，銀行法において銀行だけに認められた銀行固有の機能であったが，2009年6月に成立した資金決済法により，銀行以外の一般事業会社も資金移動業者としての登録することで為替取引を行うことができる。

2 資金仲介機能（預金の受入れと資金の運用）　銀行は，自らの信用を背景として，預金を受け入れることにより，預金者に利子の支払いを約するとともに，当該預金の運用することにより収益をあげ，預金の安全性と流動性を保証している。例えば，企業や個人が自分自身で多額の現金を保管しようとすれば，盗難や火災の心配を免れない。こうした被害から守るには有形・無形の多額の費用が必要となるが，銀行は，こうしたコストを省き，現金を安全に保管・管理する機能を果たしている。また，銀行は，受け入れた預金を，貸出や有価証券で運用することによって収益をあげることができ，これをもとにして，預金に対して利息を付けることができる。これを預金者側からみると，銀行は，預金者に有利な貯蓄手段を提供する機能を発揮している。

このように預け入れられた預金は，何よりも元本と利息が確実に預金者に払い戻されることが重要である。このため，預金の受入れは，銀行法等の法律により，銀行をはじめとする預金取扱金融機関だけに限定され，それ以外の者が預金を受け入れることは禁じられている。

次に，銀行は，経済活動における資金の過不足に対して，資金の不足主体と余剰主体との間に入って資金の橋渡しを行い，資金の過不足の調整の円滑化やリスクの分散，事務の効率化などの役割を果たしている。具体的には，受け入れた預金の一部を支払準備として残し，それ以外の大部分の資金を貸出や有価証券投資に振り向けることによって企業，個人，国や地方公共団体等に資金を供給する機能を担っている。貸出や有価証券投資は，一般の企業や消費者金融会社でも行うことができるが，銀行の場合は，預金の受入れと貸出という二つの業務を併せて行っていること，すなわち資金仲介機能を果たしていることに大きな特徴がある。銀行は，預金の受入れと資金の運用の業務に専門的に従事することにより，その業務を通じて，経済，産業，金融に関する情報や個別の取引先に関する情報を収集し，それによって，より効率的，適切で安全な資金運用が可能となっている。

第 2 章　銀行の基本的機能

全国銀行の定期性預金と要求払預金の構成比

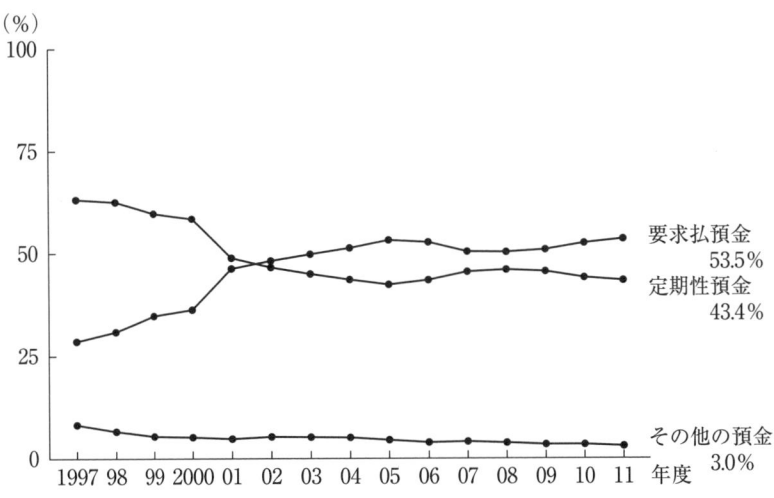

要求払預金　53.5%
定期性預金　43.4%
その他の預金　3.0%

(注)　1．期末の構成比の推移。
　　　2．要求払預金＝当座預金＋普通預金＋通知預金＋貯蓄預金。
　　　　定期性預金＝定期預金＋普通積金。その他の預金＝外貨預金等。
(資料)　全銀協「全国銀行財務諸表分析」(下図も同じ)。

全国銀行の貸出と有価証券投資の推移

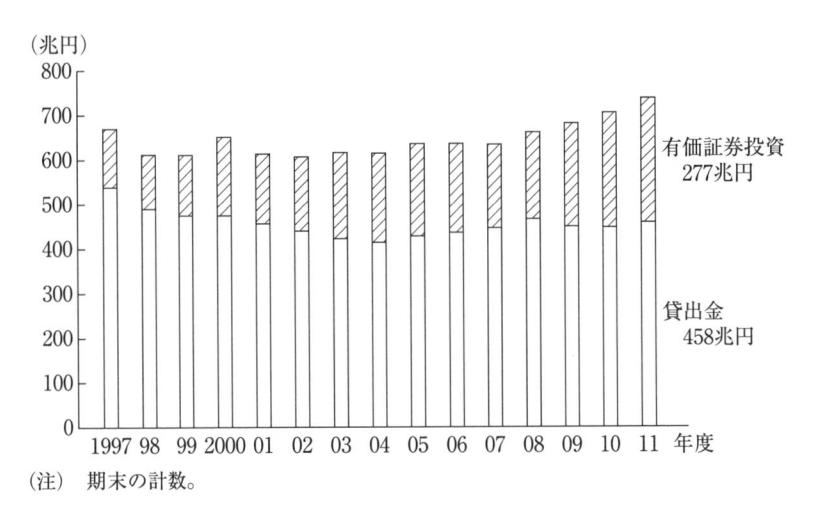

有価証券投資　277兆円
貸出金　458兆円

(注)　期末の計数。

19

3 銀行の信用創造機能

銀行は，資金不足主体と資金余剰主体の間に立って単なる資金の仲介を行うだけでなく，それを通じて信用の創造，預金通貨の創造を行っている。

銀行が貸出を行う際は，貸出先企業Xに現金を交付するのではなく，Xの預金口座に貸出金相当額を入金記帳する。つまり，銀行の貸出の段階で預金は創造される仕組みである。例えば，Xがとある仕入先Yへの支払いのために借入するとしよう。この預金は小切手や振込などの支払手段を使ってYの預金に振り替わる。Yの口座が別の銀行のものであれば預金は貸し出した銀行から流出するが，当該銀行内にとどまっていれば，銀行間の貸借で調整できる。このような過程が繰り返されれば，銀行は無限に貸出＝預金を創造できることになるかもしれないが，実際には，預金の一部は現金で引き出され，銀行預金のネットワークから流出するため，銀行の信用創造は現金準備（支払準備）によって制約される。現金の流出が預金の10％であれば，銀行は現金準備の10倍の貸出＝預金を創造できることとなる。

このように実際には貸出によって一旦預金は創造されるが，一般には，まず預金があってそれを原資に貸出が行われ，それが繰り返される過程で信用創造が行われると説明されることも多い。この時，信用創造の原資となる預金者から銀行に預けられた現金のことを「本源的預金」，信用創造が行われることで生まれる預金のことを「派生的預金」という。

上記の例示については，例えば，右図のように考えることができる。①の段階で本源的預金100が預け入れられ，それを原資に支払準備の10を差し引いた90が貸し出される。次の段階では90の預金を原資に支払準備の9を差し引いた81が貸し出される，という過程が繰り返されると，最終的には，本源的預金100の10倍の1,000の預金が創造される（派生的預金は900）というわけであり，同じ結果になる。

なお，ここでは現金での流出のみを考慮したが，実際には民間銀行の中央銀行への預金（準備預金）も支払準備に含まれる。

第2章 銀行の基本的機能

信用創造の仕組み

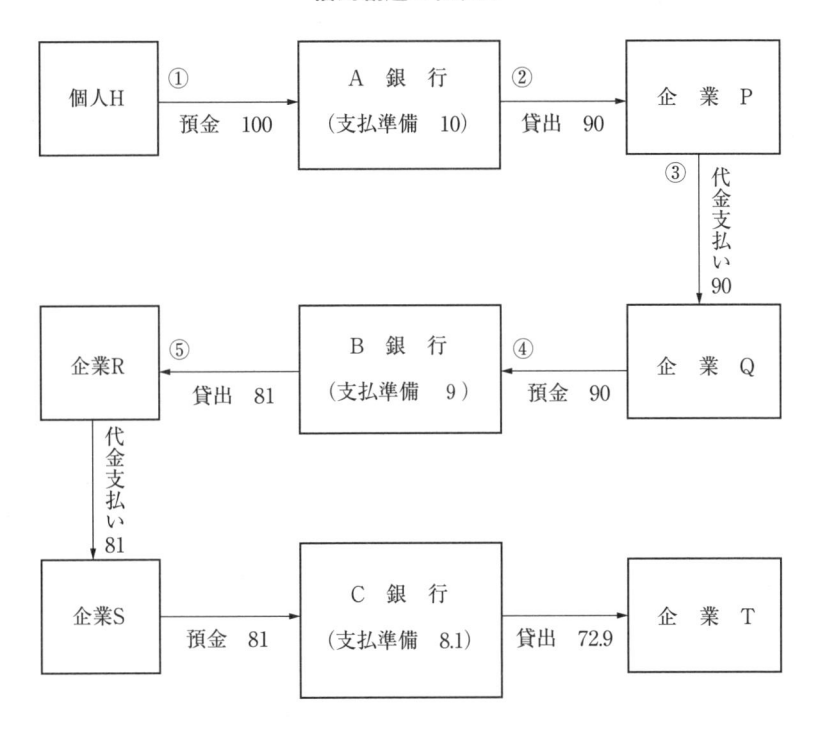

```
個人H ──①──→ A銀行      ──②──→ 企業P
       預金100  (支払準備10)  貸出90
                                      │
                                      ③ 代金支払い90
                                      ↓
企業R ←──⑤── B銀行      ←──④── 企業Q
       貸出81  (支払準備9)   預金90
  │
  代金支払い81
  ↓
企業S ──── C銀行      ──── 企業T
    預金81  (支払準備8.1)  貸出72.9
```

	預　金	支払準備	貸　出
A銀行	100	10	90
B銀行	90	9	81
C銀行	81	8.1	72.9
⋮	⋮	⋮	⋮
合　計	1,000	100	900

(計算式) 預金合計 $= 100 + 90 + 81 + 72.9 + \cdots$

$$= 最初の預金額 \times \frac{1}{支払準備率(10\%)}$$

$$= 100 \times \frac{1}{0.1} = 1,000$$

21

4　資金決済機能　日々の取引の中で発生する決済の手段は，法貨として政府から強制通用力が付与される日本銀行券と補助貨幣による現金通貨をはじめ，法貨との交換が保証されている普通預金や当座預金等の要求払い預金，小切手，手形や電子マネーまで，多岐にわたっている。

銀行はその固有業務として，預金，貸出のほかに，為替業務（内国為替，外国為替）を行っている。また，付随業務として，各種の代金の支払いや受取りの代理業務を行っている。これらの業務は，支払人と受取人間の代金決済を行う業務であることから，銀行はこれを通じて資金決済機能を果たしている。

個人や企業の各経済主体間の支払決済は，現金を利用して当事者間で行うこともできるが，高額の支払いや遠隔地間の支払いでは，現金の使用はきわめて不便であり，リスクも大きい。このため，銀行制度が発達した現代では，こうした決済は，現金の授受を行わずに，銀行内部あるいは銀行間の預金を帳簿上付け替えることによって行われる。具体的には，振込・送金，手形・小切手による支払いとその取立，公共料金やクレジットカード代金などの自動支払い，給与や年金などの自動受取り，などがある。

現在では，コンピュータや通信技術の発達により，これらの決済業務はオンラインによるコンピュータ処理によって行われており，また，個別の銀行内部だけでなく，銀行間をネットワーク化した各種の支払決済システムが整備されている。これらを利用して，毎日膨大な量と金額の決済が，迅速かつ正確に行われている。

こうした銀行の決済業務によって，現金の授受にともなう労力や時間の節約，現金の運搬にともなう危険の回避が図られ，支払決済の面で経済活動の効率化に大きく貢献している。現代では，支払決済システムが経済活動に不可欠の存在となっており，その安定性と信頼性の確保が重要な課題となっている。

第 2 章　銀行の基本的機能

銀行間の支払決済システム

支払決済手段等	銀行間システム	参加業態・参加金融機関数 （2011年12月末現在）	2011年中取引高 件数	2011年中取引高 金額
現　金	CD・ATM オンライン提携	（本段のみ2011年 9 月末現在） ・BANCS（都市銀行）　　　　　6 ・ACS（地方銀行）　　　　　　63 ・SCS（第二地銀協地銀）　　　42 ・SOCS（信託銀行）　　　　　　4 ・LONGS（長信銀・商中）　　　3 ・SNSC（信用金庫）　　　　　271 ・SANCS（信用組合）　　　　138 ・ROCS（労働金庫）　　　　　13 ・全国農協貯金ネットサービス 　（系統農協，信漁連）　　　789	百万件 47.6 28.2 3.2 0.0 0.0 22.4 0.1 0.6 1.3	兆円 2.03 1.28 0.18 0.00 0.00 1.59 0.00 0.04 0.10
		・MICS（上記の各業態間の提携）	187.5	8.51
小切手・手形	手形交換制度（東京ほか全国119か所）	東京手形　　直接交換　　　　105 交換所　　　代理交換　　　　218	全国 82.6 東京 26.6	全国 379.63 東京 280.72
振込・送金	内国為替制度（全銀システム）	全国銀行（全行）　　　　　　121 全信連，信用金庫　　　　　　272 全信組連，信用組合　　　　　157 外銀，労金連，労働金庫 商中等　　　　　　　　　　　32 農中，信連，信漁連，農協　　789 その他とも計1,371（32,474か店）	1,394.8	2,566.73
外国為替	外国為替円決済制度（システムは日銀ネット）	都銀 6，地銀64，信託 8，第二地銀38，外銀69，信金中金・信金23 　　その他とも計　　　　　208	6.3	2,821.37
日銀当座預金振替	日銀ネット	473	万件 ※5.3	※101.4

（資料）　全銀協「決済統計年報」，「金融」，日本銀行ホームページ

※は 1 営業日平均

23

第3章　わが国の金融制度と金融機関

1　概説　【専門金融機関制度】　わが国の金融制度は，明治初期に国立銀行条例が施行されるなど近代的な銀行制度が導入されて以来，銀行を中心として構成されている。その特徴は，短期金融を中心とした商業銀行業務を主な業務とする普通銀行，長期の産業資金供給を主な業務とする長期信用銀行や信託銀行，中小企業金融を主な業務とする協同組織金融機関等といった専門金融機関制度であり，それを補完するために銀行の業務範囲も長短金融の分離，銀信（銀行・信託）の分離，銀証（銀行・証券）の分離といった規制が適用されてきた。

　こうした制度は，経済の各分野へ供給すべき資金が不足していた戦後の復興期およびそれに続く高度成長を支え，わが国経済の発展に大きく貢献してきた。しかし，1970年代半ば以降，銀行に対する資金需要の性質が変わり，専門金融機関制度・分業主義による切り分けられた金融制度の意義が徐々に薄れることになった。

【金融制度改革の進展】

　こうしたなか，1993年4月にいわゆる「金融制度改革法」が施行され，銀行・信託銀行・証券会社との間における業態別子会社を通じた相互参入が認められるとともに，地域金融機関による信託業務への参入が認められ，「銀行・信託」，「銀行・証券」との間の垣根が取り払われ，分業主義の壁が一部取り払われた。なお，法施行当初は銀行等が設立する証券子会社や信託銀行子会社の業務範囲は全面的に解禁されなかったが，1999年10月には子会社の業務範囲規制も完全撤廃され，2002年12月には，普通銀行本体による信託業務も一部の併営業務を除き全面解禁されるともに，2004年12月には銀行等の金融機関が，証券会社から委託を受けて，証券仲介業務を行えるようになった。また，1997年の改正独占禁止法により，持株会社の設立が原則自由となったが，金融機関が中心となって持株会社を設立するケースは，改正独占禁止法でも禁止されていたが，1998年3月には「持株会社の設立等の禁止の解除にともなう金融関連法律の整備等に関する法律」が施行され，約半世紀ぶりに銀行持株会社の設立が解禁された。これらの規制

緩和を通じて，わが国の金融制度の特色であった専門金融機関制度・分業主義はその役割を終えることになった。

　以上のように1993年以降，金融制度が改革されたが，こうした流れの中で，政府は1996年11月に，2001年を最終期限として金融制度の抜本的な改革を行うことを表明した。この改革は1986年にイギリスで実施されたビッグバンになぞらえて日本版ビッグバンと呼ばれた。日本版ビッグバンでは改革の3原則として，①Free（市場原理が働く自由な市場に），②Fair（透明で信頼できる市場に），③Global（国際的で時代を先取りする市場に）を掲げ，構造改革ととともに，金融機関の不良債権を速やかに処理することとを目的とした。

　【新しい動き】　わが国初の銀行持株会社として，2000年9月に「みずほホールディングス」が設立されて以降，都市銀行を中心に銀行持株会社を利用した金融グループの再編が急速に進んでいる。その一方で，2002年には改正銀行法が施行され，異業種による銀行業への参入も解禁され，インターネット専業銀行や，コンビニエンスストア等に設置したATMを用いた決済サービスの提供を中心に業務展開する銀行など，従来にはなかった形態の新しい銀行が設立された。また，資産運用・資産管理などに業務を特化した信託銀行が新設されたほか，2004年12月に改正信託業法が施行されたことを受けて，一般会社による信託会社も設立されるようになった。

　また，わが国の金融システムのもう一つの特徴として，公的金融の占める割合の大きさがあげられる。郵便貯金を含めた郵政事業については2003年4月から公社化され，さらに2005年10月に成立した郵政民営化関連法により，2007年10月に民営化されたが，2009年の民主党への政権交代後，東日本大震災の復旧・復興のための財源の一つとして日本郵政株式会社の株式処分への期待等もあり，「郵政民営化法等の一部を改正する法律」が2012年4月に成立し，その後，同年9月にゆうちょ銀行等から新規業務の認可が申請され，郵政民営化委員会において審査が進められた。一方，政府系金融機関については，2006年5月に成立した「簡素で効率的な政府を実現するための行政改革の推進に関する法律」（いわゆる「行政改革推進法」）により，2008年10月から新体制に移行している。

2 バブルと不良債権問題

1980年代後半は，一般物価は比較的安定して推移した。一方，株価は1985年初で日経平均株価終値は11,558.06円，1987年1月30日に終値ベースで2万円，1988年12月7日に3万円を超え，1989年12月29日の大納会には38,915.87円と史上最高値となり，1985年からの約5年間で日経平均株価は3倍以上になった。

一方，地価は，1984年あたりから東京都心部の商業地の上昇が顕著になってきた。住宅地もそれにつられる形で上昇し，それが徐々に都心部から周辺部，郊外へと上昇に転じた。

不良債権額は1992年4月に初めて公表されたが，内容が不十分等といった声もあった。その後，公表対象金融機関の拡大，不良債権定義の変更等といった要因もあり，金額が大きく変わるとともに，経済が低迷し，担保である不動産価格が値下がりを続け，その金額も増加の一途を辿った。

その後，1994年9月には東京協和信用組合と安全信用組合の経営危機が報じられ，その年の12月には破綻処理の受け皿銀行となる東京共同銀行が日本銀行および民間の出資により設立された。

バブル崩壊後，最初に対処する必要が生じたのは「住専問題」であった。住専とは，1970年代以降，金融機関が設立した住宅ローンの専門会社である。当時は，銀行本体による住宅ローンへの参入は行わず，住専といった別の組織を通じて小口の住宅ローンの貸出・管理等を行っていた。一方で，金融の自由化や大企業による直接金融の拡大といった金融環境の変化により，銀行本体でも住宅ローンへ参入するようになり，その結果，住専は住宅開発業者等への貸出に傾注した。こうした貸出は1980年代後半のバブル期には拡大の一途を辿り，金融機関から住専への貸出も増大した。その後，バブルが崩壊し，地価が下落し始めると，担保価値に傾注した多額の融資を抱えていた住専の経営は圧迫された。こうした中，住専は破綻し，結果としてその処理に

6,850億円の公的資金が投入されることになった。

その後，1997年11月，三洋証券が会社更生法を申請，都市銀行の北海道拓殖銀行が破綻，四大証券の山一證券が自主廃業を申請した。また，1998年10月に日本長期信用銀行，12月に日本債券信用銀行が政府により一時国有化された。このように1990年代後半はバブル崩壊により大手銀行等が破綻し，日本経済全体に閉塞感が漂う時代となった。

このような中，わが国における破たん金融機関に対する法的な枠組みも整備された。1998年2月には公的資金を投入するための根拠法となった金融安定化二法が成立し，同年3月には大手21行に対して総額約1兆8,000億円の公的資金が投入された。また，同年4月には自己資本比率の基準を下回った金融機関に対して，業務改善命令を発動する早期是正措置が導入された。さらに同月に住宅金融債権管理機構と整理回収銀行が合併し，不良債権の改修を早期かつ効率的に進めることを目的とした整理回収機構が発足した。

不良債権比率の推移（主要行）

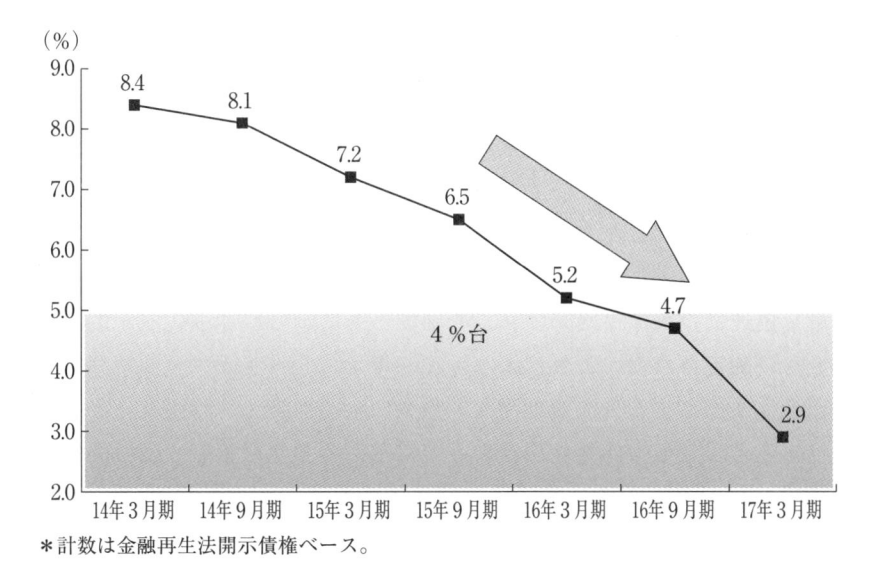

(%)
- 14年3月期: 8.4
- 14年9月期: 8.1
- 15年3月期: 7.2
- 15年9月期: 6.5
- 16年3月期: 5.2
- 16年9月期: 4.7
- 17年3月期: 2.9

4％台

＊計数は金融再生法開示債権ベース。

3　不良債権処理の一層の加速　大手銀行の合併を経て，金融システムは一応の落ち着きを取り戻したが，2002年10月に金融庁は金融再生プログラムを公表した。同プログラムでは「平成16年度には，主要行の不良債権比率を現状の半分程度に低下させ，問題の正常化を図るとともに，構造改革を支えるより強固な金融システムの構築を目指す」という目標が設定された。同プログラムでは，金融機関の資産査定は，これまでにも増して厳格化を図るとし，①特別検査の再実施，②自己査定と金融庁検査の格差公表等が明記され，作業工程表が作成され，抜本的な不良債権処理が進められた。また，不良債権処理の厳格化とともに，「企業・産業の再生に取り組むため，新たな機構を創設し」とあり，2003年4月には産業再生機構が設立され，2007年3月に解散したが，ダイエーをはじめとする41社の企業再生業務を行った。

　なお，「中小・地域金融機関の不良債権処理については，主要行とは異なる特性を有するリレーションシップバンキングのあり方を多面的な尺度から検討したうえで，平成14年度内を目途にアクションプログラムを策定する」とされ，2003年3月に「リレーションシップバンキングの機能強化に関するアクションプログラム」が公表された。その後，2003年にりそな銀行，足利銀行に対する預金保険法第102条による公的資金の注入等が行われたが，各行の積極的な不良債権処理への取り組み，景気回復等により，「2004年度に主要行の不良債権比率を半分程度に低下させる」という目標は達成された。

　一方ペイオフは2005年4月まで延期されることとなり，その間は，従前同様，流動性預金は全額保護されることになった。また，公的資金を迅速に投入するための新たな制度として金融機能強化法が2004年6月に制定された。これにより，2005年4月のペイオフ全面解禁後は，預金保険法による公的資金注入・預金の全額保護・一時国有化という枠組みと，金融機能強化法による経営基盤の強化を望む金融機関の要請に対して予防的に公的資金を注入する枠組みが整備されることになった。

金融再生プログラム
―主要行の不良債権問題解決を通じた経済再生―

○主要行の不良債権問題解決を通じた経済再生	← 不良債権問題の解決と構造改革の推進は「車の両輪」
○「痛み」を最小にしながら経済の活性化をより強力に推進	← 雇用，中小企業対策等とあわせて総合的な対策を実施

《1. 新しい金融システムの枠組み》
(1)安心できる金融システムの構築
 ○国民のための金融行政
 ○決済機能の安定確保
 ○モニタリング体制の整備
(2)中小企業貸出に対する十分な配慮
 ○中小企業貸出に関する担い手の拡充
 ○中小企業再生をサポートする仕組みの整備
 ○中小企業貸出計画未達先に対する業務改善命令の発出
 ○中小企業の実態を反映した検査の確保
 ○中小企業金融に関するモニタリング体制の整備
 ―貸し渋り・貸し剥がしホットラインの設置
 ―貸し渋り・貸し剥がし検査
(3)平成16年度に向けた不良債権問題の終結
 ○政府と日銀が一体となった支援体制の整備
 ○「特別支援金融機関」における経営改革
 ○新しい公的資金制度の創設

《2. 新しい企業再生の枠組み》
(1)「特別支援」を介した企業再生
 ○貸出債権のオフバランス化推進
 ○時価の参考情報としての自己査定の活用
 ○DIPファイナンスへの保証制度
(2)RCCの一層の活用と企業再生
 ○企業再生機能の強化
 ○企業再生ファンド等との連携強化
 ○貸出債権取引市場の創設
 ○証券化機能の拡充
(3)企業再生のための環境整備
 ○企業再生に資する支援環境の整備
 ○過剰供給問題等への対応
 ○早期事業再生ガイドラインの策定
 ○株式の価格変動リスクへの対処
 ○一層の金融緩和の期待
(4)企業と産業の再生のための新たな仕組み

《3. 新しい金融行政の枠組み》
(1)資産査定の厳格化
 ○資産査定に関する基準の見直し
 ―引当に関するDCF的手法の採用
 ―引当金算定における期間の見直し
 ―再建計画等や担保評価の厳正な検証 等
 ○特別検査の再実施
 ○自己査定と金融庁検査の格差公表
 ○自己査定の是正不備に対する行政処分の強化
 ○財務諸表の正確性に関する経営者による宣言
(2)自己資本の充実
 ○自己資本を強化するための税制改正
 ○繰延税金資産の合理性の確認
 ○自己資本比率に関する外部監査の導入 等
(3)ガバナンスの強化
 ○優先株の普通株への転換
 ○健全化計画未達先に対する業務改善命令の発出
 ○早期是正措置の厳格化
 ○「早期警戒制度」の活用 等

―速やかに実施（本年11月を目途に作業工程表を作成・公表）―
※中小・地域金融機関の不良債権処理については，平成14年度内を目途にアクションプログラムを策定

〔基本的考え方〕
日本の金融システムと金融行政に対する信頼を回復し，世界から評価される金融市場を実現 ⇒
◎平成16年度には主要行の不良債権比率を半分程度に低下させ，問題を正常化
◎構造改革を支えるより強固な金融システムの構築を目指す

4　新しい金融システムの姿　　2004年12月に公表された「金融改革プログラム」では将来の望ましい金融システムを目指す未来志向の局面に転換しつつあるとして，利便性，価格優位性，多様性，国際性，信頼性に優れ，利用者が手軽にわかりやすく自分の望む金融商品・サービスを安心して受けられるような，利用者の満足度が高い金融システムを作っていくうえで，きわめて大きな役割を果たすのがITであるとするとともに，これからの金融行政は，「安定」から「活力」へというフェーズの転換を踏まえつつ，利用者の満足度が高く，国際的にも高い評価が得られるような金融システムを「官」の主導ではなく，「民」の力によって実現するよう目指す必要があるとした。このような考え方のもと，保険商品販売の範囲拡大，銀行代理店制度の見直し等が行われたほか，2006年6月には，「証券取引法等の一部を改正する法律」（「金融商品取引法」）が成立し，投資者保護のための横断的な法律が整備されている。さらに，「貯蓄から投資へ」の流れのなかで，金融庁は，わが国金融・資本市場の国際金融センターとしての魅力を向上させるための方策について検討し，①金融・資本市場の信頼と活力，②金融サービス業の活力と競争促すビジネス環境，③より良い規制環境（ベター・レギュレーション），④市場をめぐる周辺環境の具体策をとりまとめた「金融・資本市場競争力強化プラン」を2007年12月に策定し，これに沿った改正金商法が2008年6月に成立した。また，2008年9月のリーマンショックなどを背景として，金融ADRの拡充を特色とした金商法の一部改正法が2009年6月に整備された。

〈金融改革プログラムの主な具体的施策〉

1．活力ある金融システムの創造
   利用者ニーズの重視と利用者保護ルールの徹底
     ○金融商品・サービスの提供・販売体制の充実
     ○「投資サービス法（仮称）」の制定
     ○偽造カード犯罪等の金融犯罪防止
     ○ペイオフ解禁拡大の円滑な実施
     ○不動産担保・保証に過度に依存しない資金調達手法の拡充
     ○「金融サービス利用者相談室」の設置
     ○金融経済教育の拡充
   ITの戦略的活用等による競争力の強化および金融市場インフラの整備
     ○電子資金決済や電子的金融取引等に関する法制の整備に向けた検討
     ○企業開示制度の一層の充実
     ○金融機関の経営管理（ガバナンス）の向上
     ○適格機関投資家の範囲の見直し等，私募市場の活性化
     ○市場行政当局の体制整備
     ○金融機関のリスク管理の高度化
   国際的に開かれた金融システムの構築と金融行政の国際化
     ○金融のコングロマリット化に対応した金融法制の整備の検討
     ○経済連携協定（EPA）交渉への積極的取組み等，アジアにおける対話の促進
     ○金融の国際的なルール作りへの積極的な参加
2．地域経済への貢献
   地域の再生・活性化，中小企業金融の円滑化
     ○地域の再生・活性化，中小企業金融の円滑化や中小・地域金融機関の経営力強化を促す観点から，現行の「リレーションシップバンキングの機能強化に関するアクションプラン」について，評価を行った上で，これを承継する新たなアクションプログラムを策定し，地域密着型金融を一層推進
   中小・地域金融機関の経営力強化
     ○中小・地域金融機関のリスク管理能力・事業評価能力・収益管理態勢や経営管理（ガバナンス）の向上に向けた取組みの促進
3．信頼される金融行政の確立
   金融行政の透明性・予測可能性の向上
     ○金融庁の行動規範の確立，内外無差別原則の確認
   行政の電子化等による利便性の高い効率的な金融行政の推進
     ○電子政府の推進による安全・適切・効率的な行政の実施
     ○「金融庁総点検プロジェクト」に基づく金融庁の組織・体制の総点検および見直し

5　金融機関の種類　わが国の現行の金融組織をみると，中央銀行，民間金融機関，公的金融機関の三つに大別される。

中央銀行は日本銀行であり，1882年10月から営業を開始し，1998年4月施行の改正日本銀行法では，その目的を，①わが国の中央銀行として，銀行券を発行するとともに，通貨および金融の調節を行い，その調節を行うにあたっては，物価の安定を図ることを通じて国民経済の健全な発展に資する（物価の安定），②銀行その他の金融機関の間で行われる資金決済の円滑の確保を図り，もって信用秩序の維持に資する（金融システムの安定），と二つの目的が規定されている。また，その機能として①発券銀行としての機能，②中央銀行としての機能，③政府の銀行としての機能，④金融政策の運営，を有している。

民間金融機関のうち，預金取扱金融機関として，①普通銀行（大都市に営業基盤を置き全国的な規模で営業を営む都市銀行，地方の県庁所在地等に本店を有し本店所在地の都道府県を主な営業基盤とする地方銀行，その多くは相互銀行であった第二地方銀行協会加盟銀行，在日外国銀行），②長期資金の供給を主な業務とする長期金融機関（長期信用銀行（2006年4月から該当銀行なし），信託銀行），③金融業以外の一般事業会社（イトーヨーカ堂やソニーなど）を設立の母体とした新たな形態の銀行，④中小企業金融等を主な業務とする中小企業金融機関（信用金庫，信用組合，労働金庫等），⑤農・林・漁業金融を主な業務とする農林漁業金融機関（農林中央金庫，農業協同組合，漁業協同組合等），などがある。

このほかに，非預金取扱機関として，金融機関相互の資金不足を調整する短資会社，保険を取り扱う生命保険会社・損害保険会社，証券業務を行う証券会社等がある。

また，第二次世界大戦以降，持ち株会社の設立は禁止されていたが，1998年に金融持株会社の設立が解禁されて以降，都市銀行等を中心として，銀行持株会社を設立し，金融グループを形成する動きもみられるようになった。2012年10月現在，銀行持株会社は16社あり，このほか，保険持株会社も9社ある。

さらに，公的金融機関として日本郵政公社や日本政策投資銀行等の各種の政府系金融機関が設けられていたが，郵政事業は，2007年10月に民営化された。一方，政府系金融機関は，住宅金融公庫が2007年4月に独立行政法人化され，残る8機関についても，統合・民営化・廃止され，2008年10月から新体制に移行した。

第 3 章　わが国の金融制度と金融機関

わが国における金融機関の種類

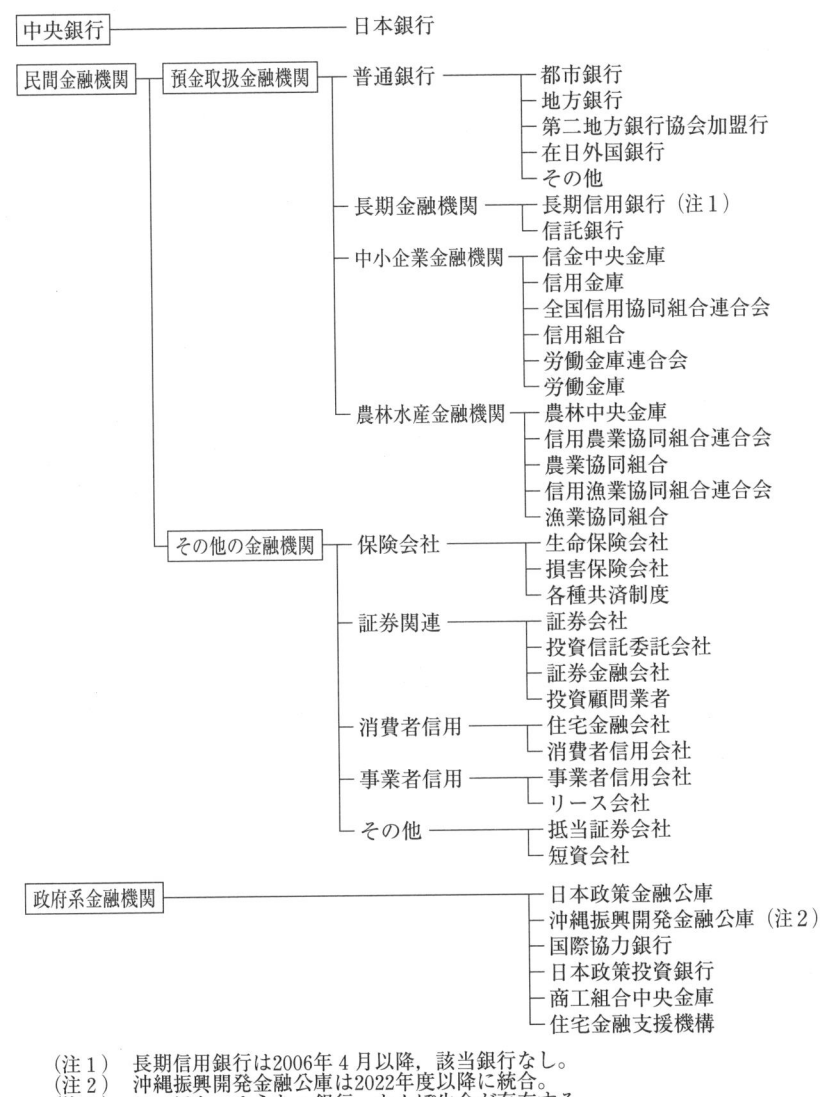

- 中央銀行 ── 日本銀行
- 民間金融機関
  - 預金取扱金融機関
    - 普通銀行
      - 都市銀行
      - 地方銀行
      - 第二地方銀行協会加盟行
      - 在日外国銀行
      - その他
    - 長期金融機関
      - 長期信用銀行（注1）
      - 信託銀行
    - 中小企業金融機関
      - 信金中央金庫
      - 信用金庫
      - 全国信用協同組合連合会
      - 信用組合
      - 労働金庫連合会
      - 労働金庫
    - 農林水産金融機関
      - 農林中央金庫
      - 信用農業協同組合連合会
      - 農業協同組合
      - 信用漁業協同組合連合会
      - 漁業協同組合
  - その他の金融機関
    - 保険会社
      - 生命保険会社
      - 損害保険会社
      - 各種共済制度
    - 証券関連
      - 証券会社
      - 投資信託委託会社
      - 証券金融会社
      - 投資顧問業者
    - 消費者信用
      - 住宅金融会社
      - 消費者信用会社
    - 事業者信用
      - 事業者信用会社
      - リース会社
    - その他
      - 抵当証券会社
      - 短資会社
- 政府系金融機関
  - 日本政策金融公庫
  - 沖縄振興開発金融公庫（注2）
  - 国際協力銀行
  - 日本政策投資銀行
  - 商工組合中央金庫
  - 住宅金融支援機構

（注1）　長期信用銀行は2006年4月以降，該当銀行なし。
（注2）　沖縄振興開発金融公庫は2022年度以降に統合。
（注3）　このほか，ゆうちょ銀行，かんぽ生命が存在する。
（資料）　日本銀行金融研究所「新版　わが国の金融制度」等をもとに作成

6 日本銀行 日本銀行はわが国の中央銀行として通貨価値の安定を図り，わが国経済の健全な発展に寄与することを目的に1882（明治15）年6月に設立（開業は10月）された。

日本銀行の法的性格は日本銀行法に基づいて法人格を付与された法人であり，政府機関（行政府）ではない。また，日本銀行の資本金の額は1億円で，政府が55％，民間が45％を出資している。日本銀行の根拠法は「日本銀行法」であるが，旧日本銀行法が1942年制定の戦時立法であり，内閣による総裁の解任権が規定されるなど，現実にそぐわない点がみられたため，その抜本的な見直しが行われ，1998年4月1日に現在の日本銀行法が施行された。新日本銀行法では，①日本銀行の金融政策の独立性強化，②金融政策決定の透明性確保，③政策委員会の機能強化などが規定されている。

日本銀行の最高意思決定機関は政策委員会であり，同委員会は「金融政策決定会合」において，金融市場調節方針の決定，公定歩合の変更，預金準備率の変更等，金融政策の決定を行っている。

日本銀行の機能としては，①「発券銀行」としての機能，②「銀行の銀行」としての機能，③「政府の銀行」としての機能，④以上の機能を通じた金融政策の運営，の四つがある。

日本銀行はわが国唯一の発券銀行であり，この独占的権限が与えられていることが中央銀行機能の根幹をなしている。また，日本銀行は一般企業や個人との取引は行わず，もっぱら普通銀行など市中金融機関との取引を行っている。これらの取引の主要なものには，当座預金取引，貸出取引，債券・手形の売買取引，手形交換・内国為替等の資金決済などがある。

さらに日本銀行は，政府の銀行として，政府との間で預金，貸付取引を行うほか，各種の法令に基づいて国庫事務，国債事務，外国為替事務など国の事務の一部についてその委任を受けている。

日本銀行の業務

主要な業務	内　　　　容
1．銀行券の発行と管理	・唯一の「発券銀行」としての日本銀行券の発行
2．金融政策の遂行	・民間金融機関との間で債券・手形の売買取引（オペレーション）を行うことにより，金融市場における資金過不足を調整
3．資金決済を行う手段の提供および金融システムの安定性確保のための活動	・日銀ネットを用いて，日本銀行当座預金口座を通じた銀行間の決済サービスを提供 ・銀行の預金・貸出動向の把握（モニタリング）や，資産内容やリスク管理体制等をチェックするための定期的な立入調査（「考査」）を実施 ・金融機関の支払不能時に，システミック・リスクを防ぐための緊急貸出を実施（「最後の貸し手」（レンダー・オブ・ラスト・リゾート）機能）
4．国庫金，国債関係事務	・日本銀行に置かれた政府の口座を通じた国庫金の受払い（「政府の銀行」の役割） ・国債の発行，流通および償還事務の一元的な取扱い
5．国際関係業務・活動	・海外中央銀行・公的機関等に対する円預金口座の提供，国際機関（BIS，IMF等）に対する出資・貸付 ・必要な場合に，財務大臣の代理人として外国為替市場に介入 ・BIS，G7，IMF等の国際機関における意見交換，情報収集
6．情報収集・分析，研究活動	・「国内企業物価指数」，「企業向けサービス価格指数」，「マネーサプライ」といった統計や「企業短期経済観測調査」（いわゆる「日銀短観」）などのビジネスサーベイを作成 ・金融政策や金融制度，決済システムなどに関する理論的な研究の実施

（資料）　日本銀行ホームページをもとに作成

	日　本　銀　行　政　策　委　員　会
管掌事項	金融市場調節方針の決定 基準貸付利率の決定 準備預金制度による準備率の変更 金融経済情勢の基本判断　等
構　　成	日本銀行総裁　……1名　⎱ 　同　副総裁……2名　⎬（合計9名） 審議委員　　　……6名　⎰ 以上のほか，財務大臣および経済財政政策担当大臣（または代理者）は，金融政策決定会合に出席し，意見を述べることができるが，議決権はない。
そ の 他	①　両議院の同意を得て内閣が任命 ②　任期は5年 ③　議事は出席委員の過半数により決せられる。

7　5大銀行グループ　第二次世界大戦後，わが国では独占禁止法により持株会社の設立は禁止されていた。1998年3月に金融持株会社が解禁され，約50年ぶりに銀行持株会社の下に銀行，証券会社，保険会社などを配した総合的な金融グループを形成することが可能となった。また，1999年には持株会社の創設を円滑にするための株式交換・株式移転制度が，2000年には会社分割制度が導入され，企業再編のための法整備が行われた。

こうした制度改革を受け，都市銀行を中心に持株会社形態を用いた組織再編が進んだ。まず2000年9月，第一勧業銀行，富士銀行および日本興業銀行の3行によって，わが国初の銀行持株会社「みずほホールディングス」が設立された。その後も，東京三菱銀行・三菱信託銀行・日本信託銀行による「三菱東京フィナンシャル・グループ」（設立：2001年4月。2005年10月にUFJホールディングスと合併し，「三菱UFJフィナンシャル・グループ」），三和銀行・東海銀行・東洋信託銀行による「UFJホールディングス」（同），三井住友銀行による「三井住友フィナンシャルグループ」（設立：2002年12月），大和銀行・近畿大阪銀行・奈良銀行による「大和銀ホールディングス」（同：2001年12月。後にあさひ銀行が参加し，2003年3月に「りそなホールディングス」）が，それぞれ設立されている。こうした再編の動きがひと段落した2011年に住友信託銀行と中央三井信託銀行の持株会社である中央三井トラスト・ホールディングスが，三井住友トラスト・ホールディングスとして経営統合した。

このように，主要行は，現時点では5つの主要な金融グループに再編されている。さらに，こうした金融グループには，証券会社や金融関連会社が含まれており，金融グループとしての総合的な活動を活発

に行っている。

　このほか，現在までに，ソニー・フィナンシャルホールディングス，地域銀行では，ほくほくフィナンシャルグループ，紀陽ホールディングス，山口フィナンシャルグループ，ふくおかフィナンシャルグループ，足利ホールディングス，フィデアホールディングス，池田泉州ホールディングス，トモニホールディングス，じもとホールディングス等が銀行持株会社として設立されている。

5大銀行グループの概要

グループ	みずほ	三菱UFJ	三井住友	りそな	三井住友トラスト
銀行持株会社	みずほフィナンシャルグループ	三菱UFJフィナンシャル・グループ	三井住友フィナンシャルグループ	りそなホールディングス	三井住友トラスト・ホールディングス
設立年月	2003年1月	2001年4月	2002年12月	2001年12月	2002年2月
総資産（兆円）(2012年9月末)	156.1	218.6	116.4	42.5	34.7
傘下銀行	みずほ銀行 みずほコーポレート銀行 みずほ信託銀行	三菱東京UFJ銀行 三菱UFJ信託銀行	三井住友銀行	りそな銀行 埼玉りそな銀行 近畿大阪銀行	三井住友信託銀行
主なグループ会社	証券会社 カード会社 リース会社 信託銀行	証券会社 カード会社 リース会社 消費者金融 ネット専業銀行 不動産会社	証券会社 カード会社 ネット専業銀行	カード会社	カード会社 不動産会社

（資料）　各社HPより作成

8 地域を営業基盤とする銀行　地域を営業基盤とする銀行には，地方銀行と第二地方銀行協会加盟銀行（第二地銀）がある。これらの銀行は，都道府県の中心都市等に本店を置き，その地域を営業基盤とする銀行であり，2012年10月時点で地方銀行は64行，第二地銀は41行ある。

　地方銀行，第二地銀は，都市銀行と同様，銀行法に基づき設立された株式会社組織の銀行であるが，地方銀行や第二地銀といった業態区分は銀行法上の区分ではない。また，第二地銀は，1989年2月以降，相互銀行や信用金庫から普通銀行に転換した銀行である。

　都市銀行に比べて，地方銀行や第二地銀には以下のような特徴がみられる。まず，都市銀行が全国規模で営業展開をしているのに対し，地方銀行や第二地銀は，営業基盤が一定の地域（県や市町村等）に限られている。第2に資金量の規模が都市銀行と比較して小さく，例えば，貸出金の一行当たり平均は，地方銀行で2.5兆円，第二地銀で1.0兆円と，都市銀行（平均35.0兆円）（係数はいずれも2012年3月末）と比べ規模の格差が大きい。第3に，地方銀行や第二地銀は資金調達面における預金の割合が高く，いずれも約9割となっているのに対し，都市銀行の同割合は6割程度である。また，運用面においても，地方銀行や第二地銀では，地元の中小企業に対する貸出が中心となっている。

　従来，地方銀行や第二地銀は，地域との強い結びつきのなかで比較的安定した経営基盤を維持することができたが，最近の激しい金融環境の変化により，都市銀行や信用金庫・信用組合などとの競争も激化してきている。こうした状況に対応するため，従来の地域基盤を超えた地方銀行，第二地銀同士の広域的な提携や，銀行持株会社設立によるグループ化の動きもみられるようになってきている。

第 3 章　わが国の金融制度と金融機関

中小企業等向け貸出割合　2012年 3 月末

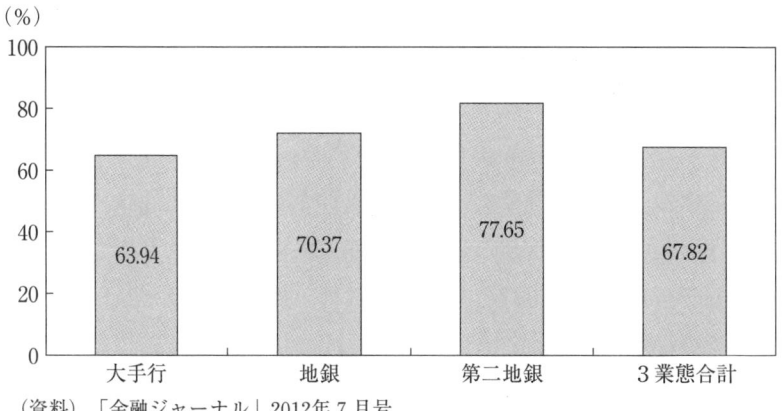

(%)
- 大手行: 63.94
- 地銀: 70.37
- 第二地銀: 77.65
- 3 業態合計: 67.82

(資料)　「金融ジャーナル」2012年 7 月号

(単位：億円)

	中小企業等貸出金残高		
	2012年 3 月末	2011年 3 月末	2010年 3 月末
大 手 行	1,396,654	1,422,945	1,454,495
地　　銀	1,137,825	1,117,350	1,109,824
第二地銀	343,386	339,739	339,128
合　　計	2,877,865	2,880,034	2,903,447

(資料)　「金融ジャーナル」(2012年 7 月，2011年 7 月，2010年 7 月各号より)

9　資産運用・資産管理を主な業務とする銀行　委託者が受託者に金銭，有価証券，動産，不動産などの財産権を引き渡し，一定の目的にしたがって，特定の受益者のために受託者がその財産（信託財産）を管理・処分する仕組みを「信託」という。わが国において，信託の引受を業として行っているのは，「金融機関の信託業務の兼営等に関する法律」による認可を受けた信託銀行等である。信託銀行は，2012年9月現在で16行あり，このほかに普通銀行業務を主としつつ信託業務の一部を兼営する銀行として都市銀行，地方銀行など24行ある。

　信託銀行が行う受託業務には，①金銭の信託，②有価証券の信託，③金銭債権の信託，④動産の信託，⑤土地およびその定着物の信託，⑥地上権および土地の賃借権の信託などがあるが，これを信託の機能という面からみると，貸付信託や金銭信託のように，貯蓄性資金を受託して企業や個人などへの貸出を中心とする「金融機能」と，土地信託，年金信託のように財産の管理・運用を行う「財産管理機能」に大別できる。

　また，最近では，年金基金の資産管理や運用の効率化を図るための仕組みとして「マスタートラスト」を導入する動きもみられるようになった。「マスタートラスト」とは，効率的な資産管理を行うため，複数の運用機関に分散して委託されている年金資産を一元的に管理する信託銀行のことであり，米国では1974年のERISA（従業員退職所得保障法）の導入により普及した。わが国においても，「マスタートラスト」の導入を展望して，従来の信託銀行の業務範囲とは異なり，資産管理業務に特化した信託銀行の設立も行われている。

　なお，2004年12月に改正信託業法が施行され，知的財産権を含む財産権一般の受託が可能となるとともに，信託業の担い手が拡大され，金融機関以外の事業会社の参入などが可能となっている。

第 3 章　わが国の金融制度と金融機関

信託銀行の業務と機能

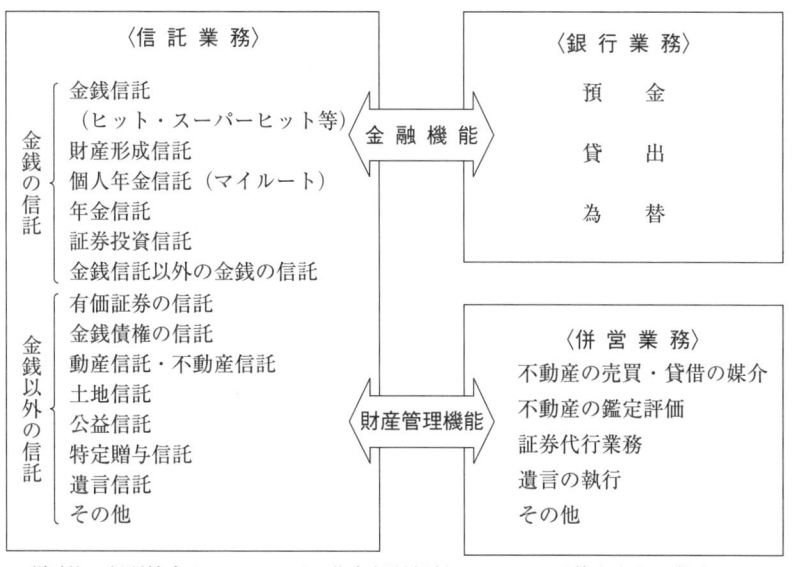

〈信託業務〉

金銭の信託
- 金銭信託（ヒット・スーパーヒット等）
- 財産形成信託
- 個人年金信託（マイルート）
- 年金信託
- 証券投資信託
- 金銭信託以外の金銭の信託

金銭以外の信託
- 有価証券の信託
- 金銭債権の信託
- 動産信託・不動産信託
- 土地信託
- 公益信託
- 特定贈与信託
- 遺言信託
- その他

⇔ 金融機能 ⇔

〈銀行業務〉
- 預金
- 貸出
- 為替

⇔ 財産管理機能 ⇔

〈併営業務〉
- 不動産の売買・貸借の媒介
- 不動産の鑑定評価
- 証券代行業務
- 遺言の執行
- その他

（資料）　信託協会ホームページ，住友信託銀行ホームページ等をもとに作成

改正信託業法の概要

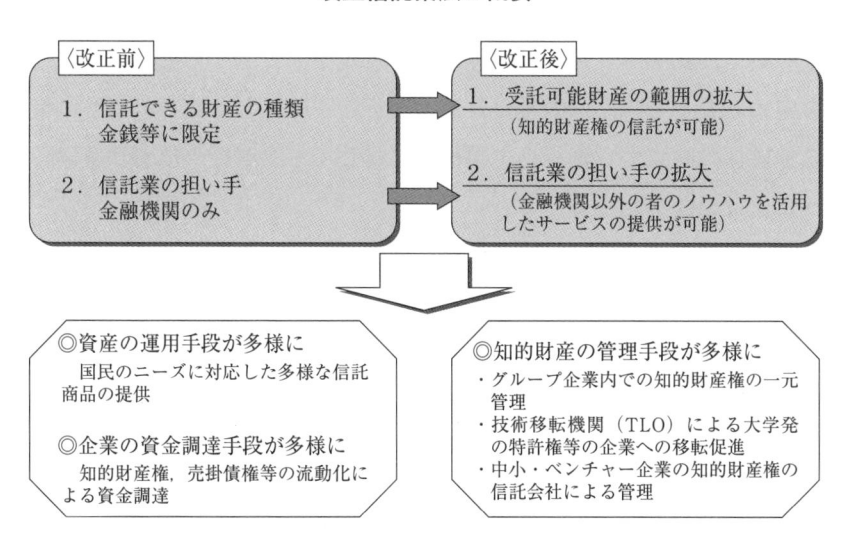

〈改正前〉
1. 信託できる財産の種類　金銭等に限定
2. 信託業の担い手　金融機関のみ

→

〈改正後〉
1. 受託可能財産の範囲の拡大
   （知的財産権の信託が可能）
2. 信託業の担い手の拡大
   （金融機関以外の者のノウハウを活用したサービスの提供が可能）

↓

◎資産の運用手段が多様に
　国民のニーズに対応した多様な信託商品の提供

◎企業の資金調達手段が多様に
　知的財産権，売掛債権等の流動化による資金調達

◎知的財産の管理手段が多様に
・グループ企業内での知的財産権の一元管理
・技術移転機関（TLO）による大学発の特許権等の企業への移転促進
・中小・ベンチャー企業の知的財産権の信託会社による管理

10 新しい業務形態をとる銀行，在日外国銀行　　わが国の銀行業には，戦後長い間，外国銀行等や業態別子会社の形態での参入を除き，新規参入の動きはほとんどなかった。しかし，2000年以降，新たな銀行設立の動きがみられるようになった。2000年8月に公表された「異業種による銀行業参入等新たな形態の銀行業に対する基本的な考え方」（以下，「基本的な考え方」）が公表され，そこでは，「最近，事業会社等の異業種による銀行業参入の動きや，コンビニ等の店舗網にATMを設置し，主に決済サービスの提供を行う業務形態，更には店舗網を持たずインターネット上でのみサービスの提供を行う業務形態等，従来の伝統的な銀行業にはない新たな形態の銀行を設立する動きが見受けられる」としている。このような動きのもと，物理的な店舗を持たないインターネット専業銀行が相次いで設立されている。

　これらの銀行の設立にあたっては，一般事業会社が出資している場合もあることから，親会社である事業会社と子会社の銀行との間に特別の結びつきが生ずるなど，銀行経営の健全性確保の観点から問題が発生する可能性がある。このため，金融庁は，「基本的な考え方」に基づいて，2000年8月に異業種からの新規参入に関する監督上の対応を定めるとともに，2001年11月には銀行法を改正し，銀行経営等の健全性確保の観点から銀行の主要株主に対しても金融庁の監督が及ぶように法令を改めた。

　一方，在日外国銀行とは，一般に外国の法令に準拠して外国において銀行業を営む銀行がわが国に設けている支店を指す。在日外国銀行は，法律的にはわが国の普通銀行と同様，「銀行法」上の銀行として位置づけられており，内閣総理大臣の免許を受け，営業している。なお，複数の支店等を設ける場合には，当該在日外国銀行のわが国における本拠となる支店等で免許を受けることで足りることとなっている。

また，在日外国銀行の業務範囲は，基本的には国内の銀行と同様であり，預金，貸出，外国為替，貿易金融などを主に取り扱っている。一般の預金者を対象としたリテール業務を扱っていないケースが多く，2012年9月現在で，わが国に支店を開設している外国銀行は57行ある。

なお，外国の銀行ではあるが，日本法人を設置し，積極的にリテール業務を行っているシティバンク銀行やSBJ銀行といった銀行もある。

このほか，従来は銀行による100％子会社に限定されていた銀行代理業について，2006年4月からスーパーやコンビニといった一般企業も一定の能力と信用を有していることを条件として内閣総理大臣から営業許可を得た場合には，預金等の受け入れなどを提携先の銀行に取り次ぐ「銀行代理業」に関する規制が緩和された。

新規参入した銀行の概要

銀　行　名	開　　業	主要出資先（設立時）	業務上の特徴
ジャパンネット銀行	2000年10月	三井住友銀行，富士通，日本生命	インターネット専業
セブン銀行	2001年5月	イトーヨーカ堂，セブン・イレブン・ジャパン	セブン・イレブン等の店舗網を活用したATM展開
ソニー銀行	2001年6月	ソニー，三井住友銀行，JPモルガン	インターネット専業
楽天銀行	2001年7月	伊藤忠商事，日本テレコム	インターネット専業，小口決済業務に特化
新銀行東京	2005年4月	東京都	中小企業向け融資等中心
住信SBIネット銀行	2007年9月	住友信託銀行，SBIホールディングス	インターネット専業
イオン銀行	2007年10月	イオン	イオンショッピングセンター内での有人店舗の展開
じぶん銀行	2008年7月	三菱東京UFJ銀行，KDDI	携帯電話によるモバイルネット専業
大和ネクスト銀行	2010年4月	大和証券グループ本社	「資産形成」に特化

11 協同組織金融機関　　わが国には，協同組織金融機関として，以下に概説する信用金庫，信用組合，農林漁業金融機関，労働金庫が存在する。これらは会員または組合員の相互扶助を基本理念とする非営利法人として，中小・零細企業，勤労者および農林漁業者等への資金融通等を行う協同組織金融機関である。協同組織金融機関は，会員または組合員の相互扶助を基本理念とする非営利法人であることから，法人税率が低い等といった税制面等での優遇策がある一方，取引対象者や営業地域や業務範囲において一定の制限が課されている点で，株式会社組織の銀行とは異なる。協同組織金融機関は，会員または組合員のその大宗を占める中小零細企業もしくは個人を対象として金融サービスを提供することを目途としていたが，近年は都市銀行を中心とする普通銀行も中小零細企業もしくは個人を対象とした金融サービスの提供にも注力し，業務の同質化が進んでいるのが現状である。また，以下の業態にはそれぞれ中央機関（信金中央金庫，全国信用協同組合連合会，農林中央金庫，労働金庫連合会）が存在し，傘下金融機関の余裕資金の運用や内国為替の集中決済を行っていることもその特徴である。

(1) **信用金庫**　信用金庫法に基づき設立され，一定の地域内の中小事業者や個人を会員とする会員制の協同組織金融機関である。会員以外からの預金・為替を受け入れることは可能であり，貸出は原則として会員に限られているが，条件付で会員外への貸出も可能である。会員の資格は信用金庫の営業地域内の事業者で従業員数が300人以下もしくは資本金が9億円以下のいずれかの要件を満たす事業者等に限ら

れている。また信用金庫の中央機関として信金中央金庫がある。2012年11月現在，信用金庫は270金庫ある。

(2) **信用組合** 一定地区内の許可された範囲にある小規模事業者，個人等が協力して設立する協同組合組織の金融機関である。中小企業等協同組合法を根拠法とし，金融事業に関しては協同組合による金融事業に関する法律により定められている。組合員の対象別では，一定の地域に所在する小規模事業者等を対象とする地域信用組合，医業や公衆浴場など同一事業者を対象とする業域信用組合，官公庁や企業の職場内の従業員を対象とする職域信用組合などがある。中央機関として全国信用協同組合連合会がある。組合員の資格は従業員数が300人以下もしくは資本金が3億円以下のいずれかの要件を満たす事業者等に限られている。2012年11月現在，信用組合は157組合ある。

(3) **農林漁業金融機関** 農業・漁業等の従事者を会員とする協同組合組織で，農業協同組合法を根拠法とした農業協同組合（2012年7月現在713組合）と水産業協同組合法を根拠法とした漁業協同組合（2012年6月現在145組合）等がある。上部組織として，県単位の信用農業協同組合連合会・信用漁業協同組合連合会，全国規模の農林中央金庫があり，3段階の構造を成している。これらを総称して系統金融機関とも呼ばれる。なお，最近では，農林中央金庫と信用農業協同組合連合会の統合による組織の2段化や，信用農業協同組合連合会と県下の農業協同組合が合併して一つの農業協同組合になるなど，組織再編が進められている。

(4) **労働金庫** 労働金庫は，労働組合，消費生活協同組合などの団

体を会員とし，労働者の生活向上を図るために必要となる金融事業を営む協同組織金融機関である。会員は，原則として労働組合や消費生活協同組合などの団体であるが，定款に特に定めのある場合は労働者個人でも会員になることができる。1950年の設立以降，1966年に沖縄ろうきんが設立され，労働金庫数は47金庫となったが，地域統合をすすめた結果，2012年3月現在，13の労働金庫と中央機関としての労働金庫連合会がある。

協同組織金融機関（信用金庫・信用組合）と銀行の主な相違点について

	協同組織金融機関		銀　行
	信用金庫	信用組合	
法律	信用金庫法	中小企業等協同組合法 協同組合による金融事業に関する法律	銀行法
組織	会員・組合員の出資による協同組織		株式会社
組織の議決権等	会員・組合員は1人1票 総会（総代会）によって議決権を行使する		株主は1株につき1票 株主総会で議決権を行使
地区	定款に記載されている（定款変更は認可事項）		制限なし
利用の資格	会員・組合員＝地区内において住所・居所を有する者，事業所を有するもの，勤労に従事する者　等		制限なし
（員外）預金	制限なし	原則は組合員	制限なし
〈例外〉		組合員以外の者の預金の受入れは，預金および定期積立の総額の20％を超えてはいけない	
（員外）貸出	原則は会員・組合員		制限なし
〈例外〉	①貸出総額の20％を超えてはならない		
	②預金を担保とする貸付け等		
	※3年以上会員であった事業者への一定期間内の貸付も可		

（資料）　金融審議会資料をもとに作成

12 証券会社，保険会社，ノンバンク　証券会社は，金融商品取引法に基づき，内閣総理大臣の登録を受けた証券業務を営む会社で，有価証券等の①自己売買業務（ディーリング），②委託売買業務（ブローカレッジ），③引受業務（アンダーライティング），④売りさばき業務（セリング）などを主に取り扱う。このほか，証券業務から直接派生する業務として有価証券の保護預りや有価証券の貸借取引なども付随業務として扱っている。また，投資家による証券市場へのアクセスを一層容易にするために，証券仲介業が2004年に設けられ，一定の弊害止措置を講じることを条件に銀行にも解禁されている。このほか，証券市場に関連する金融機関として，株式および公社債の円滑な発行・流通に必要な資金や有価証券の供給を行うことを目的とした証券金融会社などがある。

　保険会社は，保険業法に基づいて事業免許を受け，保険商品・サービスを提供する会社であり，生命保険会社と損害保険会社がある。保険会社は，個人からの保険料等である保険料収入を原資として事業向け貸出や有価証券投資等を行っていることから，銀行等に匹敵する金融仲介機能を果たしている担い手の一つである。1996年4月施行の改正保険業法により，代表的な措置として，①生損保は子会社方式による相互参入，②ソルベンシーマージン比率が導入され，③ディスクロージャーに関する規定が整備された。また，1998年12月には金融システム改革法により銀行と保険会社間での子会社方式による相互参入への道が開かれた。また，近年では，インターネット専業保険会社も設立されている。

　ノンバンクとは，一般に，信用供与を行う金融会社をいうが，具体的には，貸金業法の適用の対象となる貸金業者（消費者金融会社等）や，ベンチャーキャピタルなどを指す。資金調達源は，金融機関からの借入のほか，社債発行による調達も可能となっている。なお，最近では，都市銀行がジョイントベンチャーで消費者金融会社を設立する動きも目立ってきている。

日証協会員国内証券会社の収支状況
（2012年3月期，252社）

	金額（億円）
受入手数料	15,557
トレーディング損益	6,319
金融収益	3,834
販売費・一般管理費	21,927
金融費用	2,250
純営業収益	23,791

（資料）　日本証券業協会ホームページをもとに作成

生命保険会社の総資産割合
（2012年3月期）

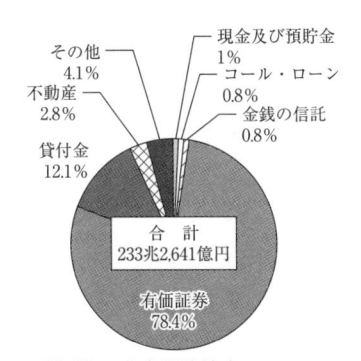

- その他 4.1%
- 不動産 2.8%
- 貸付金 12.1%
- 現金及び預貯金 1%
- コール・ローン 0.8%
- 金銭の信託 0.8%
- 有価証券 78.4%
- 合計 233兆2,641億円

（資料）　生命保険協会ホームページをもとに作成（除くかんぽ生命）

ノンバンクの総貸付残高（各年度末）

（単位：億円）

	2006年	2007年	2008年	2009年	2010年	2011年
消費者向け無担保貸金業者	117,403	108,601	89,659	72,853	53,497	36,600
消費者向け有担保貸金業者	1,285	2,408	1,653	1,933	1,351	1,861
消費者向け住宅向貸金業者	9,183	7,154	6,992	6,158	5,719	6,282
事業者向け貸金業者	160,580	177,810	178,547	168,546	121,551	115,275
手形割引業者	2,206	2,348	1,597	961	770	615
クレジットカード会社	23,345	25,413	26,334	24,635	22,381	18,817
信販会社	53,504	57,293	55,509	54,434	46,746	38,532
流通・メーカー系会社	6,552	6,631	4,044	4,317	8,463	7,559
建設・不動産業者	5,432	6,010	5,731	4,962	3,800	2,368
質屋	198	251	141	132	113	90
リース会社	33,495	42,496	44,543	39,435	34,891	32,730
日賦貸金業者	672	307	142	95	69	2
非営利特例対象法人	—	—	—	—	—	7
合計	413,858	436,727	414,898	378,467	299,357	260,745

（資料）　「平成23年度版JFSA白書」

13 ゆうちょ銀行（日本郵政グループ） 郵便，郵便貯金および簡易生命保険のいわゆる「郵政三事業」は，明治以来，国が直接営んできたが，2007年10月から郵政民営化がスタートし，2017年9月末までに完全民営化されることになっていたが，2012年10月に「郵政民営化法等の一部を改正する法律」が施行され，郵政を巡る状況は変化した。

郵便貯金は，個人のための小口の貯蓄手段であり，貯蓄額の限度額は1人1,000万円までとされている。また，郵便貯金は，貯金の受入れ以外にも，公共料金・税金の納入，国際送金等の資金移動サービスも提供しており，一部，地方公共団体や貯金者向け貸付を行う以外，企業に対する融資業務などは行っていない点で銀行等とは異なる。

2001年4月から財政投融資制度が改革され，郵便貯金を通じた資金が全額自主運用になったが，郵便貯金残高（2012年3月末現在175兆円）は世界に類のないほど規模が大きい。こうしたなか，経済活性化や行財政改革を目的とした郵政民営化関連法が2007年10月に施行され，日本郵政公社は100％政府出資の日本郵便株式会社を持株会社として，ゆうちょ銀行，かんぽ生命，郵便事業会社，郵便局会社に4分社化され，民営化前の郵便貯金・簡易生命保険を管理する独立行政法人郵便貯金・簡易生命保険管理機構が設立された。このうち，ゆうちょ銀行およびかんぽ生命保険の株式は2017年10月までに売却され，完全民営化することとされていた。

2009年9月にスタートした民主党，社会民主党，国民新党による連立政権は，これまでの郵政民営化の方針の見直しを進めたが，その後，東日本大震災が発災し，その復旧・復興のための財源の一つとして日本郵政株式会社の株式処分への期待が高まり，2012年年明け以降，民主党，自民党，公明党の3党共同により「郵政民営化法等改正法」が提出され，成立した。同法の主な内容としては，政府はゆうちょ銀行・かんぽ生命の持株会社の株式の3分の1超を常時保有し，残りの株式をできる限り早期に処分するなどとしている。

第3章　わが国の金融制度と金融機関

郵政民営化のプロセス

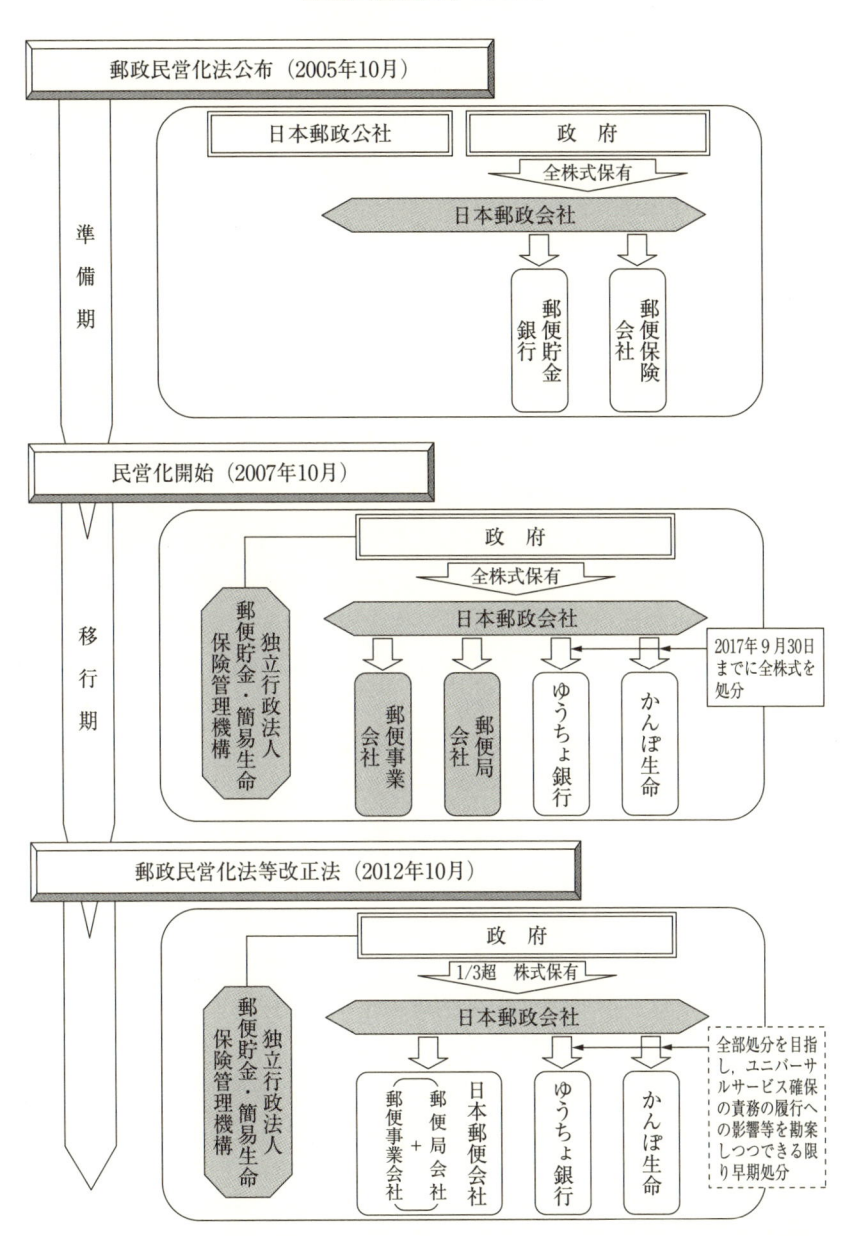

準備期

郵政民営化法公布（2005年10月）

- 日本郵政公社
- 政府
  - 全株式保有 → 日本郵政会社
    - 郵便貯金銀行
    - 郵便保険会社

移行期

民営化開始（2007年10月）

- 独立行政法人 郵便貯金・簡易生命保険管理機構
- 政府
  - 全株式保有 → 日本郵政会社
    - 郵便事業会社
    - 郵便局会社
    - ゆうちょ銀行
    - かんぽ生命

（2017年9月30日までに全株式を処分）

郵政民営化法等改正法（2012年10月）

- 独立行政法人 郵便貯金・簡易生命保険管理機構
- 政府
  - 1/3超 株式保有 → 日本郵政会社
    - 日本郵便会社（郵便局会社＋郵便事業会社）
    - ゆうちょ銀行
    - かんぽ生命

（全部処分を目指し，ユニバーサルサービス確保の責務の履行への影響等を勘案しつつできる限り早期処分）

51

14　政策金融機関とその改革　　政策金融機関の使命は民業補完の原則のもと，情報の非対称性や不完全競争，外部性の存在など市場の失敗に対応することにある。かつての国民金融公庫等の各機関の根拠法では民間金融機関で対応困難な分野への資金の補完を目的として謳っていたが，現実には民間と競合する事例も多かった。

　政策金融機関は，2001年12月，「特殊法人等整理合理化計画」が閣議決定され，整理合理化の方針が示され，2002年10月に経済財政諮問会議において，政策金融機関の担うべき役割を大幅に見直す方針が示されたが，当時は不良債権処理の集中期間であったことから，改革の検討は2005年度以降とされた。2005年（平成17年）11月にとりまとめられた「政策金融改革の基本方針」において，政策金融の機能として①中小零細企業・個人の資金調達支援，②国策上重要な海外資源確保や国際競争力確保に不可欠な金融，③円借款の3つの機能に限定され，それ以外は撤退することとされた。その結果，新しい組織のあり方として，①日本政策投資銀行，商工組合中央金庫は完全民営化，②公営企業金融公庫の廃止，③国民生活金融公庫，中小企業金融公庫，農林漁業金融公庫，沖縄振興開発金融公庫，国際協力銀行を一つの新政策金融機関に統合することとされ，これらを踏まえて，2007年6月までに政策金融改革関連法が成立し，2008年10月に日本政策金融公庫が設立され新体制に移行した。同公庫の設立根拠となる「株式会社日本政策金融公庫法」では，「一般の金融機関が行う金融を補完することを旨としつつ」と明記されている。

　こののち，日本政策投資銀行および商工組合中央金庫については，2009年7月，金融危機への対応として，政策金融機関に対する政府関与の維持を目的に政府保有株式の処分時期を2012年4月の5年後から7年後と改正案を成立させており，完全民営化に対する見直しが行われている。また，国際協力銀行は，日本政策金融公庫の国際部門となったが，インフラ事業の海外展開によりわが国産業のさらなる成長を実現するために，2011年5月に公布・施行された株式会社国際銀行法により，2012年4月1日に日本政策金融公庫から分離された。

第3章　わが国の金融制度と金融機関

政策金融改革の流れ

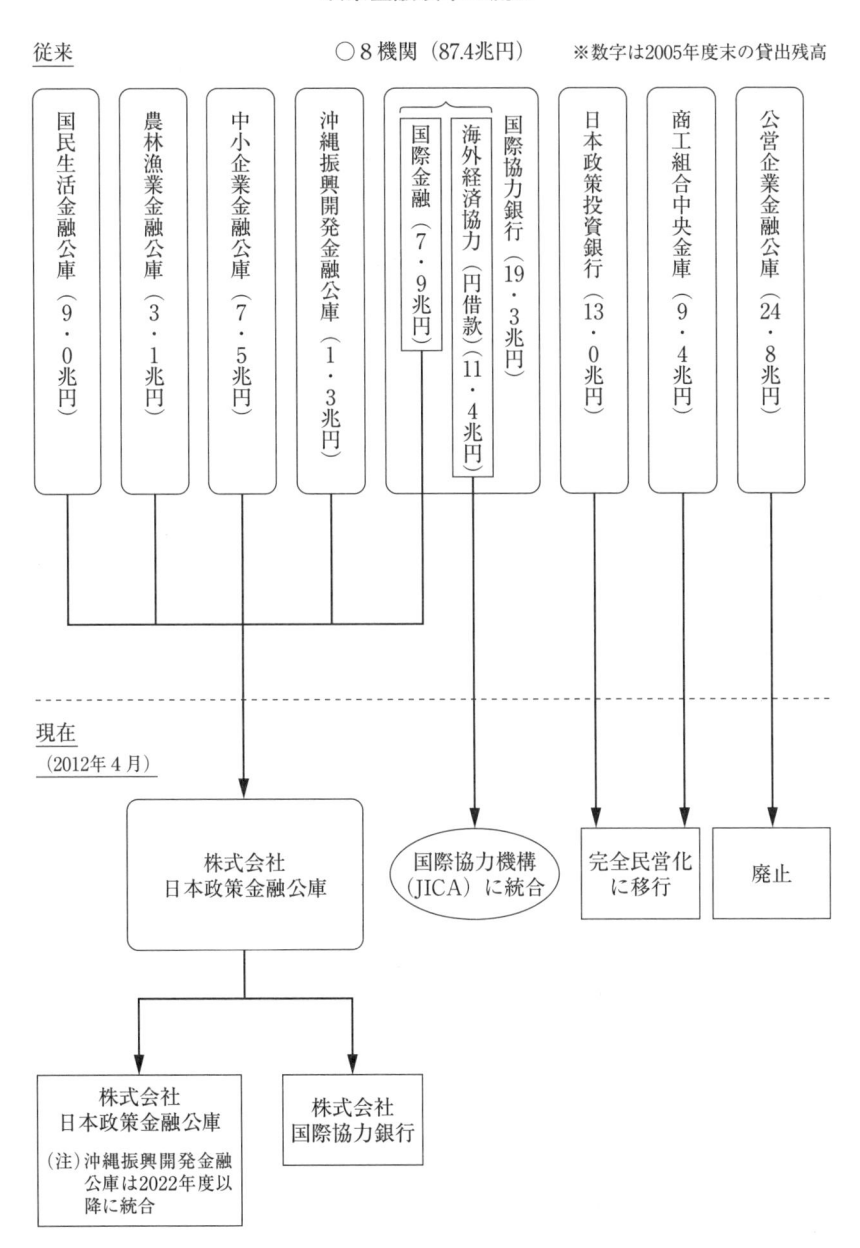

従来　　　　　　　○8機関（87.4兆円）　　※数字は2005年度末の貸出残高

- 国民生活金融公庫（9.0兆円）
- 農林漁業金融公庫（3.1兆円）
- 中小企業金融公庫（7.5兆円）
- 沖縄振興開発金融公庫（1.3兆円）
- 国際金融（7.9兆円）／海外経済協力（円借款）（11.4兆円）　国際協力銀行（19.3兆円）
- 日本政策投資銀行（13.0兆円）
- 商工組合中央金庫（9.4兆円）
- 公営企業金融公庫（24.8兆円）

現在（2012年4月）

- 株式会社 日本政策金融公庫
  - 株式会社 日本政策金融公庫
    - （注）沖縄振興開発金融公庫は2022年度以降に統合
  - 株式会社 国際協力銀行
- 国際協力機構（JICA）に統合
- 完全民営化に移行
- 廃止

53

15　主要金融機関の資金量・貸出残高

わが国の民間金融機関の資金量の総計は，2012年10月末現在，1,038兆円に達している。これを業態別にみると，都市銀行が291兆円と，全体の32.1％，次いで地方銀行が227兆円と25.0％となっている。なお，その規模だけを見ると，個人のみを対象としているゆうちょ銀行の預金等は178兆円と1社のみで，地方銀行全体に匹敵する規模となっている。なお，農林漁業金融機関の預金等残高に対する系統預け金の割合は約5割となっており，業態としての資金運用構造の特徴を示している。

次にわが国の民間金融機関の貸出残高をみると，2012年10月末現在，564兆円に達している。これを業態別にみると，都市銀行が176兆円，31.2％，地方銀行が163兆円，28.8％となっている。また，商工中金と政府系金融機関等の貸出残高は合計で97兆円となっており，民間金融機関の貸出残高の約2割を占める規模となっており，大きな規模になっている。

以上のとおり，わが国におけるゆうちょ銀行や政策金融機関の規模は，民間金融機関の規模と比較して，無視し得ない規模になっているのが，わが国の特徴でもある。

第3章　わが国の金融制度と金融機関

金融機関業態別　資金量・貸出

(平成24年10月末現在)

金融機関種別	金融機関数	預　金　等			貸　出	
		残　高	(系統預け金)	構成比	残　高	構成比
		億円	億円	％	億円	％
国　内　銀　行	140	6,433,279	—	70.8	4,272,334	75.7
都　市　銀　行	6	2,914,646	—	32.1	1,759,753	31.2
地　方　銀　行	64	2,272,226	—	25.0	1,626,387	28.8
地　方　銀　行 II	41	599,185	—	6.6	438,651	7.8
信金中金・信用金庫	272	1,514,663	219,724	14.3	685,055	12.1
全信組連・信用組合	159	230,394	48,160	2.0	97,402	1.7
労金連・労働金庫	14	234,049	50,085	2.0	120,365	2.1
農林中央金庫（9月）	1	480,445	—		158,830	2.8
信用農業協同組合連合会（9月）	34	557,812	331,238		68,095	1.2
信用漁業協同組合連合会（9月）	30	21,162	14,121	10.9	5,692	0.1
農業協同組合（8月）	713	897,936	620,857		233,805	4.1
漁業協同組合（7月）	145	8,744	8,193		2,125	0.0
合　　計	1,508	10,378,484	1,292,378	100.0	5,643,703	100.0
国内銀行信託勘定（39行）	—	1,817,180			25,846	
ゆうちょ銀行貯金（9月）	1	1,757,967			—	
生　命　保　険	43	3,194,910			405,958	
損　害　保　険	26	218,248			18,171	
商工組合中央金庫（24年9月）	1	92,914			95,248	
政府系金融機関等（24年3月）	5	—			878,148	

(注)　1．本表計数は国内店ベース（「特別国際金融取引勘定」を含む）。
　　　2．「国内銀行」，「国内銀行信託勘定」は日本銀行調，「ゆうちょ銀行貯金」はゆうちょ銀行調，その他は各金融団体等調。
　　　3．「預金等」の残高は預金，譲渡性預金，債券の合計。ただし，「国内銀行信託勘定」は金銭信託，貸付信託，年金信託，財産形成給付信託の合計，「生命保険」，「損害保険」は運用資産総額。「信金中央金庫」の計数は「信用金庫」と，「全国信用協同組合連合会」の計数は「信用組合」と，「労働金庫連合会」の計数は「労働金庫」との単純合算。構成比は，「系統預け金」を差し引きのうえ算出。
　　　4．「政府系金融機関等」の「貸出」の残高は，日本政策金融公庫，沖縄振興開発金融公庫，住宅金融支援機構，地方公共団体金融機構，日本政策投資銀行の合計。

55

第4章 金融市場

1 概説 【金融市場の概念】金融市場とは資金の供給者と資金の需要者間の取引が行われることにより資金の需給関係が調整される市場である。金融市場の参加者には金融機関，企業，家計，政府等があげられる。なお，金融市場は金融商品が取引される場を概念的に示しており，コール市場のように銀行同士が電話でやりとりするだけのものもあり，必ずしも具体的な場所を必要としているわけではない。

【金融市場の種類】金融市場は，一般に，そこで取引される金融資産の期間によって短期金融市場と長期金融市場に大別される。短期金融市場は，さらに参加者によって分けられ，コール市場や手形売買市場のようなインターバンク（銀行間）市場と，一般事業法人も参加できるオープン市場とがある。一方，長期金融市場は，金融資産の種類によって，債券市場と株式市場とに区分される。

このほか，通貨が取引される外国為替市場や，先物やスワップ，オプションといった金融派生商品が取引される市場，さらには，オフショア市場なども金融市場に含まれる。

以上は，市場取引の形態で取引が行われるが，広義の金融市場には，貸出市場のように相対（あいたい）で取引される市場が含まれる。

【短期金融市場】短期金融市場においては，近年，インターバンクからオープン市場への資金シフトが顕著なものとなっている。これは手形売買市場の実質的消滅，コール市場残高の大幅減少等によりインターバンク市場が縮小傾向にある一方で，日本版レポ市場や債券新現先市場の創設，CP（コマーシャル・ペーパー）のペーパーレス化等，

オープン市場における市場整備が進められ，市場規模が急拡大していることによるものである。

【長期金融市場】長期金融市場（資本市場）は，株式や公社債等の期限1年超の長期金融資産の取引が行われる市場で，それぞれ発行市場と流通市場がある。このうち株式流通市場においては，株式店頭市場の位置づけの見直しや新興企業市場の創設など，市場間競争が活発化している。一方，公社債（債券）市場においては，近年景気対策の原資として国債が大量発行されており，流通市場の活性化を図るため，30年国債の入札開始，個人向け国債の発行開始等の整備が行われている。

【外国為替市場】外国為替市場は，海外との取引によって生じる外国通貨と円の交換（取引）が行われる場である。1998年4月に施行された改正外為法により，外国為替業務がほぼ完全に自由化され，一般企業や個人も一部の外為取引に参入できるようになった。東京オフショア市場（JOM）は，国内取引とは遮断された銀行の特別勘定（特別国際金融取引勘定）や非居住者間の取引に限定されているため，国内市場とは別個のものとして位置づけられている。

2 金融市場の種類　金融市場を広く捉えれば，預金や貸出を含む金融取引が行われる場全体を指すことになるが，一般に金融市場というと，不特定多数の取引者による競争を通じて価格やその他の取引条件が決定される取引の場を指す。

通常，取引対象である金融資産の満期までの期間が短期（1年以内）か長期（1年超）かによって金融市場を二つに区分し，前者を短期金融市場，後者を長期金融市場という。

短期金融市場は，マネーマーケットとも呼ばれ，市場参加者の範囲により，金融機関のみが参加し，金融機関相互間の資金の運用・調達が行われるインターバンク市場と，一般事業法人等も自由に参加できるオープン市場に大別される。このうちインターバンク市場には，コール市場，手形売買市場，ドル・コール市場，銀行間預金市場がある。一方，オープン市場には，CD（譲渡性預金）市場，債券新現先市場（2001年4月発足），T-Bill（国庫短期証券）市場，FB（政府短期証券）市場，TB（短期国債）市場，CP（コマーシャル・ペーパー）市場，レポ（現金担保付き債券貸借）市場，ユーロ円市場などがある。

長期金融市場（証券市場や資本市場とも呼ぶ）は，証券発行者が長期資金の調達をする場であり，株式市場と公社債（債券）市場がある。また，これらの市場は発行市場と流通市場に分類することができる。

外国為替市場は異種通貨間の売買が行われる場であるが，短期金融資産の売買という意味では短期金融市場に近い性質のものといえる。

以上のほかに，金融先物・債券先物・株式先物市場などの先物市場やオプション市場等がある。

なお，東京オフショア市場は短期金融市場にも分類されるが，そこで行われる取引は銀行の特別勘定（特別国際金融取引勘定）や非居住者間の取引に限定されているため，国内市場とは別個のものとして位置づけられている。

第 4 章　金融市場

日本の金融市場

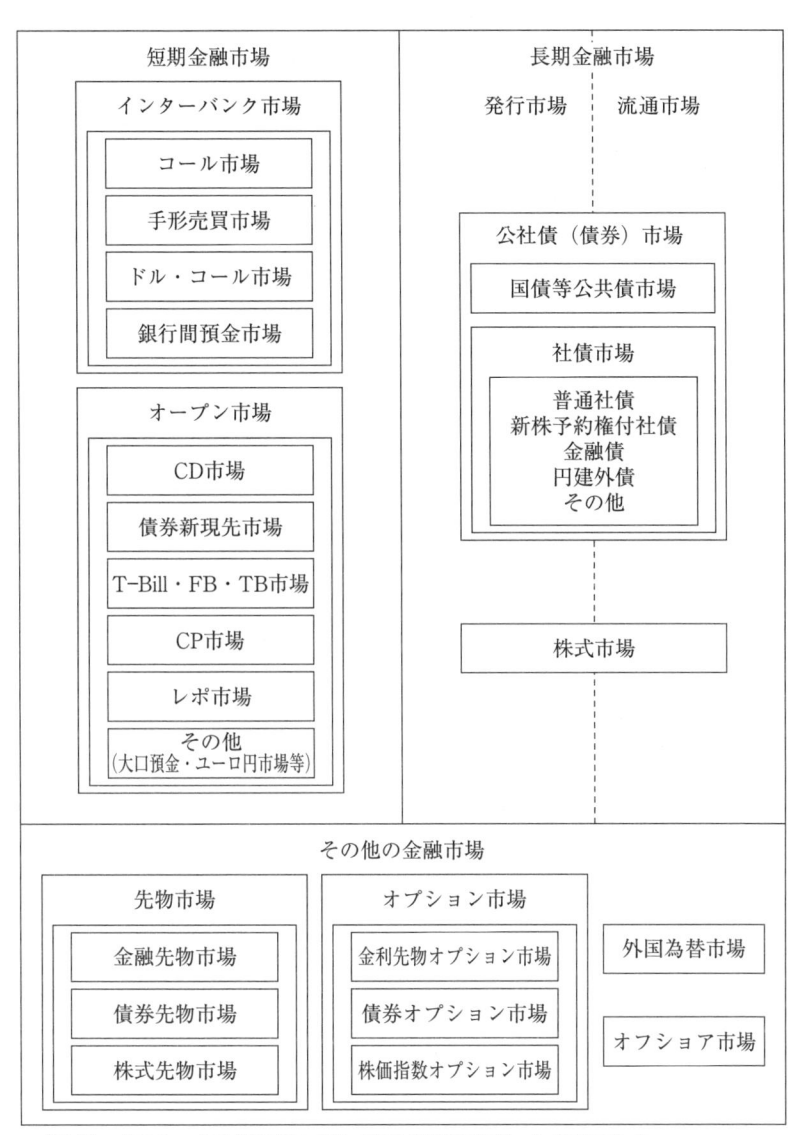

短期金融市場

インターバンク市場
- コール市場
- 手形売買市場
- ドル・コール市場
- 銀行間預金市場

オープン市場
- CD市場
- 債券新現先市場
- T-Bill・FB・TB市場
- CP市場
- レポ市場
- その他（大口預金・ユーロ円市場等）

長期金融市場

発行市場　｜　流通市場

公社債（債券）市場
- 国債等公共債市場
- 社債市場
  - 普通社債
  - 新株予約権付社債
  - 金融債
  - 円建外債
  - その他

株式市場

その他の金融市場

先物市場
- 金融先物市場
- 債券先物市場
- 株式先物市場

オプション市場
- 金利先物オプション市場
- 債券オプション市場
- 株価指数オプション市場

外国為替市場

オフショア市場

（資料）「日本の金融制度第2版」（東洋経済新報社）を参考に作成

3 インターバンク市場 インターバンク市場とは，市場参加者が資金の出し手と取り手となる金融機関と，仲介機関の短資会社に限定された市場で，コール市場，手形売買市場，銀行間預金市場等がある。

コール市場は，金融機関同士が短期資金（主に1日〜1週間）の貸し借りを行う場で，担保の有無により無担保コール市場と有担保コール市場に分けられる。

元来，わが国では有担保主義がとられていたが，1985年の無担保コール市場の創設以降は，無担保コールがコール取引の主流を占めた。ところが1997年の一部金融機関の破綻以降，信用リスクへの懸念が強まり，再び有担保コールの比率が上昇傾向にある。このほかにも2006年7月まで続いた日本銀行によるゼロ金利政策等の金融緩和措置の影響等もあり，コール市場の残高は大幅に減少している。

手形売買市場は，コール市場よりもやや長めの資金取引（主に1週間〜3か月程度）を手形の売買によって行う市場である。1971年に創設されたが，近年では，企業の短期資金の借入形態が従来の手形割引・手形貸付から当座貸越へとシフトし，その結果，市場残高が日銀の手形売出オペを除くとほぼゼロとなっていることや取引対象となる原手形の造成が鈍化したことから，手形売買市場は実質的には消滅したといえる。

このようにインターバンク市場の規模自体が縮小傾向にあり，短期金融市場全体の残高構成比をみると，オープン市場への資金シフトが顕著である。

なお，銀行間預金市場は，銀行間で直接大口預金を預け合い，資金運用・調達する市場で，1998年から取引が開始されている。

第4章　金融市場

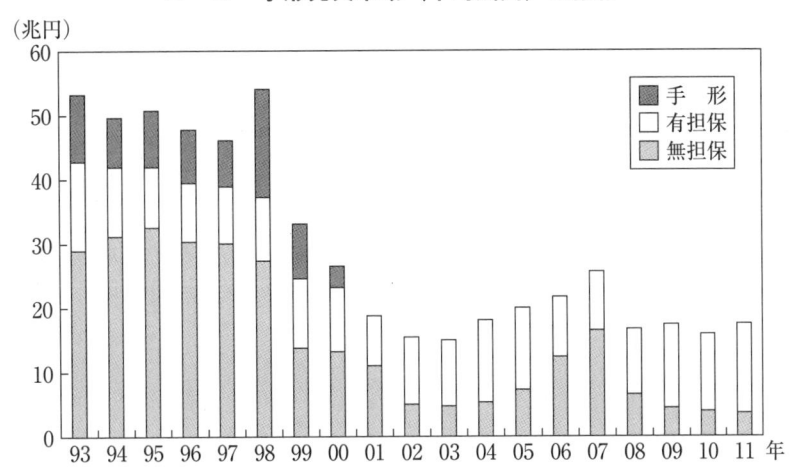

コール・手形売買市場（平均残高）の推移

短期金融市場の残高構成比の推移

（単位：％，兆円）

	1990年末	1995年末	2000年末	2005年末	2010年末	2012年10月末	残高
インターバンク市場	41.1	39.8	10.6	6.9	6.1	5.3	17.3
コ　　ー　　ル	24.0	31.7	10.6	6.9	6.1	5.3	17.3
（うち有担保）	11.7	7.7	2.5	4.4	4.6	3.8	12.4
（うち無担保）	12.4	24.0	8.2	2.5	1.5	1.5	4.9
手　形　売　買(1)	17.1	8.1	0.0	―	0.0	0.0	0
オ　ー　プ　ン　市　場	58.9	60.2	89.4	93.1	93.9	94.7	310.4
譲　渡　性　預　金	18.9	20.0	17.9	10.0	0.0	11.5	37.7
コマーシャル・ペーパー(2)	―	―	2.4	8.7	4.2	3.0	9.7
国庫短期証券・政府短期証券(3)	25.7	20.7	18.7	29.5	57.3	51.2	167.7
割　引　短　期　国　債	7.6	10.5	15.5	16.6	0.0	0.0	0
公　社　債　現　先(4)	6.6	9.1	10.4	9.2	4.7	7.1	23.4
債券貸借取引（レポ）(5)	―	―	24.5	19.1	27.7	21.9	71.9
合　　　計	100.0	100.0	100.0	100.0	100.0	100.0	
残　　　高	99.4	121.5	214.7	305.2	261.8	327.7	327.7

(1) 日銀手形買いオペ残高を除く。2001年3月をもって公表取り止め。
(2) 2006年末以前は，計数不詳の部分がある。
(3) 2009年1月までは，政府短期証券の計数。2009年2月以降は，国庫短期証券および政府短期証券の計数。
(4) 証券会社および金融機関のディーリング業務での現先売買残高。額面ベース。
(5) 現金担保付取引の残高。額面ベース。
（資料）　日本銀行「金融経済統計月報」，日本証券業協会ホームページをもとに作成

4　オープン市場　　オープン市場は金融機関以外の一般事業法人等も参加できる市場である。

　CDは第三者に譲渡可能な預金で，1979年の創設以降急速に拡大し，発行残高は2001年8月には50兆円を突破した。その後はおおむね30兆円程度で推移しており，2012年11月末現在で発行残高がおよそ39兆円となっている。

　CPは一般事業法人や金融機関が短期資金を市場から調達するために発行される。1998年6月，大蔵省通達の廃止にともない発行企業の制限，発行期間，発行単位等の規制が撤廃された。現物紛失リスク，DVP（証券移転と資金決済との同時化）の未実現，印紙税の存在等，CPが無担保約束手形であることにともなう問題に対応するためペーパーレス化（無券面化）の検討が行われてきたが，2001年6月に成立した「短期社債等振替法」（現在は「社債，株式等の振替に関する法律」）により2002年3月にペーパーレスCPが実現した。CPの発行残高は市場創設以降，順調に増加し，2012年12月末現在のCPの発行残高はおよそ16兆円となっている。

　債券現先市場は売戻しまたは買戻条件付きの債券売買の市場である。売買形式をとるため，1999年3月末に有価証券取引税が廃止されるまでは，同税の課税対象とされていた。

　一方，1996年4月に誕生した現金担保の債券貸借市場であるレポ市場は，有価証券取引税を回避するために貸借形式をとっていたが，実態的には債券を担保とした現金取引が行われている。しかし，日本版レポは非常に複雑な取引構造になっているため，標準的なレポ市場創設の必要性が高まり，有価証券取引税の廃止にともない，従来の現先取引を改正し国際標準のレポ市場に再編成した「新現先」が2001年4月に発足した。

　FBとは国庫の一時的な資金繰りのために発行される証券をいい，TBは国債のうち発行から償還までの期間が1年未満のものをいう。2009年2月からは，FBおよびTBは「国庫短期証券」（Treasury Discount Bills）として統合され，政府の短期の資金繰りのために発行されている（償還期間は，2か月，3か月，6か月，1年）。これらは信用度・流動性の高さ等から短期金融市場の中核的商品となり，2012年11月末現在の国庫短期証券の市場残高は169兆円となっている。

第4章　金融市場

CD残高の推移

（単位：兆円）

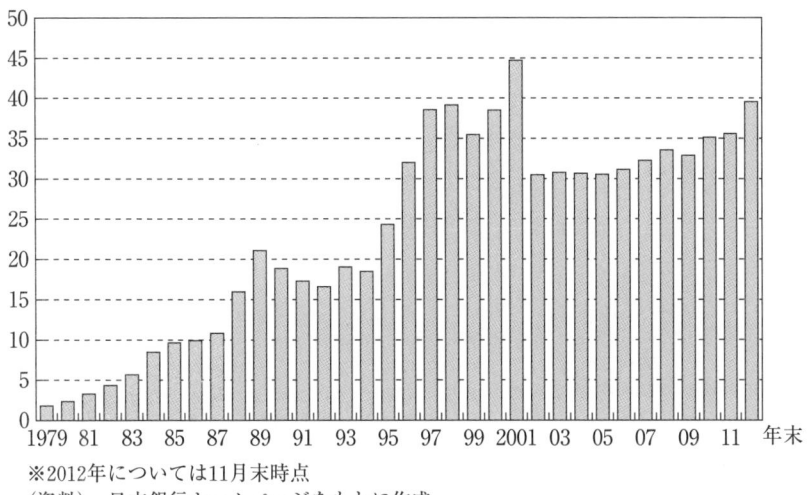

※2012年については11月末時点
（資料）　日本銀行ホームページをもとに作成

CP発行残高の推移

（単位：兆円）

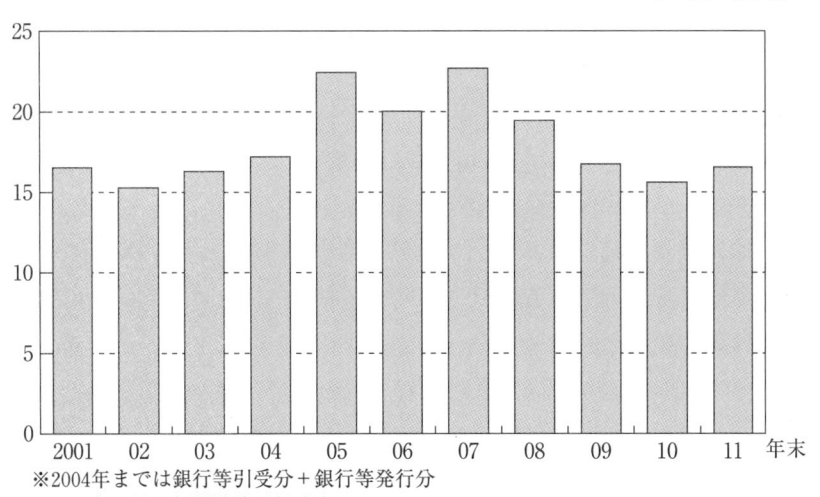

※2004年までは銀行等引受分＋銀行等発行分
※2005年以降は短期社債発行残高
（資料）　日本銀行ホームページ，証券保管振替機構のホームページをもとに作成

5　外国為替市場　　外国為替市場は外貨を売買する場であり，電話や電子機器を通じて取引が行われる概念としての市場である。

　市場参加者は，銀行，ブローカー，および顧客（機関投資家を含む）の三者である。以前は外国為替公認銀行（為銀），ブローカー，日本銀行の三者で構成されていたが，1998年4月の外為法改正で外為取引が完全自由化されたことにより，外為業務を為銀のみに認める為銀主義が廃止され，為銀以外（機関投資家等）の市場参加も可能になった。

　外国為替の取引は，取引高上位行への集中化傾向がみられ，2010年4月中の取引の集中度は，上位10先のシェアで85.2％（2007年4月は78.9％），上位20先のシェアで95.5％（同92.4％）となっている。

　なお，日本銀行は為替相場の安定を図る目的で政府の代理人として市場介入（外国為替平衡操作）するという重要な役割も持つ。

　2010年4月中の東京市場の1営業日平均総取引高は3,013億ドルと，前回調査（2007年4月分2,384億ドル）から26.4％上昇した。この市場構成は，インターバンク取引が60.8％，対顧客取引が39.2％となっている。

　一方，世界の取引高（1営業日平均）は，2007年には約3.3兆ドルであったものが2010年には4.0兆ドルへと増加している。世界全体における東京市場のシェアは6.2％と，ロンドン，ニューヨークに続いて世界第3位の規模となっている。

　外国為替市場における取引は，直物取引（スポット取引），アウトライト取引，フォワード取引（スワップ取引）に分けられる。直物取引とは異なった2国の通貨の一方を売却し，同時にもう一方の通貨を購入する取引であり，通常直物為替取引の決済日は2営業日後となる。また，このような取引が先日付で行われる取引をアウトライト取引といい，受渡日の異なる円と外貨の同額の交換を同時に行う取引をフォワード取引という。

第4章　金融市場

為替介入の事務の流れ（例）

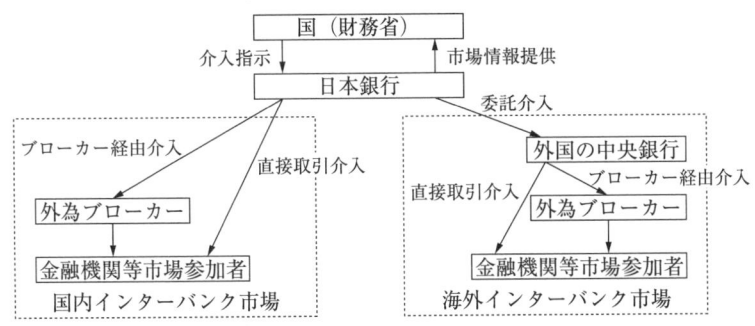

```
                    国（財務省）
              介入指示 ↓   ↑ 市場情報提供
                    日本銀行
                              委託介入
  ┌─────────────────────┐   ┌─────────────────────┐
  │ ブローカー経由介入            │   │              外国の中央銀行 │
  │         ↓ 直接取引介入      │   │ 直接取引介入 ↓ ブローカー経由介入│
  │   外為ブローカー              │   │              外為ブローカー  │
  │         ↓                │   │         ↓        ↓         │
  │   金融機関等市場参加者        │   │        金融機関等市場参加者   │
  │   国内インターバンク市場      │   │        海外インターバンク市場 │
  └─────────────────────┘   └─────────────────────┘
```

（資料）　日本銀行ホームページをもとに作成

東京外為市場の1営業日平均総取引高

（億米ドル，％）

	04年4月中	07年4月中	10年4月中
インターバンク取引	1,371（ 68.9）	1,752（ 73.5）	1,832（ 60.8）
対　顧　客　取　引	618（ 31.1）	632（ 26.5）	1,181（ 39.2）
外為取引合計（注）	1,989（100.0）	2,384（100.0）	3,013（100.0）

（注）　ブローカー経由の海外間取引を除くベース。
（資料）　日本銀行「外国為替およびデリバティブに関する中央銀行サーベイ」

主要国・地域別外為市場取扱高（1営業日平均）

（10億米ドル，％）

	04年4月中	07年4月中	10年4月中
イ　ギ　リ　ス	835（ 32.0）	1,483（ 34.6）	1,854（ 36.7）
ア　メ　リ　カ	499（ 19.1）	745（ 17.4）	904（ 17.9）
ス　イ　ス	85（ 3.3）	254（ 5.9）	263（ 5.2）
日　　　　本	207（ 8.0）	250（ 5.8）	312（ 6.2）
シ　ン　ガ　ポ　ー　ル	134（ 5.1）	242（ 5.6）	266（ 5.3）
香　　　港	106（ 4.1）	181（ 4.2）	238（ 4.7）
ド　イ　ツ	120（ 4.6）	101（ 2.4）	109（ 2.1）
調　査　対　象　合　計	1,934（100.0）	3,324（100.0）	3,981（100.0）

（注）　国内―国内の報告対象先相互の取引の二重計上について調整済み。
（資料）　日本銀行「外国為替およびデリバティブに関する中央銀行サーベイ」

6 証券市場 証券市場とは直接金融が行われる場であり,株式市場と公社債（債券）市場で構成され,その機能上,発行市場と流通市場に分けられ,証券市場で取引される証券は「金融商品取引法上の有価証券」であり,同法2条1項と2項に規定されている。

発行市場とは,資金調達の目的で新規に発行される証券が,発行者（発行体）から直接あるいは仲介者である証券会社などを介して投資者に取得される市場のことで,プライマリーマーケットとも呼ばれる。証券の発行形態は,発行者が自らが発行に関する事務手続を行い,投資家に直接販売する発行方法である直接募集と発行者が仲介業者に募集を委託する間接募集に分けることができる。流通市場とは,既発行証券が投資家から投資家へ移転される市場のことでありセカンダリーマーケットとも呼ばれる。

2011年の証券市場における上場会社の資金調達額は株式による資金調達が1兆4,864億円,債券による資金調達が5兆2,581億円である。

日本の証券市場は,いわゆる日本版金融ビッグバンにより,規制緩和が行われ,2001年以降も金融商品販売法の制定,証券仲介業制度の開始等の証券市場の機能強化に向けた改革・整備策が推進された。

また,証券市場においては,証券取引が公正かつ円滑に行われるようさまざまな規制が行われている。

法律に基づく規制としては,金融商品取引法において,企業情報開示に関する規制,証券取引関係機関の規制,証券取引の規制が主に行われており,会社法においても株主や社債権者の利益保護のための規定が設けられており,そのほかにも,信託法,財政法等,証券取引に関する様々な法律がある。

自主規制機関による規制には,証券取引所の規制,証券業協会による規制,投資信託協会による規制がある。

金融行政による規制には主に金融庁,財務省,証券取引等監視委員会からの規制がある。証券取引等監視委員会は1991年のいわゆる「証券不祥事」を契機として1992年に設置され,証券会社の取引の公正性に係る検査や証券取引法などに係る犯則事件の調査等を行っている。

【金融商品取引法上の「有価証券」】

金融商品取引法2条1項
(1) 国債証券
(2) 地方債証券
(3) 特別の法律により法人の発行する債券
(4) 資産流動化法に規定する特定社債券
(5) 社債券
(6) 特殊法人の発行する出資証券
(7) 優先出資法に規定する優先出資証券
(8) 資産流動化法に規定する優先出資証券,新優先出資引受権証券
(9) 株券,新株予約権証券
(10) 投資信託・外国投資信託の受益証券
(11) 投資法人の投資証券,投資法人債券,外国投資証券
(12) 貸付信託の受益証券
(13) 資産流動化法に規定する特定目的信託の受益証券
(14) 信託法に規定する受益証券発行信託の受益証券
(15) コマーシャルペーパー
(16) 抵当証券法に規定する抵当証券
(17) 外国又は外国の者が発行する(1)〜(9)(12)〜(16)の性質を有する証券・証書
(18) 外国貸付債権信託の受益証券
(19) (金融商品市場,外国金融商品市場,店頭デリバティブ取引における)オプションを表示する証券・証書
(20) 外国預託証券・証書
(21) 政令指定証券・証書
金融商品取引法2条2項(みなし有価証券)
柱書き(2条2項前段)金融商品取引法2条1項で証券が発行されていないもの(以下,2条2項後段)
① 信託の受益権
② 外国信託の受益権
③ 合名会社・合資会社の社員権(政令で定めるものに限る),合同会社の社員権
④ 外国法人の社員権で③の性質を有するもの
⑤ 集団投資スキーム持分
⑥ 外国集団投資スキーム持分
⑦ 政令指定権利

7　株式市場　株式市場は株式の取引を行う場で，発行市場と流通市場から成り立っている。発行市場における増資方法には，株主割当（株主に対して新株予約権を与える），第三者割当（発行会社と縁故関係にある第三者に新株予約権を与える），公募（一般投資家から募集）等がある。また，流通市場には，取引所市場と株式店頭市場がある。

取引所市場は，一定の上場基準を満たした会社の発行する株式が全国6か所の取引所で売買される市場である。上場基準により市場が区分されており，例えば東証では1部，2部，マザーズに分かれている。

2013年1月には大阪証券取引所が東京証券取引所グループを吸収合併し，日本証券取引所グループが誕生した。両取引所を合算した上場企業の時価総額（2012年9月末時点）はロンドン取引市場を抜き世界第3位となる。

店頭株式市場は取引所を通さない取引をする市場を指す。日本では店頭株式市場としてJASDAQ市場があったが，2004年の証券取引所の免許取得により証券取引所となったことにより，2013年1月現在，日本に店頭株式市場は存在しない。なお，非上場企業の株式の売買については日本証券業協会が運用しているグリーンシート制度で取引が可能となっている。

なお，商法改正により2001年10月から自己株式の取得・保有が原則自由となったことから（いわゆる金庫株の解禁），流通市場における自社株の買入消却が，企業の主要な財務戦略として定着しつつある。

投資信託の種類はここ数年で多様化しており，REIT（不動産投資信託）が2000年11月の投信法改正により解禁され，また2001年7月には，ETF（株価指数連動型投資信託）が導入されているが，これらは証券取引所に上場しているため，株式と同様に売買が可能である。

なお，1998年までは取引所に上場されている有価証券を売買する際には，取引所に注文を出すことを義務づける取引所集中義務が採用されていたが，機関投資家などの台頭といった市場の構造変化により，投資家の多様なニーズに対応できなくなったことから1998年12月に日本版金融ビッグバンの一環として取引所集中義務は撤廃された。

第 4 章　金 融 市 場

株式による資金調達額（全国上場会社）

（単位：億円）

年	株式による資金調達額	株主割当	優先株式等	公　　募	第三者割当	新株予約権等の権利行使
1999	100,904	—	72,122	3,709	24,448	2,624
2000	17,982	82	1,373	5,728	9,720	1,077
2001	20,668	320	2,281	12,015	5,672	380
2002	19,634	—	10,293	1,562	5,015	2,763
2003	33,850	19	25,371	5,726	2,335	397
2004	28,977	44	14,105	7,544	6,242	1,041
2005	30,936	42	14,312	6,661	5,101	1,819
2006	26,933	—	6,003	14,546	4,736	1,647
2007	21,423	80	8,155	4,629	6,841	1,716
2008	14,201	1	6,437	3,419	4,101	241
2009	62,662	1	5,535	49,668	7,238	218
2010	39,672	6	865	33,097	5,423	278
2011	14,864	—	692	9,678	4,219	273

（資料）　東京証券取引所ホームページをもとに作成

東京証券取引所（1部・2部・マザーズ計）の主要指標

年	上場会社数 社	上場株式数 百万株	時価総額 十億円	売買高 百万株	代金平均 円	東証株価指数
1999	1,892	356,208	456,840	155,163	1,195.78	1,388.63
2000	2,055	351,234	360,554	174,159	1,427.79	1,545.22
2001	2,103	337,659	296,789	204,037	991.29	1,195.10
2002	2,119	321,822	247,860	213,173	907.03	979.49
2003	2,174	329,855	316,483	316,124	766.70	918.86
2004	2,276	337,254	364,554	378,755	905.92	1,120.07
2005	2,323	336,102	539,739	558,901	879.89	1,270.09
2006	2,391	348,570	549,789	502,463	1,340.92	1,625.92
2007	2,389	359,214	483,828	562,118	1,338.20	1,663.69
2008	2,373	355,344	283,460	555,106	1,038.21	1,187.82
2009	2,319	388,081	307,779	563,576	663.20	869.33
2010	2,280	392,388	310,451	520,052	690.64	885.43
2011	2,279	383,361	255,855	536,774	646.66	820.80

（資料）　東京証券取引所ホームページをもとに作成

8　公社債市場　公社債（債券）はその発行主体により，公共債，民間債，外債に分けられる。これらの債券が取引される場を債券市場といい，発行市場と流通市場とに分けられる。公共債には，国債，地方債，政府保証債などがある。

民間債には一般事業法人が発行する社債と，特定の金融機関が発行する金融債がある。さらに社債には，普通社債のほか，新株予約権付社債（一定期間内に権利者が権利行使した場合に，企業が一定価格で新株の発行等をする義務を負う「新株予約権」付きの債券），仕組み債（デリバティブが組み込まれた債券）がある。

また，金融債については，みずほ銀行，みずほコーポレート銀行，あおぞら銀行，新生銀行，農林中央金庫，商工組合中央金庫および信金中央金庫の7機関が発効を認められており，2013年1月現在，新生銀行および信金中央金庫の2機関が発行している。なお，普通銀行は金融債を発行できないが，旧長期信用銀行のうち普通銀行に転換した銀行は普通銀行転換後，10年間は特例として発行することが認められている。

外債は，外国政府，外国政府機関，国際機関，外国民間企業等の非居住者が，日本国内で発行する債券である。

公社債の発行状況をみると，2004年度をピークに減少していたものの，これは一時景気対策の原資として大量に発行された国債の発行額が減少したためであり，2011年度の発行額は196兆円となっている。

国債の流通市場の活性化を図るため，様々な整備が行われており，1999年9月には国債の償還年限の多様化を図る目的で30年国債の公募入札が開始され，また2003年3月からは国債の個人保有の増加を図るため，個人向け国債（償還期限10年，6か月ごとの変動金利，最低額面1万円）が発行され始めた（その後，固定金利型5年物の発行など商品性の多様化が行われている）。2004年3月には，国債の円滑な消化のため商品多様化の一環として物価連動国債も発行されている。

流通市場での取引は，取引所取引と店頭取引とに大別されるが，実体的には取引のほとんどが国債の店頭取引であり，2011年の店頭市場の売買高は7,860兆円と全体の98.7％を占めている。

第4章 金融市場

公社債発行額の推移

(単位：億円)

年度	公共債	国債	民間債	普通社債	転換社債型新株予約権付社債	金融債
2004	2,025,309	1,851,005	62,726	58,950	1,910	79,595
2005	1,986,050	1,806,919	73,706	69,040	1,130	87,555
2006	1,849,931	1,704,321	74,671	68,295	4,950	67,295
2007	1,514,652	1,365,044	95,844	94,014	300	65,051
2008	1,391,230	1,238,667	99,355	96,049	1,500	55,174
2009	1,727,860	1,560,231	106,487	103,002	2,485	41,802
2010	1,771,535	1,604,107	101,308	99,333	775	37,772
2011	1,830,125	1,672,834	85,098	82,773	325	34,376

(資料) 日本証券業協会ホームページをもとに作成

公社債現存額の推移

(単位：億円)

年度	公共債	国債	民間債	普通社債	転換社債型新株予約権付社債	金融債
2004	6,961,904	6,205,722	557,227	519,932	27,038	267,422
2005	7,507,911	6,662,841	545,117	518,974	14,947	255,368
2006	7,598,276	6,706,111	543,270	518,663	15,072	229,038
2007	7,756,023	6,811,555	566,667	544,166	13,648	220,092
2008	7,760,610	6,769,332	581,164	560,977	11,298	208,629
2009	8,219,978	7,162,372	614,083	595,852	11,845	189,481
2010	8,660,551	7,545,486	639,788	621,136	11,610	166,982
2011	8,971,095	7,808,115	638,075	620,708	9,548	149,559

(資料) 日本証券業協会ホームページをもとに作成

公社債店頭売買高の推移

(単位：億円, %)

年	店頭売買高	国債	(シェア)	現先売買高	(シェア)
2004	64,814,677	61,786,234	(95.3)	35,670,841	(55.0)
2005	67,582,443	64,280,581	(95.1)	39,700,386	(58.7)
2006	91,529,967	88,816,628	(97.0)	60,977,995	(66.6)
2007	120,966,844	118,901,375	(98.3)	87,761,168	(72.5)
2008	112,881,262	111,183,974	(98.5)	78,695,737	(69.7)
2009	85,633,267	84,581,313	(98.8)	52,921,021	(61.8)
2010	75,531,985	74,524,971	(98.7)	40,882,230	(54.1)
2011	79,644,764	78,602,967	(98.7)	44,383,285	(55.7)

(資料) 日本証券業協会ホームページをもとに作成

9 オフショア市場　オフショア市場とは，非居住者から調達した資金を非居住者を対象に運用する場である。取引相手が非居住者に限定される代わりに，金融・税制面の様々な規制や負担が免除された環境の下で自由に取引を行うことができる。

オフショア市場の形態は，以下の3種に分類することができる。
- ロンドン型：国内市場との資金交流が自由にできる内外一体型。
- ニューヨーク型：国内金融市場との取引が遮断された，いわゆる「外―外取引」のみを認める内外分離型。東京オフショア市場はここに含まれる。
- タックス・ヘイブン型：バハマ，ケイマン等のタックス・ヘイブン（法人税等の諸税が存在しない，あるいはきわめて低税率な国）に置かれた市場。実際には，市場があるというより，取引の記帳に使われるだけの場合が多い。

東京オフショア市場（JOM：Japan Offshore Market）は，東京市場の国際化，また円の国際化を促進する必要性から，1986年12月に創設された。

市場参加者は，財務大臣の承認を受け「特別国際金融取引勘定」を開設した銀行その他の政令で定める金融機関（銀行，長信銀，信金，信金中金，農林中金，商工中金，保険会社，証券会社）および非居住者（外国法令に基づいて設立された法人，外国に主たる事務所を有する法人，邦銀その他金融機関の海外営業所）と定められている。

JOMの市場規模は，1997年末の市場残高が97兆円と開設当初の約6倍にまで拡大したが，その後邦銀が国際業務の見直しを行い，資産圧縮を進めたことなどから2004年頃までは減少傾向にあったもののその後は，不良債権問題の軽減・自己資本比率の回復を背景に増加に転じた。しかしながら，2008年9月以降の国際的な金融危機の深刻化等の影響により，2009年には約20兆円の大幅な減少となり，2011年末の市場残高は54兆円となっている。

オフショア市場の仕組み

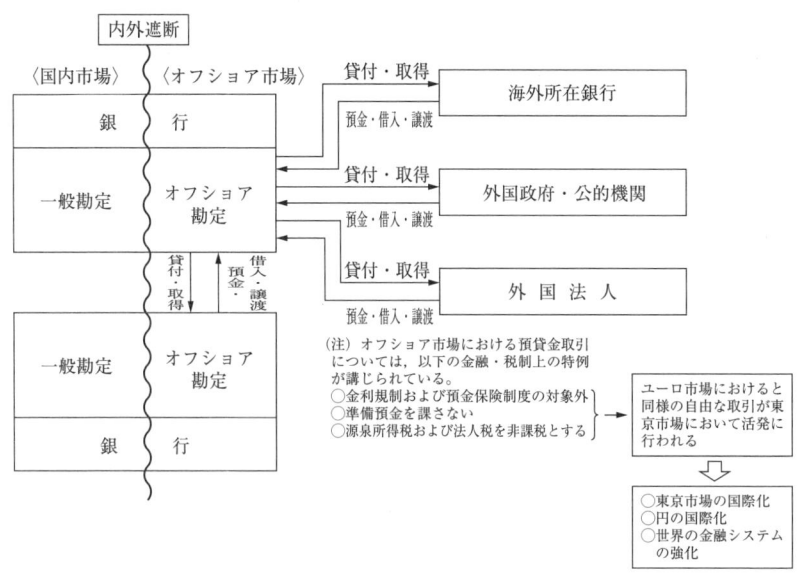

```
〈国内市場〉  〈オフショア市場〉
                内外遮断
   銀  行    ｜
            ｜         貸付・取得
            ｜      ───────────→  海外所在銀行
  一般勘定   オフショア  ←───────────
            勘定       預金・借入・譲渡
            ｜         貸付・取得
            ｜      ───────────→  外国政府・公的機関
            ｜      ←───────────
            ｜         預金・借入・譲渡
            ｜         貸付・取得
            ｜      ───────────→  外  国  法  人
            ｜      ←───────────
            ｜         預金・借入・譲渡
  一般勘定   オフショア
            勘定
   銀  行    ｜
```

(注) オフショア市場における預貸金取引については、以下の金融・税制上の特例が講じられている。
- 金利規制および預金保険制度の対象外
- 準備預金を課さない
- 源泉所得税および法人税を非課税とする

→ ユーロ市場におけると同様の自由な取引が東京市場において活発に行われる

⇒
- 東京市場の国際化
- 円の国際化
- 世界の金融システムの強化

(資料) 金融財政事情研究会「国際金融年報」

東京オフショア市場の規模（年末残高）

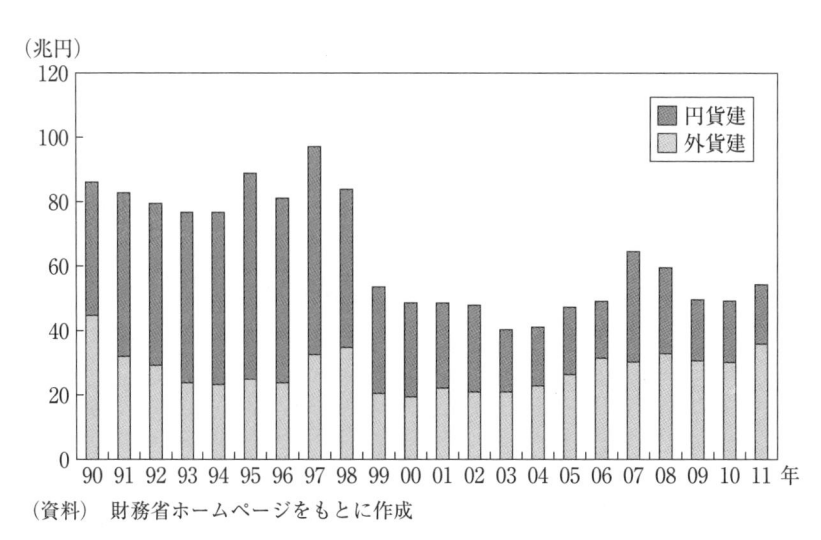

(兆円)

年	外貨建	円貨建	合計(概算)
90	45	41	86
91	32	51	83
92	29	50	79
93	24	53	77
94	23	54	77
95	24	65	89
96	24	57	81
97	33	64	97
98	35	49	84
99	20	33	53
00	20	29	49
01	22	26	48
02	21	27	48
03	20	20	40
04	23	18	41
05	23	24	47
06	23	26	49
07	30	35	65
08	33	27	60
09	30	20	50
10	30	19	49
11	35	19	54

(資料) 財務省ホームページをもとに作成

第5章 預金業務

1 概説 預金業務は銀行法上，銀行の固有業務とされており（同法第10条），銀行の代表的な業務の一つに位置づけられている。実際の経営面でも，預金は銀行にとって最も重要な資金調達手段であるとともに，資金運用主体である家計にとって最も身近な金融資産として利用されている。

預金の法律的な性格は消費寄託契約と呼ばれ，銀行は，預金者から預け入れられた預金を使用・運用等ができ，期日には，預け入れられた金銭と同種，同等，同量の金銭を返還する責務を負う契約である。

【預金の特徴】 金融商品としての預金の特徴としては，①元本保証であること，②流動性が高く，特に要求払預金は支払い・決済手段として利用できること，③少額での資金運用が可能であること，などがあげられる。②の特徴から，預金は事実上，現金通貨とほぼ同じ機能を果たしている。預金は，通貨供給量を表す最も一般的な指標（M2＋CD）においても大部分を占めている。このような預金の特徴から，銀行の預金業務には，①預金者の資産の安全な管理・保管を行う，②安全確実な貯金手段を提供する，③使い勝手のよい支払い・決済手段を提供する，などの側面があるほか，国民経済的な観点からは，④預金通貨を供給し，経済取引の効率化や安定化に寄与する，といった側面が存在する。

【預金の種類】 現在，銀行が受入れを行っている預金には様々な種類があるが，一般に以下のような分類がなされる。

(1) **預入期間による区分** 預入期間に定めがない預金を要求払預金

と呼び，定めのあるものを定期性預金と呼ぶ。

(2) **預金主体による区分**　個人が預けたものを個人預金，金融機関を除く一般法人が預けたものを一般法人預金，金融機関が預けたものを金融機関預金，地方自治体等が預けたものを公金預金という。そのほか，非居住者が預けた非居住者預金がある。

【信託】　預金とは区別されるが，預金に近い性質を持ち銀行で取り扱われる金融資産として，信託などがある。信託商品は信託銀行等が取り扱っている。

【預金利子課税と非課税貯蓄制度】　預金の利子等については，所得税法等では一部を除いて一律20％（国税15％，地方税5％）の税率による源泉分離課税であるが，東日本大震災からの復興財源を確保するため，2013年から2037年（25年間）については，所得税の額に2.1％を乗じた金額が復興特別所得税として追加的に課税される。このため，税率は20.315％（国税15.315％，住民税5％）となっている。

非課税貯蓄制度については，2006年1月以降は障害者等に限定した非課税貯蓄制度が導入されている。また，勤労者を対象とした非課税制度（財形貯蓄制度）がある。

2　預金の種類　預金は，勘定科目別に整理すると，流動性預金（要求払預金），定期性預金，外貨預金，譲渡性預金（CD）の四つに大別される。

　流動性預金とは，顧客の要求に応じていつでも引き出せるか，あるいは引出しに条件があっても比較的ゆるやかな条件が付けられている預金のことで，普通預金，当座預金，貯蓄預金，通知預金，別段預金，および納税準備預金がこれに含まれる。このうち，当座預金は，個人や法人が資金の支払い・受取りの出納事務を銀行に代行させるための預金であり，払戻しは当座勘定取引契約に基づき，手形・小切手を用いて行われる。普通預金は，預入・払戻しの自由な預金で，短期の貯蓄手段として利用されるほか，口座振替や自動支払い・受取サービスの普及により決済口座としての役割を果たしている。流動性預金のうち「無利息・要求払い・決済サービスを提供できる」という3要件を満たす預金は決済用預金といわれ，金融機関の破綻時にも預金保険法により全額保護される。

　一方，定期性預金とは，1か月以上の一定期間を経過しなければ引き出せない期限付預金のことで，各種の定期預金（定期預金，期日指定定期預金，変動金利定期預金，積立定期預金など）がこれに含まれる。

　外貨預金は，米ドルや英ポンドなど他国の通貨（外貨）を，日本国内の銀行に預け入れる預金である。金利は海外金融市場の金利水準を基準に決められるが，外貨建のため為替変動リスクがある。

　譲渡性預金は，払戻期日をあらかじめ決める預金という点では定期性預金に似た性格を持つが，指名債権譲渡方式で第三者に譲渡可能であるなどの特色があり，他の預金とは区別される。

預金商品の概要

預金種目		商品概要
流動性預金	普通預金	預入，払戻しが自由な最も一般的な預金。公共料金等の自動支払いや給与，年金，配当金等の自動受取りもできる。
	当座預金	預金者が金融機関に手形・小切手の支払いを委託し，その支払資金として預入される預金。払戻しは自由だが，払戻しには小切手等を使用するのが一般的で，利息は付かない。
	貯蓄預金	預入・払戻方法の一部に制限があるが，一定金額以上の残高を保てば，一般的に普通預金より高い金利が付される預金。個人に限定。
	通知預金	普通預金よりも高い金利で運用できるが，払戻しには預入後最低7日間は据え置く必要がある預金。払い戻す際には，少なくとも2日前には通知する必要がある。
	納税準備預金	納税に充てる資金を預入する預金。払戻しも原則として納税目的に限定。利子が非課税。
定期性預金	定期預金	原則として一定期間は払い戻せないが，要求払預金と比べ金利が高く貯蓄性の高い預金。
	期日指定定期預金	最長預入期間3年で，1年の据置期間経過後は，1か月以上前に満期日を指定することによっていつでも払い戻せる定期預金。
	変動金利定期預金	預入期間中，一定期間ごとに指標金利に応じて適用金利が変動する定期預金。
	積立定期預金	何回かにわたって積立預入し，一定時にまとまった資金を得る目的の定期預金。進学・旅行・住宅等を目的に利用。
外貨預金		外国為替取扱銀行によって取り扱われている外貨建の預金。
非居住者円預金		国内の銀行等が非居住者から受け入れる円預金。
譲渡性預金		一般の預金とは異なり，第三者に譲渡できる定期預金。一般的に最低預入単位は5,000万円，預入期間は2週間以上5年以内。

国内銀行預金の種目別構成比（2011年度末）

- 非居住者円預金 0.2%
- 外貨預金 2.1%
- 定期性預金 42.1%
- 流動性預金 55.7%

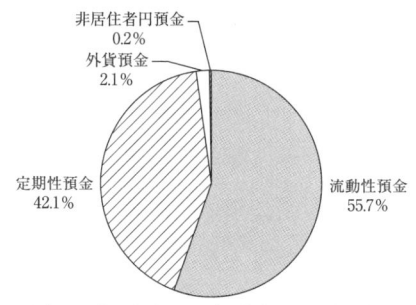

（資料） 日本銀行「預金者別預金（詳細預金者別）」をもとに作成

3　預金の構成　　まず，勘定科目の分類で預金の構成をみると，「流動性預金」のシェアが最も高く，全体の55.7%を占め，次いで「定期性預金」のシェアが42.1%となっている（2011年度末時点）。

「定期性預金」のシェアは「流動性預金」のそれを大きく上回る状況が続いていたが，1990年代後半には日銀の超低金利政策を背景として両預金の金利差が縮小し，「流動性預金」のシェアは徐々に上昇した。また，2002年4月からのペイオフ一部解禁の影響を受けて，「定期性預金」から「流動性預金」への大規模なシフトが生じ，2002年度にはそのシェアが逆転した。なお，「外貨預金」および「非居住者円預金」は，ともにわずかなシェアを占めるに過ぎない。

次に，預金者別の構成をみると，個人事業者預金を含む「個人預金」のシェアが全体の65.4%を占め，「一般法人預金」（金融機関を除く一般法人の預金）が28.8%となっている。それ以外の預金は，国や地公体等からの預金である「公金等預金」および「金融機関預金」の形で保有されているが，これらのシェアは近年低下傾向にある。ちなみに，わが国の個人金融資産に占める現金・預金のシェアは，2012年9月末時点で55.6%にも及び（日本銀行「資金循環」の「家計」部門），米国等の先進主要国と比べてきわめて高い水準となっている。

このほか，金融機関別の預金の内訳をみると，国内銀行の預金は2000年以降増加傾向にあり，2011年度末のシェアは59.2%となった。また，信用金庫や信用組合については，相次ぐ破綻等の影響を受けて預金のシェアが一時的に低下した時期があったものの，これを除けば上昇傾向にある。その一方で，郵便貯金については，依然として高い水準を維持しているものの，1990年代初めの高金利時に大量に預けられた定額貯金が大量に満期を迎えたことなどから1999年度末をピークに減少が続いており，そのシェアも低下している。

第 5 章　預 金 業 務

国内銀行の各種預金構成比の推移

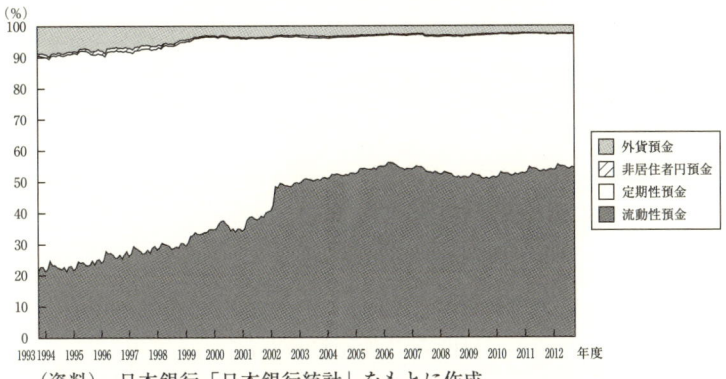

凡例：
- 外貨預金
- 非居住者円預金
- 定期性預金
- 流動性預金

（資料）　日本銀行「日本銀行統計」をもとに作成

国内銀行預金の預金者別構成比（2011年度末）

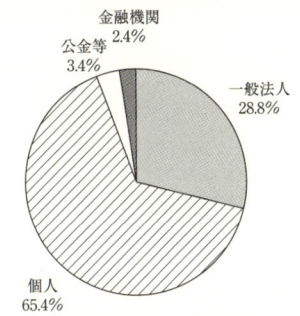

- 金融機関　2.4%
- 公金等　3.4%
- 一般法人　28.8%
- 個人　65.4%

（資料）　日本銀行「預金者別預金（詳細預金者別）」をもとに作成

金融機関別の預金構成

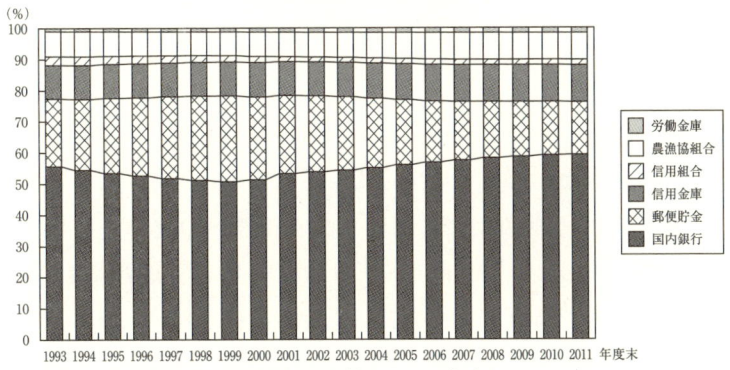

凡例：
- 労働金庫
- 農漁協組合
- 信用組合
- 信用金庫
- 郵便貯金
- 国内銀行

（資料）　日本銀行「日本銀行統計」等をもとに作成

4 信託 信託とは，財産を他人に引き渡し，一定の目的にしたがい，その管理や処分を依頼することをいう。わが国では，1922年に制定された信託法および信託業法に基づき，制度として確立された。信託は預金とは区別されるものであるが，わが国の信託銀行が取り扱っている主な信託商品（金銭信託と貸付信託）は，比較的小口の金銭を受託して長期の貸出等に合同運用するもので，元本補てん契約が付されているものもあり，預金に近い性質をもった商品として取り扱われている。

信託商品は大別して，「金銭の信託」（信託される財産が金銭である信託）と「金銭以外の信託」（信託される財産が，有価証券，不動産，金銭債権などの金銭以外の財産である信託）に分類できる。「金銭の信託」の代表的な商品としては，金銭信託（合同運用指定金銭信託），貸付信託，年金信託，投資信託，金銭信託以外の金銭の信託などがある。また，「金銭以外の信託」の代表的なものとしては，有価証券の信託，金銭債権の信託，土地信託をはじめとした不動産の信託，コンピュータなど動産の信託などがある。このうち，主な信託商品の概要は，以下のとおりである。

【金銭信託（合同運用指定金銭信託）】 金銭形態の信託金を貸付金や有価証券で運用し，その運用益を契約終了後に金銭の形態で受益者に分配する信託。元本補てん付の商品のほか，元本補てんのないヒットがある。

【投資信託】 投資信託委託会社が複数の投資家から資金を集め，これを一つの基金としてまとめて運用する仕組み。近年では，証券取引所に上場し，株価指数などに代表される指標への連動を目指すETF（Exchange Traded Funds）や，オフィスビル・商業施設などの不動産に投資しその賃貸収入や売買益を投資家に分配する日本版不動産投資信託（J-REIT）などが販売されている。

主な信託商品（「金銭の信託」）の概要

商　　品	特　　　　徴
金銭信託（合同運用指定金銭信託）	金銭形態の信託金を貸付金や有価証券で運用し，その運用益を契約終了後に金銭の形態で受益者に分配する信託。
年金信託	企業（事業主）あるいは国民年金基金が，年金給付にあてる資金を信託銀行に信託するもので，厚生年金基金信託，確定給付企業年金信託，国民年金基金信託などがある。また，貸付信託や金銭信託を利用した個人年金信託などもある。
貸付信託	合同運用指定金銭信託の一種で，受益証券を発行して集めた資金を長期貸付中心に運用し，運用益を元本に応じて比例配分する信託。ただし，近年は取扱いを止める信託銀行が多く，残高は年々減少している。
投資信託	投資信託委託会社が複数の投資家から資金を集め，これを一つの基金としてまとめて運用する仕組み。契約により資産運用を行う信託である契約型投資信託のほか，資産運用を目的として設立された法人（投資法人）を設立し，投資家がその発行株式を取得する形態である会社型投信がある。運用対象により公社債投信と株式投信に分類されるほか，設定後に新規資金を追加できるか否かにより，単位型と追加型に分類される。
金銭信託以外の金銭の信託	当初金銭で受け入れた元本を，信託終了時にはそのとき運用している財産のままで交付する信託。

金銭の信託の種類別残高の推移

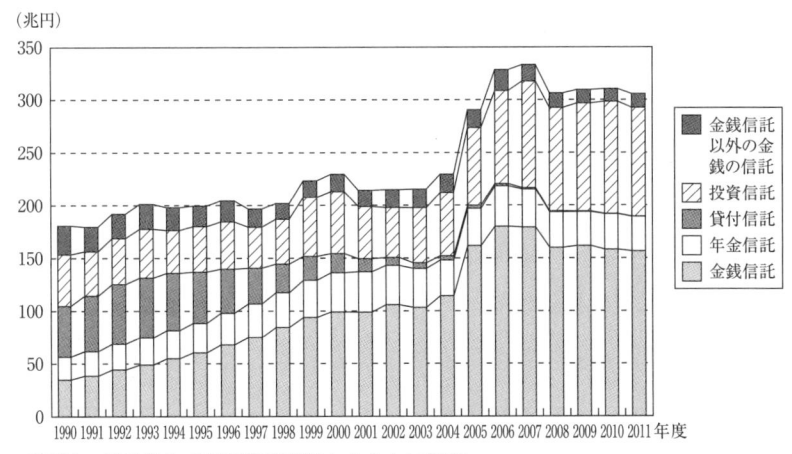

（資料）　信託協会「信託統計便覧」をもとに作成

5 預金利子課税制度　預貯金等の利子等に係る課税制度は，1988年4月に大幅に改正されて現在に至っている。現行の制度の概要は，以下のとおりである。

【個人の預貯金等の利子等に対する課税】　預貯金等の利子等については，20.315％（国税15.315％，地方税5％，復興特別所得税を含む。以下同じ。）の税率により他の所得とは分離して源泉徴収する「一律分離課税制度」が適用される。また，定期積金や一時払養老保険等のいわゆる金融類似商品に係る収益についても，預貯金等の利子と同様に税率20.315％（ただし，割引債の償還差益については国税18.378％のみ）の一律分離課税制度が適用される。

上記の例外として，障害者等を対象とした，少額貯蓄非課税制度（障害者等のマル優），少額公債非課税制度（特別マル優）といった利子非課税制度があり，それぞれ元本350万円（すべて利用すれば合計700万円）を限度に，それから生じる利子等が非課税となる。郵政民営化後（平成19年10月1日以降）は，郵便貯金の利子非課税制度は廃止されている。なお，このほかの利子非課税制度としては，サラリーマンを対象とする財形年金貯蓄および財形住宅貯蓄等がある。

【法人の預貯金等の利子等に対する課税】　個人の預貯金等の利子等に対する課税制度とは異なり，法人については「総合課税」が適用される。金融機関は，20.315％（国税15.315％，地方税5％）の税率により源泉徴収を行い，法人は決算時に利子所得を他の所得と合算して申告を行い，源泉徴収税額との差額を納付する（または還付を受ける）ことになる。ただし，所得税法第11条第1項に掲げられている法人については，利子所得が非課税扱いとされている。また，金融機関については，利子所得の源泉徴収が免除されている。

利子課税制度等の概要

区　　分		概　　要	
		所得税および復興特別所得税	住民税
利子所得	定期預金および公社債の利子, 合同運用信託および公社債投資信託の収益の分配等	源泉分離課税 （15.315％の源泉徴収）	〔住民税5％〕
	普通預金, 通知預金の利子等要求払預金の利子		
	割引債の償還差益	源泉分離課税 （原則18.378％の源泉徴収）	非課税
金融類似商品	定期積金および相互掛金の給付補てん金	利子所得と同様に源泉分離課税 （15.315％の源泉徴収）　〔住民税5％〕	
	抵当証券の利息		
	金貯蓄（投資）口座の利益		
	外貨建定期預金の為替差益		
	一時払養老保険および一時払損害保険等の差益（保険期間等が5年以下のものに限る。）		
懸賞金付き預貯金等の懸賞金等		利子所得と同様に源泉分離課税 （15.315％の源泉徴収）　〔住民税5％〕	

（資料）　政府税制調査会資料等

障害者等の少額貯蓄非課税制度等の概要

区　分	対象	内　容	非課税限度額
障害者等の少額貯蓄非課税制度（マル優）※	障害者等	預貯金（郵便貯金を含む）, 貸付信託, 公社債, 一定の証券投資信託の利子等	元本350万円
障害者等の少額公債非課税制度（特別マル優）※	障害者等	国債及び地方債の利子	額面350万円
障害者等の郵便貯金非課税制度※		平成19年10月1日以降廃止。	
勤労者財産形成住宅貯蓄の利子所得等の非課税	勤労者	給料天引きで預入等をする勤労者財産形成住宅貯蓄の利子等	元本550万円
勤労者財産形成年金貯蓄の利子所得等の非課税	勤労者	給料天引きで預入等をする勤労者財産形成年金貯蓄の利子等	元本550万円 (生命・損害保険等については385万円) （注）　勤労者財産形成住宅貯蓄と併せて550万円

（※）　「障害者等」とは, 障害者, 遺族基礎年金を受けている妻, 寡婦年金を受けている者等をいう。

第6章 貸 出 業 務

1 概説 預金業務と貸出業務を併せ行うのが銀行業であり（銀行法第2条第2項），貸出業務は預金業務・為替業務と並び銀行の固有業務である（同法第10条）。金融の自由化・証券化の進展にともない，銀行における有価証券投資等による運用も増えているが，資金運用業務の基本が貸出業務にあることに変わりはない。

貸出業務には，その性格上，次のような原則が要請される。貸出は，預金者から預入された預金を原資とするものであり，したがって，預金者保護の立場から，安全かつ確実な資金運用および債権保全が要請される。この「安全性の原則」はまた，貸出金の回収不能により銀行の業務運営が破綻することは，信用秩序に大きく影響するおそれがあるといった，健全性確保の必要からも要請される最も重要な原則であるといえる。また，銀行が安定的な資金供給・決済機能の提供等の社会的責務を果たしていくためには，体質強化・信用保持に努める必要がある。このためには，適正で安定的な収益の確保に努める必要があり，これが「収益性の原則」と呼ばれる。さらに銀行には，その融資が社会全体に与える影響がきわめて大きいということから，公共的な観点から企業の成長等との調和を踏まえて貸出を行わなければならないという「公共性の原則」が要求される。

歴史的にみると，銀行の貸出は，日本が高度経済成長を遂げるうえで重要な役割を果たしており，1950〜1960年代には，企業の強い資金需要を受けて，多くの資金を供給した。しかし，1970年代のオイルショックを境に日本が低成長時代に突入すると，企業の資金需要は減退し，銀行への借入依存度が低下すると同時に，国債の大量発行を主因とする公社債市場・証券市場の拡大を機に，直接金融による資金調

達が活発化した。さらに1985年頃から始まった株式市場のブームは，企業のエクイティ関連調達を促進させることとなった。一方，企業の国際化の進展により，外債発行，インパクトローン等の形で，外貨によって直接資金調達する機会が増えたのみならず，1987年11月の国内CP市場の創設，1996年1月の適債基準撤廃等の社債市場の規制緩和などにより，企業の資金調達方法の多様化が急速に進展した。

中小企業金融についてみると，以前いわれた"金融のシワ寄せ"という状況はみられなくなってきている。これは，1960～1970年代において，相互銀行（現在の第二地方銀行協会加盟の地方銀行），信用金庫など民間中小企業金融機関の成長，政府系金融機関の拡充・強化，信用補完制度の整備等もあって，中小企業の資金調達環境が大きく改善されたためである。また，前述のように1980年代以降は，大企業が直接金融による資金調達を進めるなかで，国内銀行，特に都市銀行が中小企業向け貸出を積極化していった。

近年の状況をみると，銀行は，貸出先企業について信用度に応じた内部格付を行い，リスクに見合った金利を設定して収益力を高めようとしており，そうしたなかで中小企業向け貸出の増加を目指している。しかしながら，世界的な経済危機にともなう業績の悪化等を背景として，中小企業向け貸出は伸び悩んでいる。これに対して危機対応として，信用保証協会の緊急保証制度や，政府系金融機関の危機対応業務などが実施され，公的な面から中小企業の資金繰り支援等が行われている。

また，2008年12月には，金融機関が，中小企業や住宅ローンの借り手の申込みに対し，できる限り，貸付条件の変更等を行うよう努めることなどを内容とする「中小企業者等に対する金融の円滑化を図るための臨時措置に関する法律」（中小企業金融円滑化法）が施行された。同法の期限は2011年3月末であったが，2度にわたる期限延長によって2013年3月末日が期限となった。

2 企業の資金調達 わが国の企業の資金調達状況をみると，高度成長期においては，旺盛な設備投資意欲を背景に外部資金調達に依存する割合が高く，また，資本市場が未成熟であったことなどから，外部調達のなかでも借入金の比率が高いという特徴を有していた。しかし，オイルショック以降，徹底した減量経営等を背景に内部資金による調達割合が上昇するとともに，金融の証券化・国際化の進展にともない，大企業を中心に証券市場からの調達や外債による調達が増加した結果，借入金の割合は低下していった。

1989年までの長期の金融緩和期においては，資金調達コストの低下により外部調達意欲が高まるとともに，国内株式市場の活況に支えられ，国内外市場でのエクイティ・ファイナンス（増資，転換社債，ワラント債）による低利の資金調達が活発化することとなった。しかし，1989年の金融引締め以降，株式市場が低迷すると，資本市場からの資金調達は急激に減少した。

その後，長引く景気の低迷等を背景に，企業の業績は伸び悩み，資金調達額が減少するとともに，資金調達における内部調達の割合が著しく高まった。また，外部調達については，借入金やエクイティ・ファイナンスのウエイトが低下する一方，1996年に適債基準が撤廃されるなど社債市場の整備が進められたこともあり，社債を中心とした市場からの資金調達のウエイトが上昇した。

しかし，世界的な経済危機のなか，短期社債市場が機能しなくなると，銀行等からの借入金が代替的な役割を果たした。

第6章 貸出業務

企業の資金調達の推移（構成比）

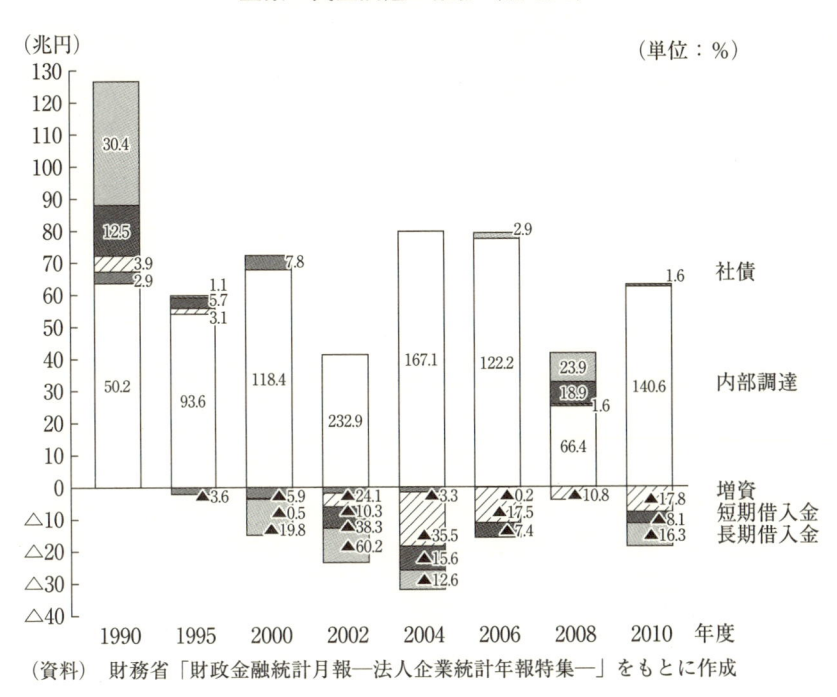

(兆円) (単位：％)

年度	1990	1995	2000	2002	2004	2006	2008	2010
社債	30.4	1.1	7.8			2.9	23.9	1.6
増資	12.5	5.7					18.9	
内部調達	3.9	3.1			167.1	122.2	1.6	
短期借入金	2.9	93.6	118.4	232.9			66.4	140.6
長期借入金	50.2	▲3.6	▲5.9	▲24.1	▲3.3	▲0.2	▲10.8	▲17.8
			▲0.5	▲10.3	▲35.5	▲17.5		▲7.4
			▲19.8	▲38.3	▲15.6	▲7.4		▲8.1
				▲60.2	▲12.6			▲16.3

（資料）財務省「財政金融統計月報―法人企業統計年報特集―」をもとに作成

上場企業の証券市場を通じた資金調達の推移

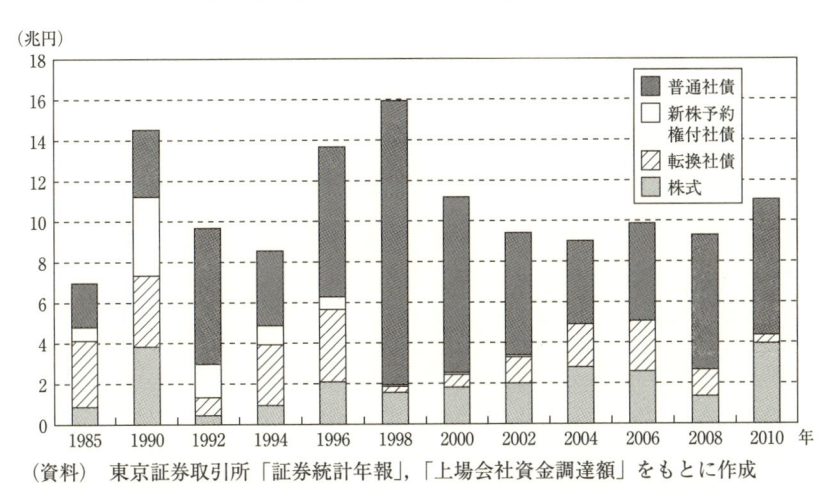

(兆円)

凡例：
- 普通社債
- 新株予約権付社債
- 転換社債
- 株式

年：1985, 1990, 1992, 1994, 1996, 1998, 2000, 2002, 2004, 2006, 2008, 2010

（資料）東京証券取引所「証券統計年報」，「上場会社資金調達額」をもとに作成

87

3 貸出の種類　　貸出を形態別に分けると，手形割引と貸付に大別され，後者はさらに手形貸付，証書貸付および当座貸越に分けられる。

手形割引は，顧客が所有している手形を支払期日までの利息を差し引いて買い取るもので，主なものは商業手形の割引である。商業手形は具体的な商品の裏付けがあるという意味で支払いの可能性が高く，さらに優良商業手形については，日本銀行の再割引を受け，または借入の担保に充当して銀行の資金調達を行うことができる。手形貸付は，借り手が自己を差出人，銀行を受取人とする約束手形を振り出し，銀行がこの手形を割り引く形で実行される貸付である。手形に裏付けられた与信であることから，債務不履行があった場合の取立手続が簡単で，担保差入れや裏書譲渡の方法で手形を資金化できるなど，金融機関のメリットも多い。以上の手形関連貸出は，1985年頃までは貸出の過半を占めていたが，最近ではその地位を証書貸付に譲っている。これは，手形の利用の減少のほか，長期貸出や中小企業向け貸出の積極化，住宅ローン・消費者ローンの普及等によるものであり，2010年度末には貸出金の81.8％を占めるに至っている。

証書貸付は，銀行が貸し出すときに手形でなく借用証書をとるもので，手形の徴求が困難な地方公共団体への融資や，回収が長期にわたり債権内容や返済方法などの明記が必要な設備資金，長期運転資金，不動産担保貸付などに利用される。

当座貸越は，本来，当座勘定取引に付随して貸越を行う（当座預金残高を超えて小切手の支払いを認める）ことであるが，現在では，総合口座取引，カードローン，事業者カードローン等の当座勘定取引の存在を前提とせずに，あらかじめ約定した極度の範囲内で貸付けをする契約が一般化している。借入時の書類作成の手間が省けることや，手形貸付や証書貸付に比して印紙代を節約できるといったメリットがある。

第6章 貸出業務

形態別貸出金の推移

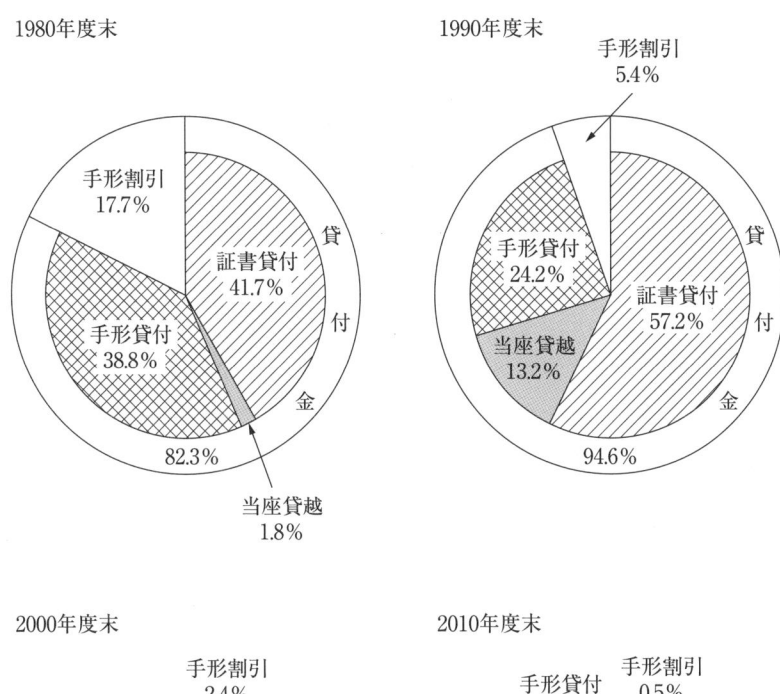

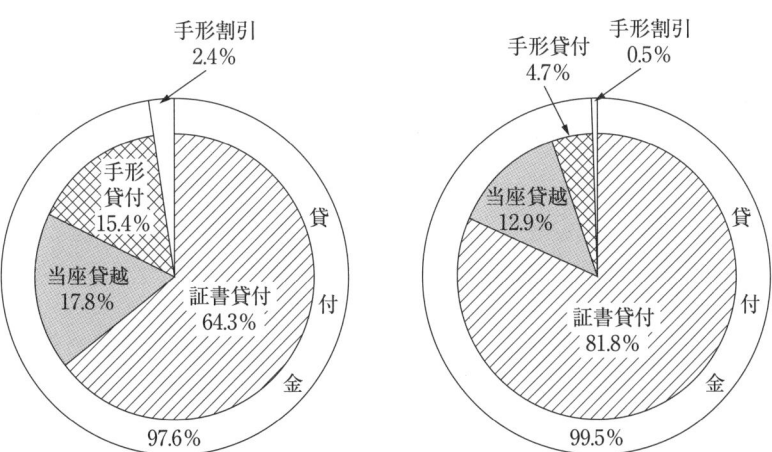

1980年度末
- 手形割引 17.7%
- 手形貸付 38.8%
- 証書貸付 41.7%
- 当座貸越 1.8%
- 貸付金 82.3%

1990年度末
- 手形割引 5.4%
- 手形貸付 24.2%
- 証書貸付 57.2%
- 当座貸越 13.2%
- 貸付金 94.6%

2000年度末
- 手形割引 2.4%
- 手形貸付 15.4%
- 当座貸越 17.8%
- 証書貸付 64.3%
- 貸付金 97.6%

2010年度末
- 手形割引 0.5%
- 手形貸付 4.7%
- 当座貸越 12.9%
- 証書貸付 81.8%
- 貸付金 99.5%

（注）　全国銀行勘定の計数。
　　　（2000年度，2010年度は第二地銀協地銀を含む）
（資料）　全銀協「全国銀行財務諸表分析」をもとに作成

4　貸出の金利　銀行の貸出金利の設定は，基準とする金利をもとに，貸出企業の信用度や，資金使途，担保・保証の有無や内容，取引関係の密度等を考慮のうえ，個別・相対で決定されている。

短期貸出（期間1年未満の貸出）の場合，その銀行の総合的な資金調達コストに一定の利鞘（スプレッド）を上乗せした短期プライム・レートを基準として，貸出先ごとに個別・相対で決定されている。また最近では，大企業を中心に，LIBORやTIBOR等の短期金融市場金利を基準金利として，それに一定のスプレッドを上乗せして貸出金利を設定する「スプレッド貸出」も普及している。これは銀行にとっては，金利変動リスクを回避できるというメリットがあり，借入企業にとっては，実効金利の調整の必要がなく，借入コストを明確にできるなどのメリットがある。

一方，長期貸出については，預金金利自由化の進展を背景として，1991年4月，短期プライム・レートを基準に貸出期間や残存期間に応じた一定のスプレッドを上乗せする「短期プライム・レート連動長期変動貸出金利（新長期プライム・レート）」が開発され，現在，都市銀行等の長期貸出においては，この新長プラを基準とした貸出が主流となっている。また，最近では，金利スワップ取引を用いた短期変動金利取引と長期固定金利取引の交換等を通じて，企業の多様な借入ニーズに応えた貸出金利の設定も可能になっている。

貸出金利の水準は，1990年代以降，日銀の超低金利政策等の影響から大幅に低下している。2006年7月にはゼロ金利政策が解除され，貸出金利の水準は上昇したものの，世界的な経済危機への対応として各国中央銀行との協調的な金融緩和体制のもと，実質的なゼロ金利政策が実施され，貸出金利の水準は再び低下している。

第6章 貸出業務

貸出金利の推移

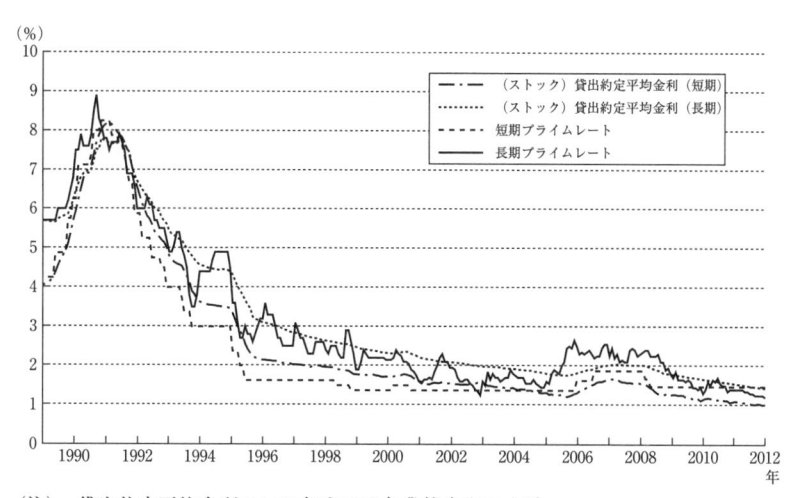

（注）　貸出約定平均金利の1994年までは各業態金利の小計。
（資料）　日本銀行「預金・貸出関連統計」をもとに作成

国内銀行の貸出約定平均金利の推移

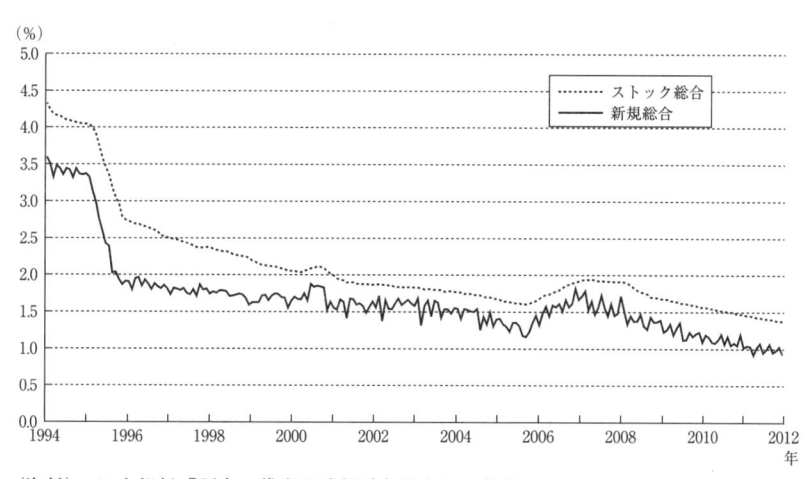

（資料）　日本銀行「預金・貸出関連統計」をもとに作成

5　貸出のリスク管理　銀行は，取引先の企業内容，返済能力等を審査したうえで貸出を実行するが，債権の確実な回収を図るため，また信用力の補完という意味で，担保（物的担保）や保証（人的担保）を徴求するのが一般的である。

その一方で，過去における担保価値に過度に依存した融資姿勢や，特定業種への貸出の集中，それにともなう不良債権の増加等に対する反省から，最近では多くの銀行において，信用格付制度を整備し，それに基づいて信用リスクの計量化等を行うなど，貸出に係るリスク管理体制の整備が取り組まれている。

信用格付制度とは，借り手企業もしくは個別与信案件について，信用リスクの程度に応じて何段階かに分類し，その分類に基づいて与信運営・管理を行う制度である。格付の付与にあたっては，借り手企業の財務データ等の定量データを基礎として，借り手企業の業種特性等の定性要因等により必要な調整を加えて，最終的な格付を行う。信用格付制度を整備することで，借り手の信用力を統一的な尺度で把握することが可能となり，信用リスクの計量化，与信ポートフォリオ全体のリスク管理等が可能となる。

信用格付制度の導入・強化や，信用リスクの計量化にあたっては，多くの企業の財務データや倒産確率等の情報が必要となるが，個々の銀行では，特に中小企業の分野において，十分な対応が難しい場合もある。このため，その共有を目的として，全国地方銀行協会のCRITS（信用リスク情報統合サービス）や，民間会社の日本リスク・データ・バンク，「中小企業信用リスク情報データベース」を構築・運用するCRD協会などのデータベース機関が設立され，銀行等の取組みを後押ししている。

国内銀行の担保別貸出シェアの推移

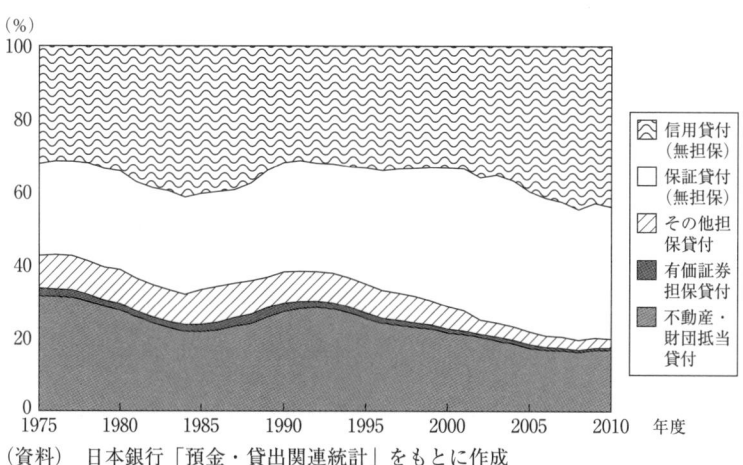

凡例:
- 信用貸付（無担保）
- 保証貸付（無担保）
- その他担保貸付
- 有価証券担保貸付
- 不動産・財団抵当貸付

（資料）日本銀行「預金・貸出関連統計」をもとに作成

信用リスク管理体制の整備の概念図

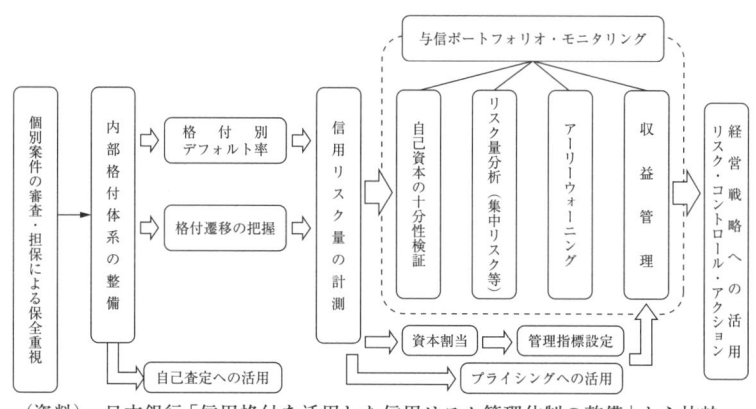

個別案件の審査・担保による保全重視 → 内部格付体系の整備 → 格付別デフォルト率 / 格付遷移の把握 / 自己査定への活用 → 信用リスク量の計測 → 与信ポートフォリオ・モニタリング（自己資本の十分性検証／リスク量分析（集中リスク等）／アーリーウォーニング／収益管理）→ 経営戦略への活用 リスク・コントロール・アクション

資本割当 → 管理指標設定
プライシングへの活用

（資料）日本銀行「信用格付を活用した信用リスク管理体制の整備」から抜粋

6　貸出の構成　　貸出の使途別構成をみると，貸出に占める設備資金の割合は，大企業がその調達を直接金融や内部資金にシフトさせていった一方で，中小企業の設備資金需要や住宅ローン等に積極的に対応したことから，1980年代後半から1990年代初頭にかけて漸次上昇していった。その後，バブル崩壊以降の景気の低迷により，設備資金の割合は一時的に低下したものの，その後は，住宅ローンの増加を主因として，再び上昇している。

　貸出の規模別構成をみると，1980年代前半に総貸出の約30％を占めていた大企業向け貸出の割合は，1990年代前半までに大幅に減少し，その一方で，中小企業向け貸出の割合が大幅に増加していった。これは，内部資金や直接金融の利用の増加にともない，大企業の借入需要が減退し，銀行が中小企業向け貸出に積極的に取り組んだためである。しかし，その後は，借入需要の低迷や銀行の慎重な貸出姿勢等を反映して，中小企業向け貸出の割合も低下しており，代わりに，住宅ローンを中心とした個人向け貸出の割合が上昇している。

　貸出の業種別構成をみると，1980年には製造業や卸・小売業が貸出先の過半を占めていたが，1990年にかけて第3次産業，とりわけサービス業へとウエイトが移ったことがわかる。その理由としては，わが国の産業構造がソフト化・サービス化の傾向を強めたことに加え，大手の製造業では資金調達を直接金融にシフトさせた一方，サービス業には相対的に借入需要の大きい中小企業が多いことなどがあげられる。しかし先述のように，近年では，個人向け貸出のウエイトが高まっており，現在最も大きいウエイトを占めるのは個人となっている。なお，不動産業や金融・保険業のウエイトの増加は，1980年代の地価高騰にともなう不動産業者やノンバンク向けの貸出の増加によるものであるが，現在でも，依然として大きなウエイトを占めている。

第6章 貸出業務

国内銀行の貸出に占める設備資金の割合の推移

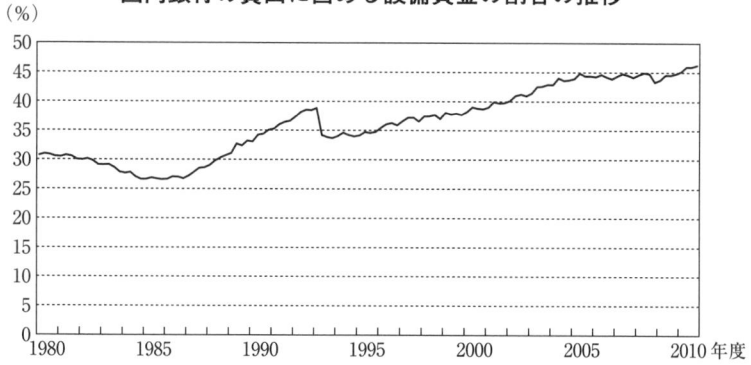

(資料) 日本銀行「預金・貸出関連統計」をもとに作成

国内銀行の規模別貸出残高構成比の推移

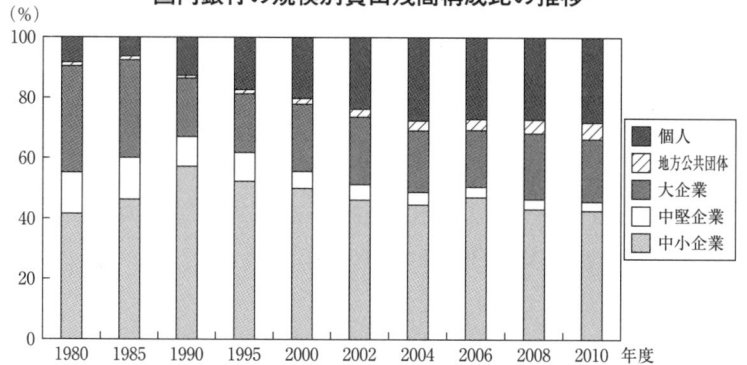

凡例: 個人／地方公共団体／大企業／中堅企業／中小企業

(資料) 日本銀行「預金・貸出関連統計」をもとに作成

国内銀行の業種別貸出残高構成比の推移

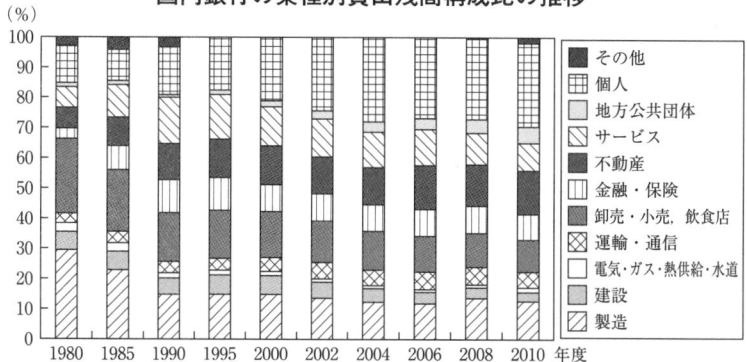

凡例: その他／個人／地方公共団体／サービス／不動産／金融・保険／卸売・小売，飲食店／運輸・通信／電気・ガス・熱供給・水道／建設／製造

(資料) 日本銀行「預金・貸出関連統計」をもとに作成

7　**新しいタイプの貸出**　近年，リスク管理の強化，収益力の向上という観点から，従来とは異なる形態の貸出も積極的に取り組まれている。以下では，その主なものを紹介する。

(1)　**コミットメントライン契約**　企業との間であらかじめ貸出枠（コミットメントライン）を設定し，この枠内であれば企業の請求に基づき，いつでも融資を実行する契約。銀行は，契約に際して約定料を受領できるが，融資実行を断ることができない。1999年3月の特定融資枠契約に関する法律の施行以降，大企業を中心に利用されている。

(2)　**シンジケートローン**　アレンジャーとなる銀行が資金調達者である企業と交渉し，融資条件等をとりまとめ，複数の金融機関（シンジケート団）が同一の条件・契約書に基づき融資する形態。アレンジャーとなる銀行は，企業の資金ニーズに応えながら，リスク・アセットの削減や組成手数料収入が期待できる。また，シンジケート団に参加する銀行は，運用手段の多様化を図ることができる。

(3)　**プロジェクトファイナンス**　資源開発，電力・通信といった大規模なプロジェクトにおいて，返済原資を当該プロジェクトが生み出すキャッシュフローに限る貸出。1999年9月のPFI法の施行にともない，PFIに取り組む地方自治体が増加している。

(4)　**DIPファイナンス**　民事再生法や会社更生法の手続に入った企業向け融資で，当該企業の再建に必要な運転資金を融資する。2001年6月に，DIPファイナンスを原則として不良債権としない方向で「金融検査マニュアル」が改訂されるなど，銀行がDIPファイナンスに対応しやすいよう，制度整備が図られている。

(5)　**動産・債権担保融資（ABL）**　ABLはAsset Based Lendingの略称で，企業の保有する動産・債権等の事業収益資産を担保とする融資。2011年12月に中小企業金融円滑化法の期限の最終延長等についての金融担当大臣談話において，出口戦略のために集中的に取り組む施策の1つとして，ABLの開発・普及への言及があった。これを受けて，2012年6月には，銀行法施行規則等が改正され，銀行等の子会社の業務として，担保財産の売買の代理または媒介，所有・管理が追加された。

コミットメントライン契約額・利用額の推移

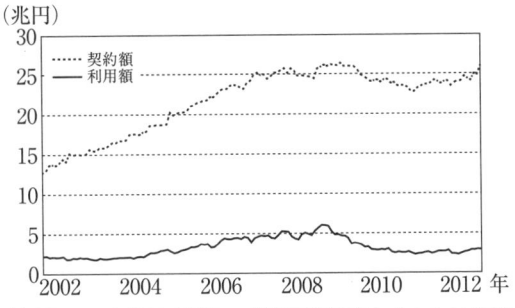

(資料) 日本銀行「預金・貸出関連統計」をもとに作成

シンジケートローンの取引実績

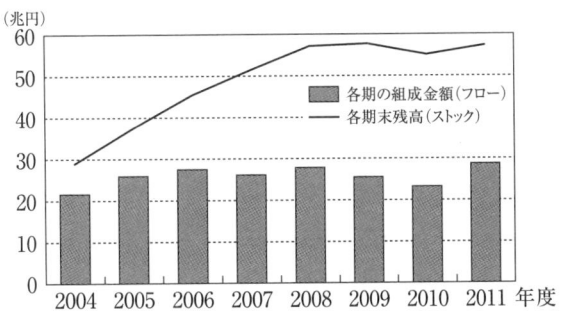

(資料) 全国銀行協会「貸出債権市場取引動向」をもとに作成

ABLの典型的なスキーム

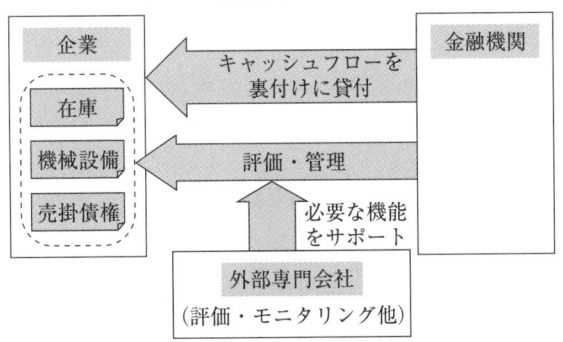

企業
- 在庫
- 機械設備
- 売掛債権

金融機関 → キャッシュフローを裏付けに貸付 → 企業

評価・管理

外部専門会社（評価・モニタリング他） → 必要な機能をサポート

(資料) 経済産業者・ABL研究会「動産・債権等の活用による資金調達手段〜ABL（Asset Based Lending）〜〔テキスト一般編〕」

8 中小企業の資金調達　中小企業の定義は,「資本金3億円以下または従業員300人以下の事業所(卸売業では1億円以下または100人以下, 小売業は5,000万円以下または50人以下, サービス業は5,000万円以下または100人以下)」(中小企業基本法第2条) とされている。「中小企業白書 (2012年版)」によると, 2009年の中小企業の企業数は約420万で全企業の99.7%, 従業員数は約2,834万人で全従業者数の66.0%を占めている。

中小企業の資金調達の特徴は, 大企業と比べ, 金融機関からの借入に大きく依存していることである。これは, 中小企業にとっては株式公開や公募債発行のハードルが高く, 資本市場からの資金調達が困難なためである。この結果, 中小企業の自己資本比率(自己資本／総資本(総資産))は, 大企業に比べて低い水準となっている。また, 一般的に, 大企業と比べて中小企業の信用力は弱く, 金融機関からの借入も担保や保証の付与されたものが中心となっている。

バブル崩壊後の長引く不況の影響等から中小企業の財務内容が悪化したこと, また, 金融機関は慎重な貸出姿勢をとったことから, 金融機関の中小企業向け貸出が減少傾向にあったため, 中小企業では政府系金融機関や信用補完制度を活用した資金調達のウエイトが高まっていた。他方, 株式店頭市場の改革や, 新興企業向け株式市場の創設, 東京都等における中小企業向けローン担保証券 (CLO) 市場の創設, 中小企業の私募債に保証協会の保証をつける「特定社債保証制度」の創設など, 中小企業の資本市場へのアクセス向上に向けた取組みも積極的に行われてきた。しかし, 情報の非対称性の問題等から, 中小企業の資本市場へのアクセスには一定の限界があり, 今後も, 金融機関の貸出等が重要な役割を果たしていくと思われる。

大企業と中小企業の自己資本比率の推移

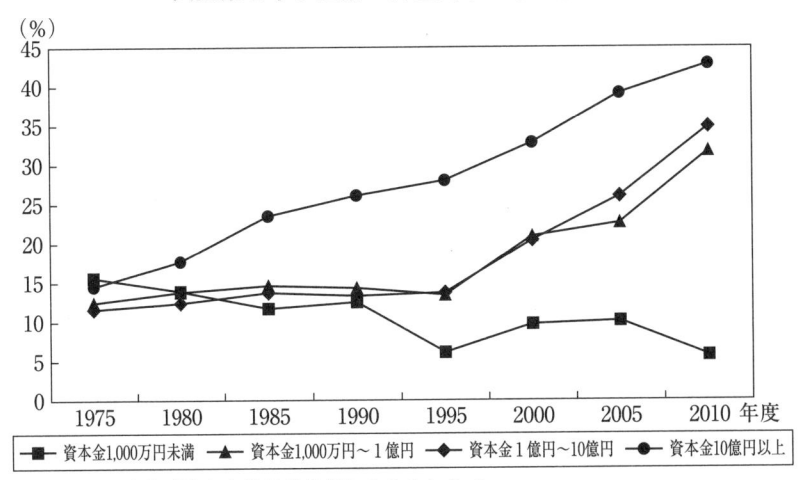

(資料) 財務省「法人企業統計年報」をもとに作成

凡例: ■ 資本金1,000万円未満　▲ 資本金1,000万円～1億円　◆ 資本金1億円～10億円　● 資本金10億円以上

大企業と中小企業の財務構成（2010年度）

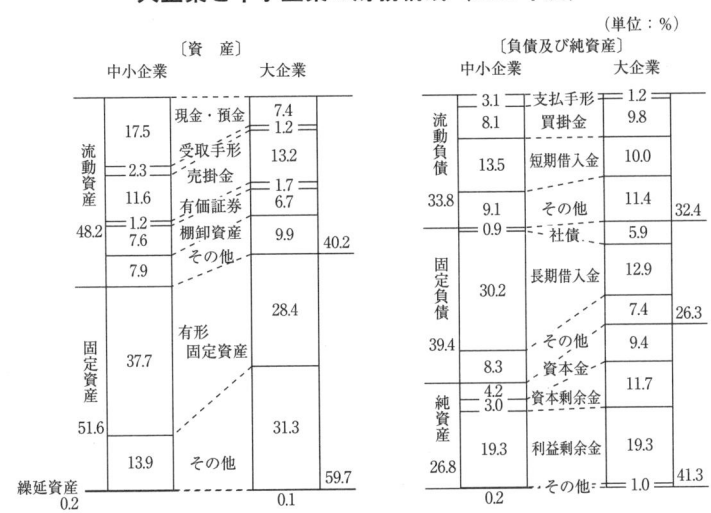

(単位：%)

〔資　産〕

	中小企業	項目	大企業	
流動資産	17.5	現金・預金	7.4	流動資産
	2.3	受取手形	1.2	
	11.6	売掛金	13.2	
	1.2	有価証券	1.7	
48.2	7.6	棚卸資産	6.7	40.2
	7.9	その他	9.9	
固定資産	37.7	有形固定資産	28.4	固定資産
51.6	13.9	その他	31.3	59.7
繰延資産 0.2			0.1	

〔負債及び純資産〕

	中小企業	項目	大企業	
流動負債	3.1	支払手形	1.2	流動負債
	8.1	買掛金	9.8	
33.8	13.5	短期借入金	10.0	32.4
	9.1	その他	11.4	
固定負債	0.9	社債	5.9	固定負債
39.4	30.2	長期借入金	12.9	26.3
	8.3	その他	7.4	
			9.4	
純資産	8.3	資本金	11.7	純資産
	4.2	資本剰余金		
26.8	3.0			41.3
	19.3	利益剰余金	19.3	
	0.2	その他	1.0	

(注) 中小企業＝資本金1億円未満，大企業＝資本金1億円以上（中小企業基本法は，1999年12月に改正・施行され，中小企業の定義が資本金1億円未満から3億円未満に引き上げられたが，上記計数は改正前の中小企業の定義によっている。）

(資料) 財務省「法人企業統計年報」をもとに作成

9 民間金融機関の中小企業向け貸出　戦後，信用金庫や信用組合など中小企業向け金融を専門に行う金融機関は，それぞれの業法で，その貸出対象が原則として会員や組合員である中小企業等に限定されていることもあり，中小企業の育成・発展に大きく貢献した。

その後，1980年代後半になると，都市銀行や長期信用銀行，信託銀行等の中小企業向け貸出の増加を背景として，国内銀行の占めるシェアが拡大していった。これは，金融緩和基調が続くなかで，大企業が株式・社債等資本市場からの資金調達を増加させたこと等にともない，これらの銀行が，新たな収益源として中小企業向け貸出に積極的に取り組んだためである。

しかし，バブル経済が崩壊した1990年以降の長期景気低迷あるいは近年の経済危機後の景気低迷にともない，中小企業は業績の伸び悩み等から借入需要が低迷し，また，銀行の貸出審査基準も厳格化されていった。このため，国内銀行の中小企業向け貸出は伸び悩み，それとは対照的に，政府の経済対策等を受け，政府系金融機関の貸出や信用保証付貸出はそのシェアを拡大させていった。その中でも民間金融機関では，財務診断等計数管理アドバイス等のコンサルティング機能を生かした取り組みや，ビジネスマッチング等販路開拓支援等，の取組みによる経営支援を行っている。

また，2008年12月には，金融機関が，中小企業や住宅ローンの借り手の申込みに対し，できる限り，貸付条件の変更等を行うよう努めることなどを内容とする「中小企業者等に対する金融の円滑化を図るための臨時措置に関する法律」が施行された。同法の施行後，2012年3月末までに中小企業から3,133,742件の貸付条件変更等の申込みがなされ，2,893,387件が実行されている（実行率97.4％）。なお，同法の期限は2011年3月末であったが，2度にわたる期限延長によって2015年3月末日が期限となった。

2010年度末の中小企業向け貸出のシェアをみると，国内銀行が70.5％，信用金庫・信用組合が20.5％，政府系金融機関が9.0％となっている。

第6章 貸出業務

国内銀行の中小企業向け貸出残高と総貸出残高に占める割合

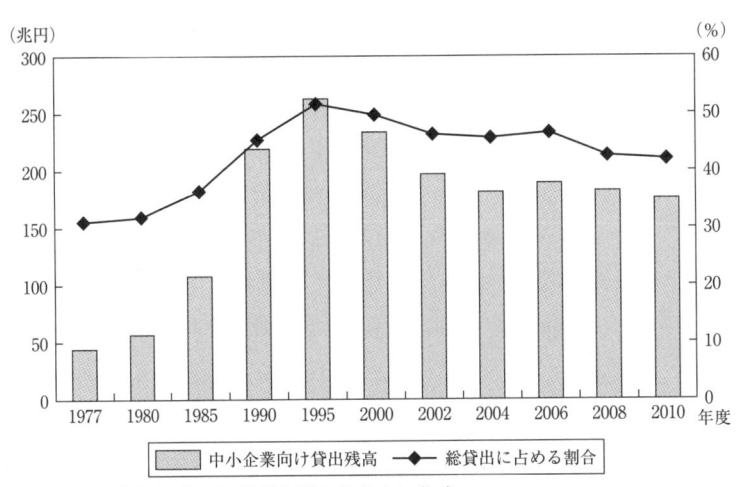

(資料) 日本銀行「日本銀行統計」をもとに作成

中小企業向け貸出の業態別シェアの推移

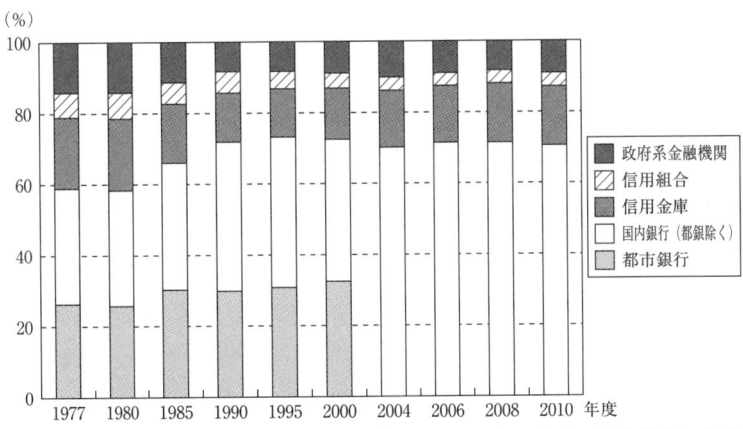

(注) 2004年度以降は民間銀行の内訳が計上されていないため、国内銀行に都市銀行も含まれている。
(資料) 中小企業庁「中小企業白書」をもとに作成

10　政府系中小企業金融機関と信用補完制度　中小企業は，大企業に比べ信用力・担保力の不足から資金調達の面で不利な状況に置かれており，民間金融機関による中小企業金融を補完する意味で，政府系中小企業金融機関および信用補完制度が一定の役割を果たしている。

(1)　**政府系中小企業金融機関**　中小企業向け融資を行っている政府系金融機関としては，政府が全額出資している日本政策金融公庫（日本公庫）のほか，商工組合中央金庫（商工中金）が存在する。日本公庫では，国民一般向け業務の「国民生活事業」，農林水産業者向け業務の「農林水産事業」，中小企業者向け業務の「中小企業事業」のほか，商工中金など指定金融機関を通じた危機対応円滑化業務を実施している。

(2)　**信用補完制度**　全国に52ある信用保証協会は民間金融機関の融資に対して公的な債務保証を行っている（信用保証制度）。さらに，この信用保証制度上の債務保証に対して日本公庫が再保険を付与しており（信用保険制度），双方をあわせて信用補完制度という。信用保証制度における，中小企業1社当たりの一般保証限度額は，原則として，普通保証の限度額に無担保保証の限度額を加えた2億8,000万円であるが，「経営安定関連保証制度（セーフティネット保証制度）」等の別枠の保証制度もある。

信用保証協会による保証に関して，2007年から「責任共有制度」が導入され，それまで信用保証協会が原則100％信用リスクを負担していたが，制度導入後は部分的な保証(80％)を原則とすることとなった。

この他，特に経済不安が高まる等の状況下では，時限的な保証制度が創設されており，1998年には特別の予算措置を踏まえた「中小企業金融安定化特別保証制度」，2008年には「緊急保証制度」，2011年には「東日本大震災復興緊急保証」が創設されている。

なお，「経営安定関連保証制度（セーフティネット保証）」の一部，「緊急保証制度」および「東日本大震災復興緊急保証」等は「責任共有制度」の対象除外制度である。

政府系中小企業金融機関の貸出残高と総中小企業向け貸出残高に占めるシェアの推移

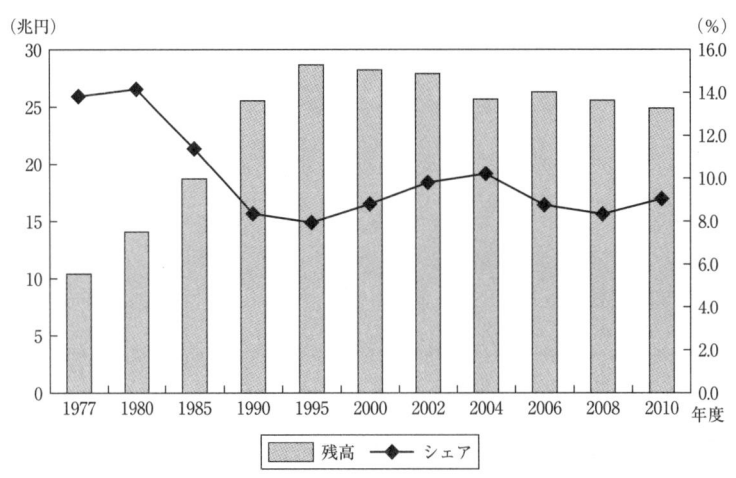

（資料）　中小企業庁「中小企業白書」をもとに作成

信用保証協会の保証債務残高と代位弁済率の推移

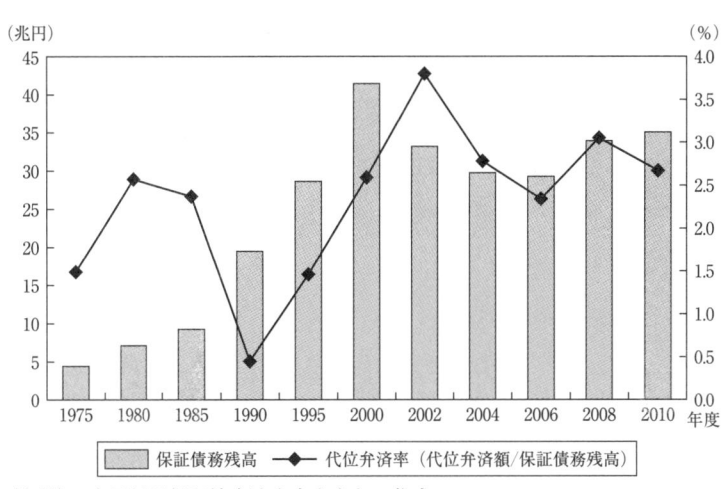

（資料）　全国信用保証協会連合会をもとに作成

第7章 為替業務

1 概説 銀行法では，銀行業の定義として，預金等の受入れと資金の貸付等とを併せ行うこと，為替取引を行うことと規定しており（銀行法第2条第2項），預金業務，貸付業務と並ぶ銀行の固有・基幹業務として為替業務を位置づけている（銀行法第10条第1項）。

このように，為替業務は銀行の固有・基幹業務とされていながら，銀行法には為替取引を定義した規定は存在していなかったが，2001年の最高裁判決において，「為替取引を行なうこと」の意義について「顧客から，隔地者間で直接現金を輸送せずに資金を移動する仕組みを利用して資金を移動することを内容とする依頼を受けて，これを引き受けること，又はこれを引き受けて遂行することをいう」(最三小決平13．3．12) とされ，為替取引が定義された。

為替取引は，機能面に着目して，送金，振込，代金取立の3つに区分することができる。送金と振込は，金融機関を経由して債務者から債権者に資金を送付し，債権・債務を決済する方法であり，振込については受取人の預金口座に一定金額が入金される。この場合，資金は，債務者，金融機関，債権者の順に流れることになる。他方，代金取立は，債権者が金融機関を通じて手形等の証券を債務者から取り立てるものである。代金取立の場合には，資金が，債権者，金融機関，債務者の順に流れることになる。この他，為替は，内国為替，外国為替に区分される。金銭の貸借の決済または資金移動を必要とする地域が，いずれも同一国内にある場合を内国為替といい，複数国にまたがる場合を外国為替という。

第7章　為替業務

　企業や個人は，銀行が提供する為替業務を利用することにより，遠隔地へ安全かつ迅速に資金を送ることのほか，遠隔地が支払場所となっている手形・小切手等の代金を取り立てることも可能となる。債権者と債務者の間で，債権・債務を決済するために現金を持ち運ぶ場合には，盗難・紛失のリスクがあるとともに，多大なコストも発生すること等から，為替業務の存在意義があるといえる。

　これまで，家計では現金による支払いが多く用いられ，個人事業主や企業の間では，手形・小切手による決済が用いられてきた。しかし，情報通信技術の目覚ましい発展により，全国銀行内国為替制度を担う全国銀行データ通信システム（全銀システム）等の既存の決済システムの機能は向上し，電子マネーや電子記録債権といった新たな決済手段も導入されている。また，証券決済システムにおいては株券の電子化等も実現された。このようななか，銀行等を利用した資金決済は重要性を増しており，本章ではこれらの決済システムについて概観する。

　なお，為替業務に関しては，2010年4月に「資金決済法」が施行され，資金移動業について「内閣総理大臣の登録を受けた者は，銀行法第4条第1項及び第47条第1項の規定にかかわらず，資金移動業を営むことができる」（同法第37条）とされたことから，銀行等以外の者でも登録を受ければ，少額の為替取引に限って実施することができるようになっている。

2 決済システム 　企業，家計等の経済主体は経済取引を行い，それにともなう対価の受払いを実施しており，この受払いを決済という。財・サービス等を取引し，資金の受払いを行うことを資金決済といい，当該資金の決済を円滑に行う仕組みのことを資金決済システムという。他方，国債・株式等の証券が取引された場合に，当該証券の受渡しと売買代金の受払いを行うことを証券決済といい，証券決済を行う制度的な枠組みのことを証券決済システムという。

　わが国における資金決済システムの代表的なものとしては，日本銀行金融ネットワークシステム（日銀ネット），全国銀行データ通信システム（全銀システム），手形交換等がある。日本銀行が運営する日銀ネットは，わが国の決済において中核的なインフラとしての役割を果たしており，日本銀行当座預金の入金・引落しを行う当座預金系システム（日銀ネット当預系）では，金融機関同士の資金取引の決済のほか，内国為替制度や手形交換等の民間の集中決済制度により発生する金融機関間の債権・債務の決済も行われている。また，全国銀行資金決済ネットワーク（全銀ネット）が運営する全銀システムは，全国銀行内国為替制度に加盟する金融機関の間で，振込や送金等の決済額を算出するシステムであり，手形交換は，金融機関が顧客から取得した手形・小切手等を手形交換所に持ち寄り，相互に呈示，交換する制度となっている。

　他方，証券決済システムについては，近年の決済にともなうリスクやコストに対する意識の高まり等を背景として，包括的な有価証券のペーパーレス化法制の整備，多層構造の振替決済制度の創設，清算機関に関する制度の整備等が行われた。国債については日本銀行，CP，社債，投資信託，株式等については証券保管振替機構をそれぞれ振替機関とする振替制度が構築されており，有価証券のペーパーレス化，DVP（Delivery versus Payment；証券決済において，証券の引渡しと資金の支払いとを相互に条件付けて同時履行を確保する仕組み）による決済，STP（Straight Through Processing；証券取引の約定から決済に至る一連の事務処理が電子的に行われ，データ入力後は人手による加工を経ることなくシームレスに処理される仕組み）による処理等が実現している。

第7章 為替業務

わが国決済システムにおける日銀ネットの位置づけ

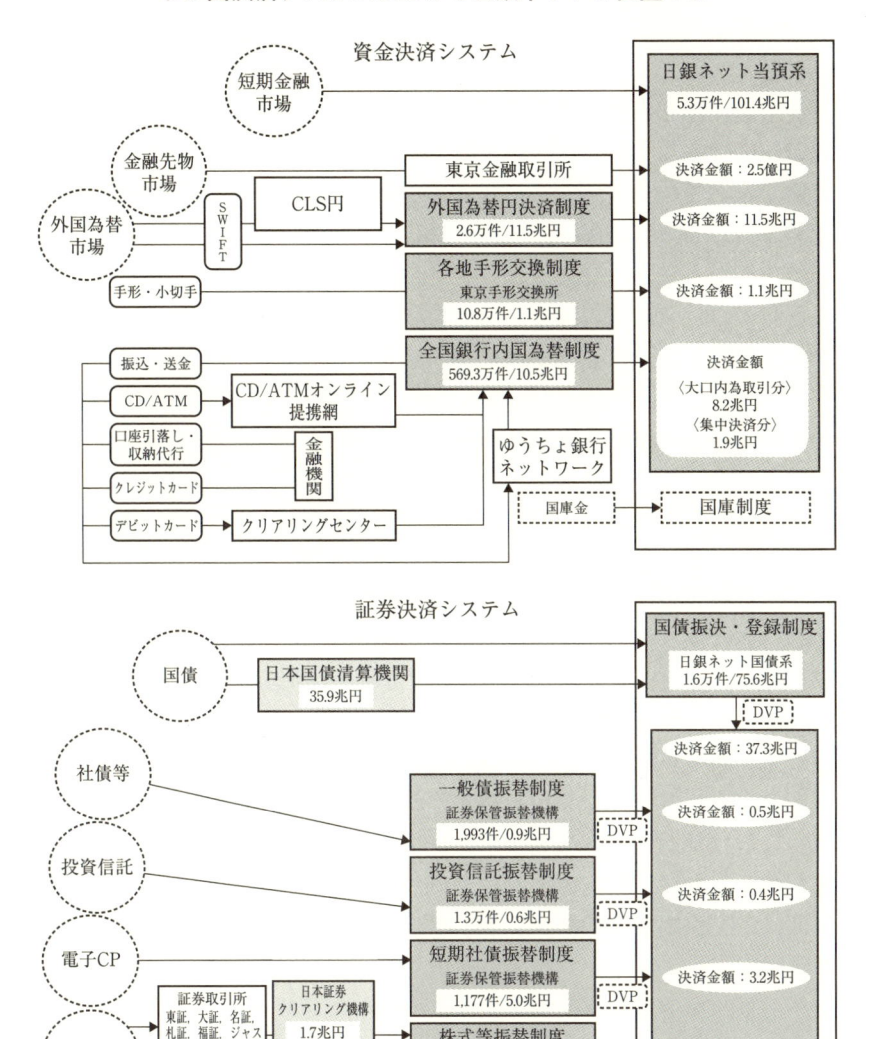

資金決済システム

- 短期金融市場 → 日銀ネット当預系　5.3万件/101.4兆円
- 金融先物市場 → 東京金融取引所 → 決済金額：2.5億円
- 外国為替市場 → SWIFT / CLS円 → 外国為替円決済制度　2.6万件/11.5兆円 → 決済金額：11.5兆円
- 手形・小切手 → 各地手形交換制度　東京手形交換所　10.8万件/1.1兆円 → 決済金額：1.1兆円
- 振込・送金、CD/ATM → CD/ATMオンライン提携網
- 口座引落し・収納代行、クレジットカード → 金融機関
- デビットカード → クリアリングセンター
- → 全国銀行内国為替制度　569.3万件/10.5兆円 → 決済金額〈大口内為取引分〉8.2兆円〈集中決済分〉1.9兆円
- ゆうちょ銀行ネットワーク
- 国庫金 → 国庫制度

証券決済システム

- 国債 → 日本国債清算機関　35.9兆円 → 国債振決・登録制度　日銀ネット国債系　1.6万件/75.6兆円 → DVP → 決済金額：37.3兆円
- 社債等 → 一般債振替制度　証券保管振替機構　1,993件/0.9兆円 → DVP → 決済金額：0.5兆円
- 投資信託 → 投資信託振替制度　証券保管振替機構　1.3万件/0.6兆円 → DVP → 決済金額：0.4兆円
- 電子CP → 短期社債振替制度　証券保管振替機構　1,177件/5.0兆円 → DVP → 決済金額：3.2兆円
- 株式・先物（証券取引所　東証、大証、名証、札証、福証、ジャスダック証／取引所外取引）→ 日本証券クリアリング機構　1.7兆円／ほふりクリアリング　0.9兆円 → 株式等振替制度　証券保管振替機構　33.0万件 → DVP → 決済金額：0.2兆円 → 日銀ネット当預系

（注）計数は平成23年中の1営業日平均。清算機関の計数は債務引受高。
　　　日本銀行「決済動向」, 証券保管振替機構「統計データ」
（資料）金融情報システムセンター『金融情報システム白書（平成25年版）』

107

3　内国為替と全銀ネット　異なる金融機関間における振込等の資金移動取引においては，振込通知の送受信や金融機関間の資金決済が必要となる。このような国内の資金移動を円滑化する金融機関間の取決めを全国銀行内国為替制度という。内国為替は，全国銀行データ通信システム（全銀システム）等の送達手段を利用して，金融機関相互間で振込等の為替通知を伝達することにより行われる。内国為替制度および全銀システムは，設立以来，東京銀行協会がその運営に当たってきたが，2010年4月に「資金決済に関する法律」が施行されたことを受け，資金清算業務を行うために全国銀行資金決済ネットワーク（全銀ネット）が設立され，同年10月から運営業務を引き継いでいる。

　全銀システムは，金融機関間の為替通知を日中に送受信するオンラインシステムである。取引金額1億円未満の内国為替については，1日の取引終了後に貸借を相殺した加盟金融機関ごとの為替決済額を算出し，その結果を各加盟金融機関および日本銀行に送信する。日本銀行は，その為替決済額の通知を受けて当日の午後4時15分に各金融機関が日銀に保有する当座預金口座の振替を行い，内国為替の決済を完了させる。また，取引金額1億円以上の内国為替については，日本銀行金融ネットワークシステム（日銀ネット）の次世代即時グロス決済（RTGS：Real Time Gross Settlement）機能によって，決済日に個々の為替取引ごとに資金の振替決済が行われる。

　2011年11月からは，第6次全銀システムが稼働している。第6次全銀システムでは，前述のとおり1億円以上の内国為替を日銀ネットの次世代RTGS機能で決済することにより，支払決済システムの国際基準に対して，より高いレベルで対応しているほか，処理能力の向上など，将来的な業務拡張に備えたシステムの柔軟性の向上が図られている。

　全国銀行内国為替制度の加盟金融機関数および店舗数は，2012年12月末現在，それぞれ1,361機関，3万2,233店舗であり，2012年中の他行為替取扱高は，1日平均，件数では589万件，金額では10兆6,931億円に上る。

第7章　為替業務

内国為替制度のあゆみ

年	主な出来事
1943	8月　日本銀行において内国為替集中決済制度を実施
58	6月　為替決済制度を改正し，為替内訳書の交換等の処理をするため，各地の銀行協会に為替交換室（27か所）を開設
73	4月　全国銀行内国為替制度発足 全国銀行データ通信システム稼働 （全国銀行および商工中金の88機関，約7,400店舗が参加）
79	2月　第2次全銀システム稼働 相互銀行，信用金庫，農林中金等が加盟 （加盟金融機関数は708機関，約18,000店舗）
82	4月　在日外国銀行が初めて加盟
84	8月　信用組合，労働金庫，農業協同組合等が加盟 （加盟金融機関数は5,479機関，約40,000万店舗）
87	11月　第3次全銀システム稼働
88	10月　MTデータ伝送業務開始
90	7月　仕向超過額管理制度実施
93	3月　資金決済の同日決済化 4月　加盟銀行の臨時休業対策を規定
94	1月　仕向超過額管理制度改定
95	11月　第4次全銀システム稼働 証券会社の信託銀行子会社，未加盟信用組合が加盟（加盟金融機関数は3,552機関，約45,000店舗）
2001	1月　新内国為替決済制度実施
02	5月　仕向超過限度額に上限を設定
03	4月　ランファルシー・プラス基準達成 11月　第5次全銀システム稼働
09	1月　ゆうちょ銀行加盟
10	10月　運営を全国銀行資金決済ネットワークに移管
11	11月　第6次全銀システム稼働

内国為替の仕組み

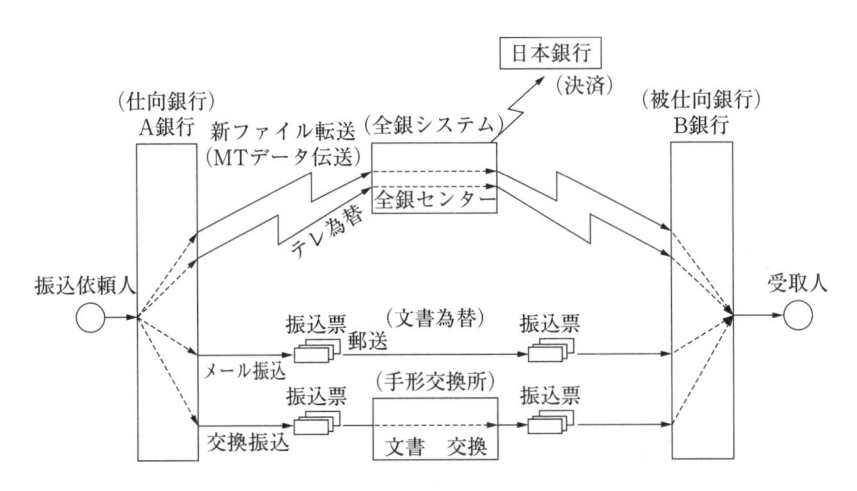

109

4　外国為替円決済制度　外国為替円決済制度は，外国為替の売買，貿易，対外投融資等の外国為替関係取引に係る円資金決済を迅速かつ効率的に処理することを目的として，1980年10月に発足した制度である。同制度は，全国銀行協会によって運営されているが，実際の集中計算・決済事務は1989年3月以降，同協会からの委託を受け，日本銀行が日銀ネットのなかでコンピュータ処理を行っており，現在，同制度におけるすべての支払指図は，即時グロス決済（RTGS：Real Time Gross Settlement）によって処理されている。

外国為替円決済制度では，支払指図を受け取った被仕向金融機関が，仕向金融機関からの資金振替を待たずに受取人の口座に入金，引出可能とするのが一般的であり，被仕向金融機関は仕向金融機関に対し一時的な信用リスクを負うことになっていた。そこで，全国銀行協会は，決済のエクスポージャーに上限を設定する措置や，仕向超過限度額上位2行が同時破綻した場合でも当日の決済を完了するための対策を講じてきたが，2008年10月に日銀ネットにおける次世代RTGSが稼働したことにともない，これらのリスク削減策は不要となった。

この他，ヘルシュタットリスクと呼ばれる時差に伴う資金決済リスクの解消が長年の課題となっていたが，2002年5月，外国為替の売買取引に係る2つの通貨の資金決済を同時かつ最終的に行うCLS（Continuous Linked Settlement）決済のために設立された専門銀行であるCLS銀行が本決済制度に加盟し（グロス決済のみを行う参加銀行），同年9月から本格稼働したため，外為市場における決済リスクを世界的レベルで削減することとなった。

なお，国際的な決済データの送達には，SWIFT（The Society for World wide Interbank Financial Telecommunication s.c.）が利用されている。SWIFTは決済機能を持たないが，参加金融機関間の国際金融取引に関する銀行間付替・顧客送金等のメッセージの通信を，コンピュータと通信回線を利用したデータ通信システムにより行っており，2012年12月末現在，212か国，日本からは245の金融機関が参加している。

第7章 為替業務

外国為替円決済制度の仕組み（ネット決済の場合）

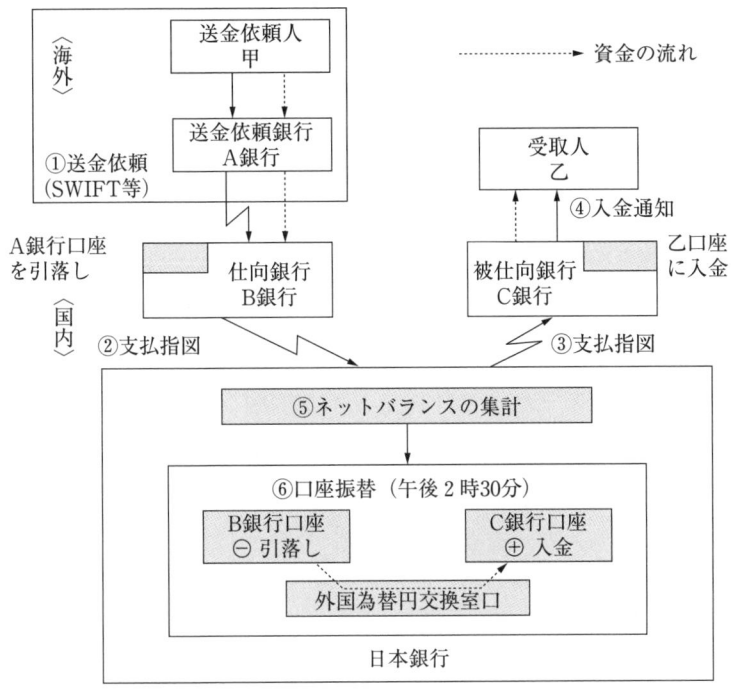

〈海外〉
送金依頼人 甲
↓
送金依頼銀行 A銀行

①送金依頼（SWIFT等）

A銀行口座を引落し

〈国内〉
仕向銀行 B銀行

被仕向銀行 C銀行
↑
④入金通知
↓
受取人 乙
乙口座に入金

②支払指図　　③支払指図

⑤ネットバランスの集計
↓
⑥口座振替（午後2時30分）
B銀行口座 ⊖ 引落し　　C銀行口座 ⊕ 入金
外国為替円交換室口
日本銀行

・・・・▶ 資金の流れ

（資料）日本銀行金融研究所「新版　わが国の金融制度」

CLS決済概要図

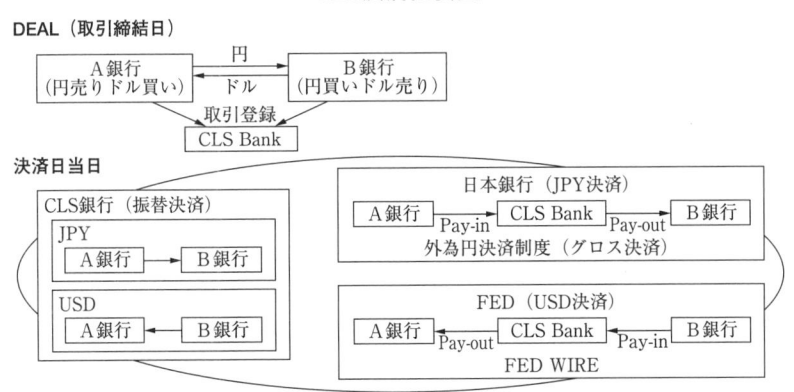

DEAL（取引締結日）

A銀行（円売りドル買い） ⇄ 円／ドル ⇄ B銀行（円買いドル売り）
↓ 取引登録
CLS Bank

決済日当日

CLS銀行（振替決済）
- JPY: A銀行 → B銀行
- USD: A銀行 → B銀行

日本銀行（JPY決済）
A銀行 —Pay-in→ CLS Bank —Pay-out→ B銀行
外為円決済制度（グロス決済）

FED（USD決済）
A銀行 ←Pay-out— CLS Bank ←Pay-in— B銀行
FED WIRE

（資料）諸節潔「CLS銀行の営業開始について」『金融』2002年11月号

5 手形・小切手と手形交換 手形交換とは，金融機関が顧客から受け入れたり割引取得した手形・小切手等のうち，他の金融機関店舗が支払場所となっているものを，手形交換所に持ち寄って相互に呈示，交換することである。手形交換によって生じる銀行間の貸借関係については，加盟金融機関が日本銀行または幹事銀行に保有する当座預金振替によって決済される。2012年12月末現在，手形交換所は法務大臣指定のものが118か所，私設交換所が91か所で，計209か所となっている。

わが国の代表的な手形交換所である東京手形交換所をみると，参加金融機関は2012年末現在で318行，5,116店舗に達し，手形交換枚数で全国の32.2%，金額では73.8%を占めている。手形の交換方法は，他の交換所では参加金融機関が一堂に会して手形・小切手を交換する立会交換制度であるが，東京手形交換所では1971年7月にコンピュータを導入し，各金融機関が行っていた持出手形の分類・集計等の事務を手形交換所が代わって行う「集中交換制度」に切り換え，今日に至っている。交換参加方式には「直接交換」と「代理交換」の2種類があり，代理交換委託金融機関は直接交換金融機関に交換事務を委託し，その貸借計算は受託金融機関の下に組み入れて行われる。手形交換の枚数・金額は，企業間決済が手形・小切手から振込等にシフトしていることから，近年漸減傾向にある。

なお，わが国の手形交換所は，信用取引純化の制度として「取引停止処分制度」を採用している。これは，手形・小切手の支払義務者が「資金不足」や「取引なし」等の事由から手形の決済を履行できなかった場合に採る措置であり，具体的には，6か月に2回不渡りを出した支払義務者との当座勘定および貸出の取引を，当該交換所参加金融機関は2年間停止するものである。2012年中の全国の取引停止処分者数は2,629件，金額は190億円となっている。

全国手形交換高

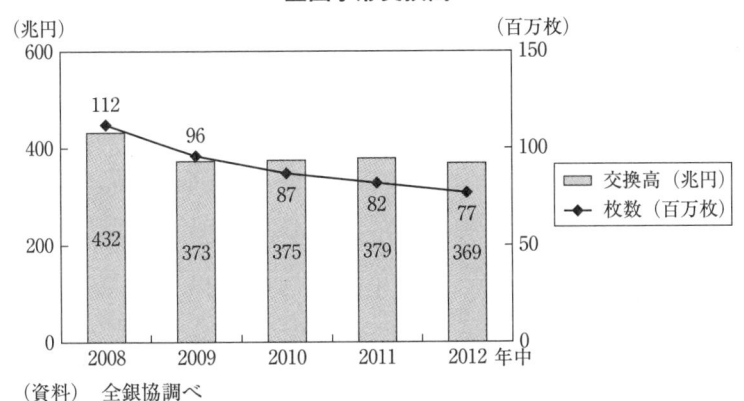

年	交換高（兆円）	枚数（百万枚）
2008	432	112
2009	373	96
2010	375	87
2011	379	82
2012年中	369	77

（資料） 全銀協調べ

全国手形交換高の交換所別内訳（2012年中）
（単位：％）

外円：手形交換高（金額）
- 東京 32.2
- 大阪 14.9
- 名古屋 8.0
- その他 44.9

内円：手形枚数
- 東京 73.8
- 大阪 8.3
- 名古屋 3.4
- その他 14.5

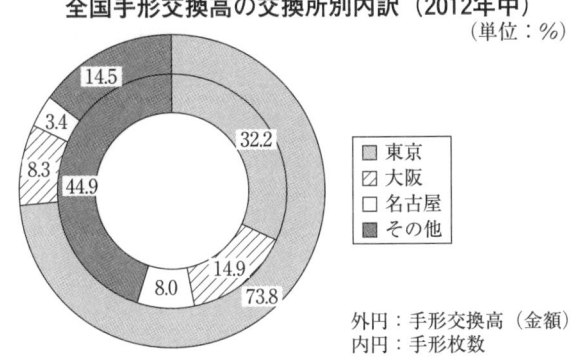

（資料） 全銀協調べ

全国取引停止処分者状況

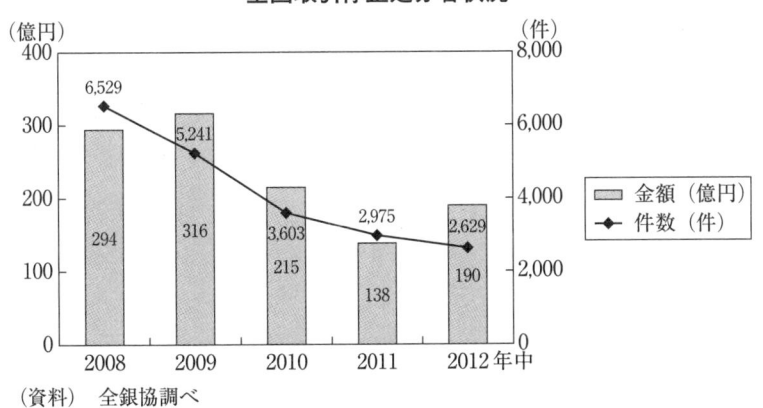

年	金額（億円）	件数（件）
2008	294	6,529
2009	316	5,241
2010	215	3,603
2011	138	2,975
2012年中	190	2,629

（資料） 全銀協調べ

6　電子記録債権　電子記録債権とは，電子債権記録機関が備える記録原簿に対する電子記録をその発生・譲渡等の要件とする，手形債権や指名債権とは異なる新たな金銭債権である。

わが国における代表的な企業間信用手段であった手形債権は，紙媒体であることから保管コストや紛失リスクをともない，売掛債権は，債権の存在・発生原因を確認するためのコストや二重譲渡リスクがあることから，流動性が乏しく，早期資金化が難しいといった問題点を抱えてきた。

当該問題点を解決することを目的として，電子的な記録により権利の内容を定め，取引の安全・流動性の確保と利用者保護の要請に応える新たな制度を創設し，もって事業者の資金調達の円滑化等を図るために，2007年6月に「電子記録債権法」が成立・公布され，2008年12月に同法の関係政令・内閣府令とともに施行された。手形債権，売掛債権等の金額が確定した金銭債権はすべて電子化の対象となることから，電子記録債権の導入によって，手形のペーパーレス化や売掛債権の流動化の早期実現等が図られ，利用者の利便性が向上すると考えられている。

電子記録債権法の施行を受け，電子記録債権制度における中核的な役割を担う電子債権記録機関の設立が行われており，2009年7月には，三菱東京UFJ銀行が設立した日本電子債権機構株式会社が国内初の電子債権記録機関として開業したほか，2010年7月には三井住友銀行が設立したSMBC電子債権記録株式会社が，2010年10月にはみずほ銀行が設立したみずほ電子債権記録株式会社がそれぞれ開業した。

このようななか，全国銀行協会では，2010年6月に全銀行参加型の記録機関である株式会社全銀電子債権ネットワーク（でんさいネット）を設立し，電子記録債権の手形的利用を提供することとして開業準備を進め，2013年2月にサービスの提供を開始した。

電子記録債権の基本的イメージ・機能

1 電子記録債権の基本的イメージ

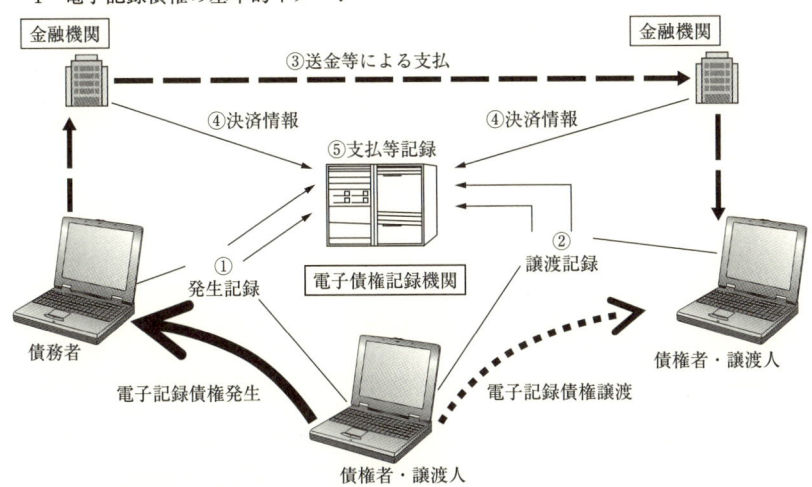

```
金融機関 ──────③送金等による支払──────▶ 金融機関
  ▲      ④決済情報    ⑤支払等記録    ④決済情報      
  │              ↘   ┌──────┐   ↙              
  │                  │      │                  
  │              ①  │電子債権│  ②              
  │            発生記録 記録機関 譲渡記録            
  │                  └──────┘                  
 債務者                                    債権者・譲渡人
  ▲                                           
  │  電子記録債権発生      電子記録債権譲渡     
  │                                           
         債権者・譲渡人
```

2 電子記録債権の機能

(1) 手形に代わる支払手段としての機能

手形の場合
・手形の作成・交付コスト
・手形用紙の保管コスト
・決済時に手形に記載された情報を電子化するコスト
・手形の紛失・盗難のリスク

▶

電子記録債権の場合
・電子データのITによる送受信等により発生・譲渡→作成・交付コスト削減
・電子データで管理→管理コスト削減
・もともと電子データとして発生・管理→決済時に情報を電子化するコスト不要
・電子債権記録機関の記録原簿による管理→紛失・盗難のリスクなし

(2) 債権譲渡の安全性の確保

指名債権の場合
・譲渡の対象とされた債権が不存在であるリスク
・債権の二重譲渡リスク
・人的抗弁を対抗されるリスク

▶

電子記録債権の場合
・発生記録・譲渡記録を発生・譲渡の効力要件として債権を可視化→不存在のリスク・二重譲渡リスクを排除
・人的抗弁は原則として切断

(3) 多様な利用方法

・手形は記載事項が限定＝有害的記載事項の存在＝支払手段としてしか使えない

▶

・任意的記録事項として様々な事項（シンジケート・ローンにおける詳細な特約条項等）の記録を許容
→様々なビジネスモデルに合わせた柔軟な利用が可能

（資料）　金融庁ウェブサイト

7　CD・ATMの普及とオンラインサービス

CD（Cash Dispenser：現金自動支払機）は，営業店事務の効率化と顧客利便の向上を図る観点から，銀行の第1次オンラインシステム稼働後の1969年に初めて設置された。その後，機械化の進展にともない，CDに代わってATM（Automated Teller Machine：現金自動預払機）の設置が一般的となった。また，大蔵省（現財務省）の店舗通達の緩和で1990年代半ばには店舗外ATMが急速に普及し，1997年7月には同通達が廃止されており，現在ではコンビニエンス・ストア等への設置も一般化している。金融機関等のCD・ATMの設置台数は，2012年3月末現在，13万7,320台に上っている。

CD・ATMのサービス内容，稼働日・稼働時間も拡大している。サービスについては，預金の引出し，残高照会のほかに，通帳記入，入金，振込・振替等，各種金融商品の申込みや税金・公共料金等の支払い等があり，多機能化している。また，稼働日・稼働時間も大きく変化しており，日曜日については1992年，祝日については1995年に本格的な稼働が開始され，現在は土日，祝日の窓口休業日における稼働が一般化し，最近は365日稼働を実施する金融機関も増加している。さらに，顧客利便性の向上を図るため，稼働時間の延長も実施されており，利用状況に応じて，24時間稼働を含め，稼働時間を弾力的に設定する金融機関もある。

また，2004年1月には，統合ATMスイッチングサービスが稼働した。CD・ATMの業態ごとのオンライン提携は，1980年3月の都銀に始まり，その後他の業態へと拡大した。1997年5月には各業態のオンライン提携網を接続するネットワークである「全国キャッシュサービス（MICS）」を通じて，すべての民間金融機関間でCD・ATMの相互接続が実現している。現在では，郵便貯金やノンバンク，消費者金融会社，さらには証券会社や生命・損害保険会社との接続へと拡大している。

第7章 為替業務

金融機関等のCD/ATM設置状況推移

		全国銀行	都銀	地銀	第二地銀	信託	長信銀・商中	信用金庫	信用組合	農協	漁協	労働金庫	ゆうちょ銀行郵便局	合計
2008年 3月末	設置台数	75,354	25,215	35,669	13,419	554	497	19,797	2,303	12,347	392	2,081	26,089	138,363
	うちATM	74,997	25,215	35,314	13,417	554	497	19,779	2,298	12,322	392	2,079	26,089	137,956
2009年 3月末	設置台数	76,063	25,917	35,640	13,473	557	476	19,927	2,286	12,351	396	2,028	26,136	139,187
	うちATM	75,644	25,917	35,224	13,470	557	476	19,913	2,282	12,335	396	2,027	26,136	138,733
2010年 3月末	設置台数	75,473	25,758	35,575	13,148	554	438	19,940	2,269	12,299	422	1,998	26,191	138,592
	うちATM	75,184	25,758	35,287	13,147	554	438	19,931	2,266	12,294	422	1,998	26,191	138,286
2011年 3月末	設置台数	74,680	25,607	35,021	13,065	549	438	19,889	2,250	12,215	413	1,967	26,331	137,745
	うちATM	74,401	25,607	34,742	13,065	549	438	19,885	2,250	12,214	413	1,967	26,331	137,461
2012年 3月末	設置台数	74,235	25,476	35,078	12,805	482	394	19,823	2,234	12,169	355	1,947	26,557	137,320
	うちATM	73,946	25,476	34,809	12,785	482	394	19,882	2,234	12,169	355	1,947	26,557	137,030

（注）　MICS事務局，ゆうちょ銀行
（資料）　金融情報システムセンター『金融情報システム白書（平成25年版）』

他業態等とのCD/ATM提携状況

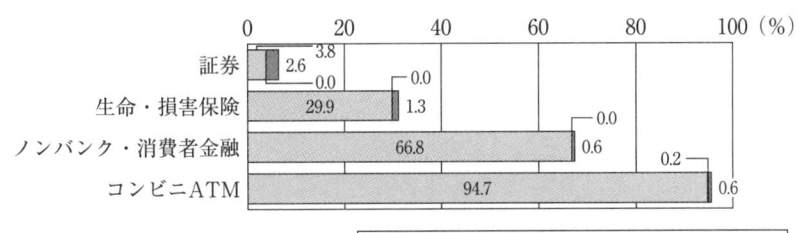

	実施済	平成24年度実施予定	検討中
証券	2.6	0.0	3.8
生命・損害保険	29.9	1.3	0.0
ノンバンク・消費者金融	66.8	0.6	0.0
コンビニATM	94.7	0.6	0.2

（注）　平成24年3月末現在：FISC調査
（資料）　金融情報システムセンター『金融情報システム白書（平成25年版）』

8　デビットカードサービス　デビットカードサービスとは，消費者が買い物をする際，金融機関のキャッシュカードで商品代金を支払うことができるサービスであり，1998年6月，郵政省（現総務省），民間金融機関，流通業者を中心に「日本デビットカード推進協議会（J-Debit）」が設立され，1999年1月にサービスが開始された。

　従来，わが国の各金融機関は，「銀行POS」の呼称でデビットカードサービスと同じ内容のサービスを提供してきたが，一般消費者がサービスを利用する際に，事前に「銀行POS」を利用するための「口座振替依頼書」をカード発行金融機関に提出しなければならない（事前登録）ほか，地域ネットワーク単位でしか利用できないといった制約もあり，本格的な普及には至らなかった。しかしながら，1998年7月に大蔵省（現財務省）の「機械化通達」が廃止され，利用者からの事前登録が不要とされたことにより，デビットカードサービスに参加する金融機関の発行するキャッシュカードの保有者であれば，誰でも同サービスを利用できるようになったことを契機として，キャッシュカードの新たな機能として付加された。

　デビットカードサービスのメリットとして，利用者が金融機関のオンライン時間内であれば手数料なしで日常携帯しているキャッシュカードを利用できること，預金残高の範囲内であればキャッシュレスで商品を購入できるため現金の紛失や盗難のリスクを軽減できること等がある。また，加盟店には，商品の代金をクレジットカードより安い手数料で確実かつ効率的に回収でき，現金のハンドリングコスト（集金，つり銭準備等）を節約できる等の効果がある。さらに，金融機関にとっても，手数料収入を獲得し，ハンドリングコスト（CD・ATMへの現金補給等）を節約できる等のメリットがあるといえる。

　J-Debitの正会員金融機関，加盟店は，2012年12月現在，それぞれ1,458金融機関，625社となっている。

第7章 為替業務

デビットカードサービスの概要図（J-Debitの例）

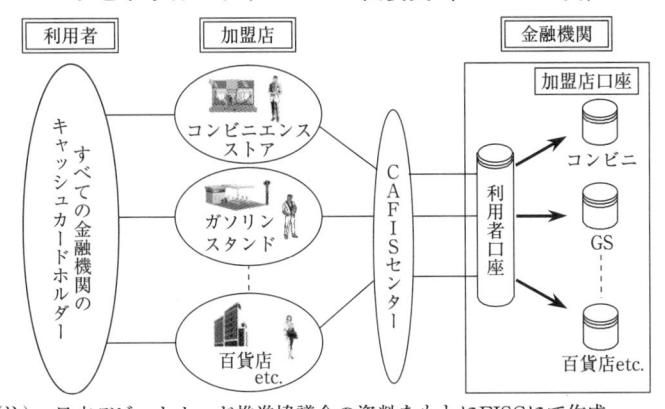

（注）日本デビットカード推進協議会の資料をもとにFISCにて作成
（資料）金融情報システムセンター『金融情報システム白書（平成25年版）』

J-Debitの決済スキーム

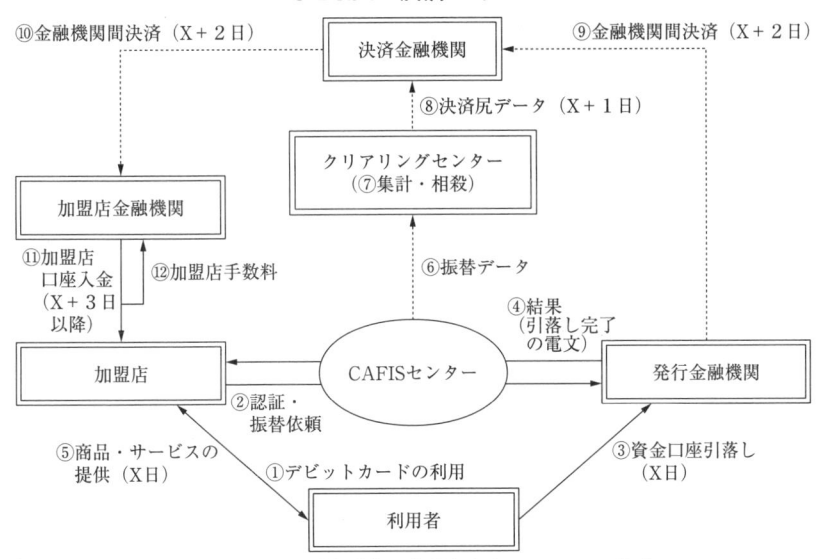

（注）日本デビットカード推進協議会の資料をもとにFISCにて作成
（資料）金融情報システムセンター『金融情報システム白書（平成25年版）』

9　各種受払いの電子化　銀行事務の機械化の進展にともない，自動支払い（口座振替）等は銀行の主要な決済サービス業務として普及しているほか，わが国では，電子マネーの利用が拡大している。

(1)　**自動支払い**　自動支払いは，顧客の普通預金口座等から銀行が預金者に代わって必要な資金の支払いを行うものである。1955年に電話料金の支払いについて導入されたのが始まりで，現在では税金，各種社会保険料の支払いをはじめ，公共料金，クレジットカード料金の支払い等も取り扱っている。

(2)　**自動受取り**　顧客の預金口座に自動的に金銭が振り込まれる自動受取りも，1969年に給与振込制度がスタートして以来，自動振込と同様に普及している。自動受取りには給与振込のほか，年金・給付金，株式配当金，公社債の利金の振込等がある。

(3)　**マルチペイメントネットワーク**　マルチペイメントネットワークは，国庫金，地方税，公共料金，各種料金・代金等の支払いについて，利用者の利便性向上を図るとともに，収納機関および金融機関の事務効率化を図ることを目的として構築され，2001年10月から運用が開始された。収納企業と金融機関との間をネットワークで結ぶことにより，利用者は電話，パソコン等のチャネルを利用して支払いができ，即時に消込み情報が収納企業等に通知される。電子決済「Pay-easy（ペイジー）」の利用金額および利用件数は，サービス開始以来拡大し続け，2011年度には，それぞれ7.4兆円，45.7百万件となっている。

(4)　**電子マネー**　電子マネーは，金銭的価値をICカードや携帯電話に電子的に蓄積し，それを用いて決済を行うツールであり，既存の決済手段（現金）が果たしてきた機能を電子的に代替するものといえる。近年，キャッシュカードやクレジットカードのICカード化にともない，これらのカードに電子マネーの機能を搭載するサービスが提供されており，交通系電子マネーの普及や流通系電子マネーが相次いで発効され，電子マネーが利用可能な店舗が増加したこと等を受けて，電子マネーの発行枚数，決済金額・件数は増加を続けている。

第7章 為替業務

自動支払いの仕組み

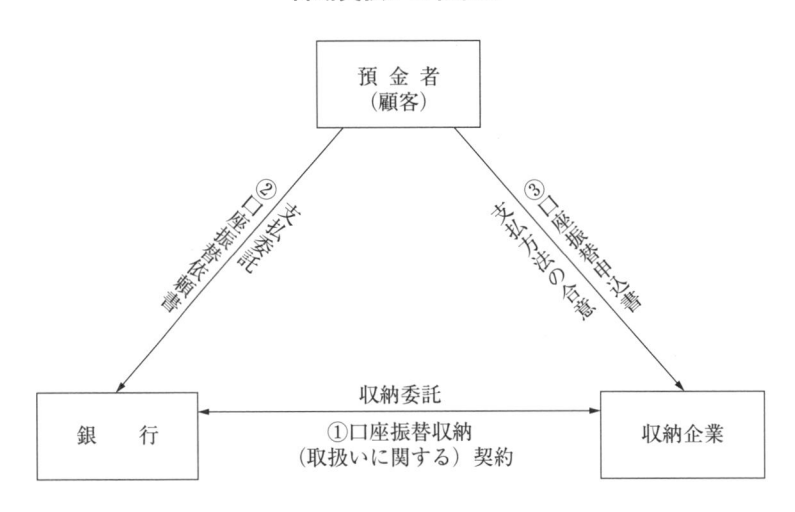

```
              預 金 者
              （顧客）
             /        \
       ②    /          \   ③口座振替申込書
   支払委託 /            \  支払方法の合意
   口座振替/              \
   請求書/                \
       /                  \
    銀 行  ←――――――――→  収納企業
              収納委託
          ①口座振替収納
          （取扱いに関する）契約
```

ペイジー収納サービスのシステム構成

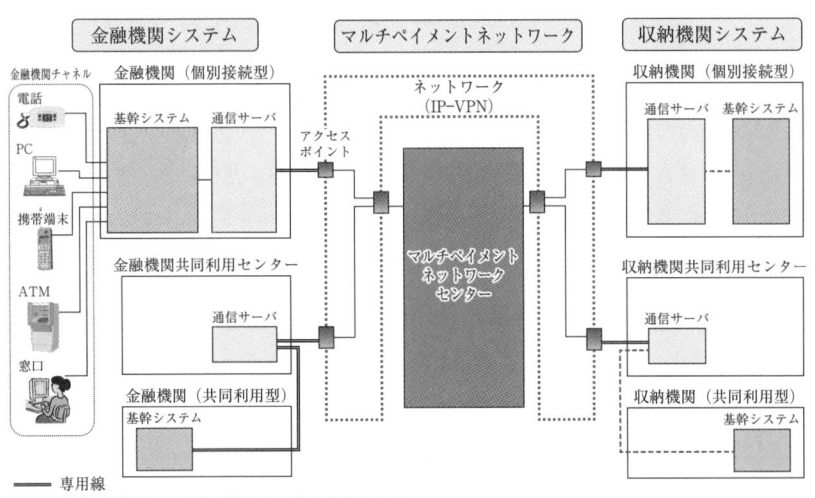

金融機関システム ／ マルチペイメントネットワーク ／ 収納機関システム

金融機関チャネル
- 電話
- PC
- 携帯端末
- ATM
- 窓口

金融機関（個別接続型）：基幹システム／通信サーバ
アクセスポイント
ネットワーク（IP-VPN）
マルチペイメントネットワークセンター
収納機関（個別接続型）：通信サーバ／基幹システム

金融機関共同利用センター：通信サーバ
金融機関（共同利用型）：基幹システム

収納機関共同利用センター：通信サーバ
収納機関（共同利用型）：基幹システム

―― 専用線
----- 任意（別途定める規定を満たすことを条件とする）

（資料）日本マルチペイメントネットワーク推進協議会ウェブサイト

10 インターネットバンキング　インターネットバンキングとは，顧客がパソコン等の端末を利用してインターネットに接続し，金融機関のシステムにアクセスして口座情報照会や資金移動等を行うものであり，主に個人顧客を対象としたインターネットバンキングは，金融機関のデリバリーチャネルの一つとして定着している。1995年に初めて金融機関によるインターネットを通じた情報提供が開始され，1998年に本格的な取組みが始まった。

　また，顧客が携帯電話のウェブブラウザ等を利用し，金融機関のシステムにアクセスして口座情報照会や資金移動等を行うモバイルバンキングについても，1999年2月に開始され，現在ではインターネットバンキングと比べても遜色のないサービスが提供されており，スマートフォンへの対応も進みつつある。

　さらに，インターネット専業銀行は，金融分野における規制緩和の流れとインターネットの急速な普及を背景として，2000年10月に営業を開始した。基本的に店舗等のリアルチャネルを持たず，主にインターネット上でサービスを提供する銀行であり，低コストでの運営体制が特徴である。また，当該銀行は，インターネット経由のショッピング等における資金決済分野において大きく機能している。

　インターネットバンキングでは，セキュリティ確保のために，端末のウェブブラウザとウェブサーバーとの間でデータを暗号化して通信するためのプロトコルであるSSL（Secure Socket Layer）を用いるのが一般的である。最近では，金融機関のウェブサイトを装った偽のサイトに顧客を誘導し，口座番号や暗証番号等の個人情報を詐取するフィッシング詐欺等が発生しており，各金融機関では，認証方式の強化やウェブサイト上での注意喚起，対策ソフトの無料配布等の対応を行っている。

　なお，全国銀行協会では，2012年1月，インターネットバンキングにおけるセキュリティ対策の向上についての申し合わせを行っており，同年4月には，金融庁の監督指針において，固定式のID・パスワードのみに頼らない認証方式（可変式パスワードや電子証明書）の導入等が明記され，取引のリスクに見合った適切な認証方式の導入についてモニタリングが行われることとされている。

契約口座数（2012年3月末時点）

a．インターネットバンキング

業態	有効回答数	サービス契約口座 契約口座数	1機関あたり
都　銀	5	37,002,105	7,400,421
信　託	3	469,600	156,533
地　銀	62	6,526,001	105,258
第二地銀	38	841,746	22,151
信　金	255	1,147,316	4,499
信　組	28	21,243	759
労　金	11	334,423	30,402
その他	9	13,916,072	1,546,230
合　計	411	60,258,506	146,614

b．モバイルバンキング

業態	有効回答数	サービス契約口座 契約口座数	1機関あたり
都　銀	5	37,002,105	7,400,421
信　託	—	—	—
地　銀	62	5,860,674	94,527
第二地銀	37	762,999	20,622
信　金	239	999,169	4,181
信　組	25	13,901	556
労　金	9	287,949	31,994
その他	8	10,991,196	1,373,900
合　計	385	55,917,993	145,242

（資料）　金融情報システムセンター『金融情報システム白書（平成25年版）』

インターネットバンキング／モバイルバンキングのシステム構成例

【金融機関が独自にインターネットバンキング／モバイルバンキングサーバーを設置する方式】

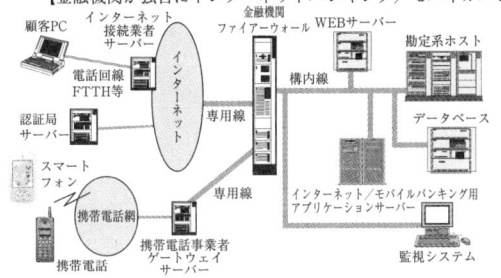

この方式は金融機関が独自でインターネットバンキング／モバイルバンキングシステムを所有するため、融通性に優れ、サービスメニューやソフトウェアの追加や変更が独自かつフレキシブルにできる。

ただし、独自でシステムを構築するため、初期投資が大きい。また、運用管理も金融機関独自に行う場合には、保守運用にかかる人件費、有スキル者育成コスト、スペースコストなど、把握しにくい運用コストが発生する。

【共同センターのインターネットバンキング／モバイルバンキングサーバーを利用する方式】

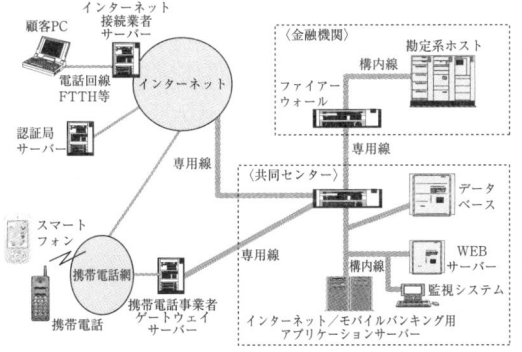

この方式は、共同センターを利用するため、初期投資が独自方式に比べ小さくできる。運用管理も含めてアウトソーシングする場合は、運用管理にかかるコストの把握がしやすくなり、また運用管理を専門家に任せることが可能になる。

この方式の場合、サービスメニューやソフトウェアに共同センター側の制約を受け、フレキシブルな対応が独自方式に比べ困難である。もっとも最近の共同センターは各金融機関個別のメニュー対応が可能になり、金融機関の独自性を発揮しやすくなってきている。

（資料）　金融情報システムセンター『金融情報システム白書（平成25年版）』

第8章　個人向けの銀行取引

1　概説　銀行にとって消費者（個人）は重要な顧客である。第1章でみたとおり，預金は，銀行が消費者に対して提供する金融商品の代表的な存在である。1990年代，わが国は，家計貯蓄率が諸外国に比して相対的に高く，預金金利の自由化や「日本版金融ビッグバン」の実施後も消費者の資産運用においては，銀行等が提供する預金商品が高い割合を占めてきた。しかし，1990年代以降，いわゆる超低金利時代が続いたことにより，預金と比較して大きなリターンが見込めるがリスクもある投資信託などの投資性商品を購入する消費者が増え，銀行が提供する金融商品・サービスの多様化に併せて，各種投資性商品の販売残高は大幅に伸びている。

　一方，消費者に対する信用供与には，銀行が消費者に対して提供する住宅ローンや教育ローン等のローン商品や消費者金融会社等の消費者ローンといった消費者金融のほか，百貨店等の販売会社による割賦販売，クレジットカード会社によるカード取引などがあり，これらを総称して「消費者信用」と呼ぶ。

　わが国において，銀行が，直接，消費者に対して貸付を本格的に行うようになったのは1960年代以降であるが，1960年代後半から1970年代前半にかけては，個人の持家需要に応え，銀行においても住宅ローンの取扱いが増加した。また，銀行系クレジットカード会社の設立，使途自由な消費者ローンが創設されたのもこの時期である。

　住宅ローンは，現在も銀行の消費者向けローンの主力商品である。1994年7月の旧大蔵省通達撤廃等を契機に様々な商品が登場し，2001年12月には住宅金融公庫の廃止・独立行政法人移行が決定されたこと

等を受けて，新商品の開発・販売が積極的に行われており，金融機関間での激しい競争のなか，銀行の住宅ローンの貸出は大幅に伸びている。

　一方，消費者ローンやクレジットカードによる取引についても，若い世代を中心に借金に対する抵抗感が薄れ，審査の迅速さや，ATM等で手軽に借入ができること等から広く浸透した。特に消費者ローンでは，銀行に比べ簡便な審査のノウハウを持つ消費者金融会社等と銀行が提携する動きがみられる。これを受けて，各業界は個人信用情報機関をそれぞれ設立するなどして与信判断の適正化等に取り組んできたが，消費者の借り過ぎ，多重債務者や自己破産の増加等が依然として社会的問題になっており，2007年12月には「貸金業法」が一部施行され，2009年12月には個別クレジット取引におけるトラブルに対応する「改正割賦販売法」が施行された。

　消費者との銀行取引では，バブル期における与信取引や近年の投資性商品の販売等でトラブルがみられたことから，利用者保護のための法整備の要請が高まり，2001年4月に「金融商品の販売等に関する法律」が，2007年9月には，「金融商品取引法」が施行され，幅広い金融商品・サービスに対応する包括的・横断的な利用者保護ルールの整備が進んでいる。また，消費者の銀行取引におけるトラブルを解決するため，金融分野における裁判外紛争手続（金融ADR）制度の創設等，「金融商品取引法」等の改正を受けた苦情・紛争処理制度の充実が全国銀行協会をはじめ，個別銀行において引き続き図られている。

　さらに近年，いわゆる「金融犯罪」の発生件数がかなりの数に達しており，利用者は十分な注意が必要であり，2006年2月にいわゆる「預金者保護法」，2008年6月にいわゆる「振り込め詐欺被害者救済法」が施行され，銀行も対策を迫られている。

2　個人の資産運用　わが国の家計貯蓄率は，1990年代以降低下し続け，2011年は1.3％と諸外国の中でも低い水準となっているが，2010年3月末の個人金融資産残高は約1,500兆円であり，その内訳をみると，預貯金の割合が個人金融資産の半分以上を占めている。

　こうした巨額の個人金融資産については，適切な運用機会が提供されるよう「日本版金融ビッグバン」以降，銀行窓口における投資信託，保険商品の販売や証券仲介業の解禁，さらには2006年4月に施行された改正銀行法による銀行代理業の範囲拡大等，種々の改革が実施されてきた。これにともなって，様々な新しい金融商品・サービスが生まれている。

　こうした一連の制度改革に対応し，銀行等の金融機関は，「ファイナンシャル・プランナー」等による個人資産の運用相談を通じた個人資産の取込みを推進するほか，大手銀行等では，同じグループ内の信託銀行，証券会社等の商品を銀行窓口において提供する「ワンストップショッピングサービス」を積極的に推進している。

　一方，金融機関の利用者側においても，いわゆる超低金利時代が続き，預金と比較して大きなリターンが見込めるがリスクもある投資性商品を求める動きもみられる。利用者にとっては，選択の幅が広がる反面，金融商品や金融機関を自身で選択する自由を持つ代わりに，その結果としてもたらされる利益と損失の両方に責任を持つ「自己責任」がますます重要となっている。これに対する環境整備としては，元本保証のある預金には預金保険による保護の仕組みが整備されているほか（第12章9参照），自己責任の意識の定着等のため，国民生活センターや自治体，全国銀行協会等の業界団体において金融知識の普及活動が実施されている。さらに，金融機関においてディスクロージャーが拡充されているほか，商品の内容やリスクについてきちんとした説明のない不当な勧誘で被害を受けた場合等の金融機関と利用者のトラブルについて，裁判外紛争解決手続（金融ADR）（第8章9参照）が整備されている。

銀行が営業店の窓口で取り扱う預金以外の金融商品としては，1983年に国債等公共債の販売（窓販）が開始されたものの，その後しばらくの間はその他の商品の窓販は解禁されなかった。そして，「日本版金融ビッグバン」や証券市場改革の流れのなかで，1998年12月に証券投資信託，2001年4月以降，各種保険商品の窓販等が解禁され，対象となる窓販商品の範囲が拡大された。

証券投資信託について，販売態別純資産残高の状況（実額）をみると，銀行等（登録金融機関）の取扱い残高が急増し，2005年末には全体の5割を超えるシェアとなっている。

保険商品の窓販については，まず，2001年4月に「銀行等が行う業務との関連性が強く，保険契約者等の保護の面で問題が少ないもの」として，住宅ローン関連の長期火災保険等の窓販が解禁された。その後，2002年10月からは，個人年金保険（定額，変額），年金払積立傷害保険等が，2005年12月からは，一時払終身保険等の商品が窓販の対象商品に加えられた。2007年12月には，終身保険，定期保険等を含む全保険商品の銀行窓販が解禁された。その際，金融庁は保険契約者等の保護を図る観点から，引き続き銀行等の販売状況をモニタリングするとしている。

このほか，証券市場改革として，2002年9月に銀行と証券会社の共同店舗の出店が可能となり，2004年12月には，銀行による証券仲介業務が解禁され，利用者は，銀行が提携する証券会社等の商品であれば，銀行窓口で直接購入できるようになった。

こうした状況の下で，銀行と利用者の間のトラブルを防止するため，2001年4月に金融商品販売法が，2007年9月には，金融商品取引法がそれぞれ施行され，幅広い金融商品・サービスにおける，包括的・横断的な利用者保護の枠組みの整備が行われている。

家計貯蓄率の国際比較

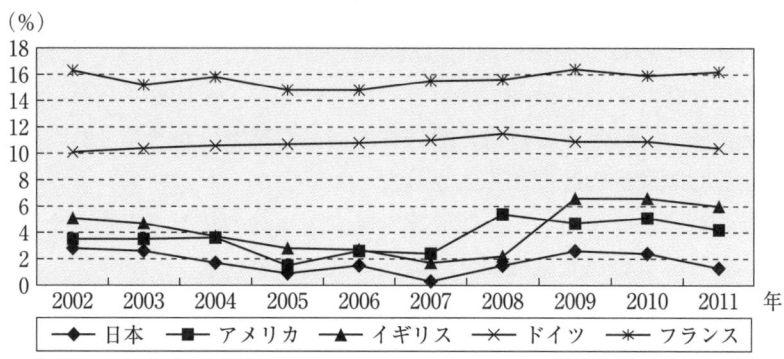

(資料) 内閣府「国民経済計算年報」，OECD「Economic Outlook」をもとに作成
(注1) 各国の算出方法は統一されていない。
(注2) 日本は，内閣府「国民経済計算年報」をもとに記載（家計貯蓄率＝家計貯蓄／（年金基金年金準備金の変動(受取)＋家計可処分所得））（年度ベース）。イギリスおよびフランスは，OECD「Economic Outlook」から「Gross savings」，その他（日本を除く）は「Net Savings」をそれぞれ記載。

家計の金融資産（残高）の推移

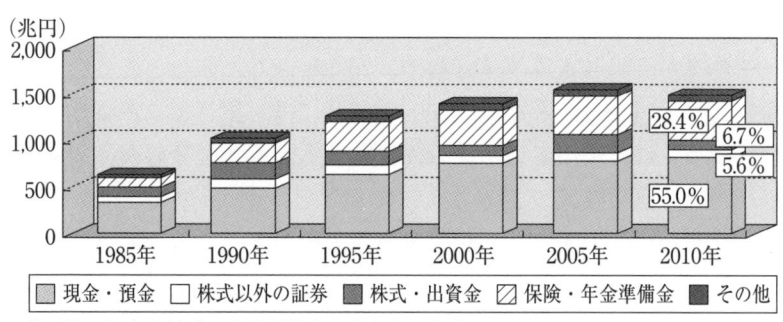

(資料) 日本銀行「日本銀行統計」をもとに作成

銀行における窓販商品等の拡大

年　月	項　目		対象商品等
1983年4月	証　券	国債等公共債の窓販解禁	国債，地方債，政府保証債等
1998年12月	証　券	証券投資信託の窓販解禁	証券投資信託商品全般
2001年4月	保　険	窓販解禁	住宅ローン関連の長期火災保険・債務返済支援保険・信用生命保険，海外旅行傷害保険
2002年10月	保　険	対象商品拡大①	個人年金保険（定額・変額），財形保険，年金払積立傷害保険，財形傷害保険
2004年12月	証券仲介	仲介業務の解禁	証券会社への口座開設，株式・債券の売買取次ぎ
2005年12月	保　険	対象商品拡大②	一時払終身保険，一時払養老保険，積立障害保険，個人向け損害保険・積立保険（事業関連，自動車保険以外で団体契約を除く）
2007年12月	保　険	窓販全面解禁	上記以外の全ての保険商品（終身保険（一時払除く），定期保険，自動車保険等）

（資料）　金融庁資料等をもとに作成

投資信託の販売態別純資産残高の状況（実額）

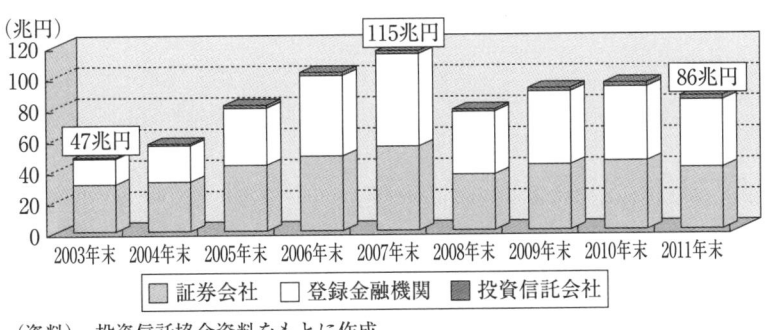

（資料）　投資信託協会資料をもとに作成

3 消費者信用の種類　「消費者信用」とは，一般に商品・サービスの購入等のために支払う資金が不足している消費者に対し，その支払いを一定期間繰り延べたり，支払いのための資金を貸し付ける取引のことをいう。消費者信用は，商品・サービスを購入した場合，先に商品・サービスを受け取り，代金の支払いを一定期間繰り延べる「販売信用」と，代金の支払いのための金銭を直接消費者に貸し付ける「消費者金融」の二つに大別される。

「販売信用」は，さらに支払（返済）方法により「割賦方式」と「非割賦方式」とに分類される。「割賦方式」とは，支払代金を2か月以上の期間，かつ3回以上に分割して支払う（返済する），いわゆる分割払いやボーナス一括払いおよびリボルビング払い方式のことをいう。販売信用の割賦方式には，百貨店等の商品・サービスの販売会社自身が独自に消費者に信用を供与する「割賦販売」，クレジットカード会社等が消費者に代わって販売会社に代金を支払い，消費者はクレジットカード会社等に対して分割して支払い（返済）を行う「信用購入あっせん」，販売会社等からの保証により，消費者が金融機関から融資を受け，代金の支払いを行う「ローン提携販売」の3方式がある。一方，販売信用の「非割賦方式」には，銀行系クレジットカード会社等のマンスリークリア方式（翌月一括払い）等がある。

「消費者金融」は，一般に無担保のものを指し，書面のやり取りによる「証書貸付」と，カードを通じた「カード貸付」がある。

第 8 章　個人向けの銀行取引

消費者信用の分類

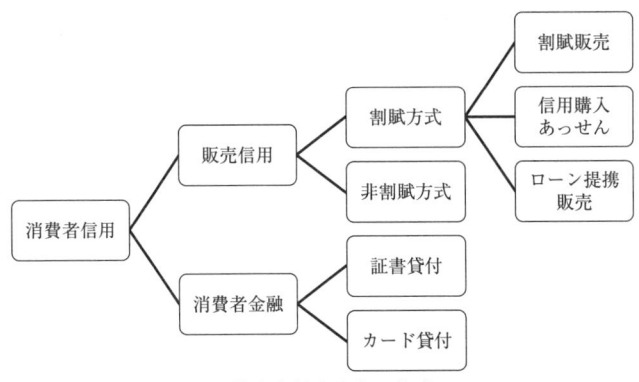

```
消費者信用 ─┬─ 販売信用 ───┬─ 割賦方式 ───┬─ 割賦販売
　　　　　　│　　　　　　　│　　　　　　　├─ 信用購入あっせん
　　　　　　│　　　　　　　│　　　　　　　└─ ローン提携販売
　　　　　　│　　　　　　　└─ 非割賦方式
　　　　　　└─ 消費者金融 ─┬─ 証書貸付
　　　　　　　　　　　　　　└─ カード貸付
```

（資料）　日本クレジット協会資料をもとに作成

信用供与額（推計）の推移

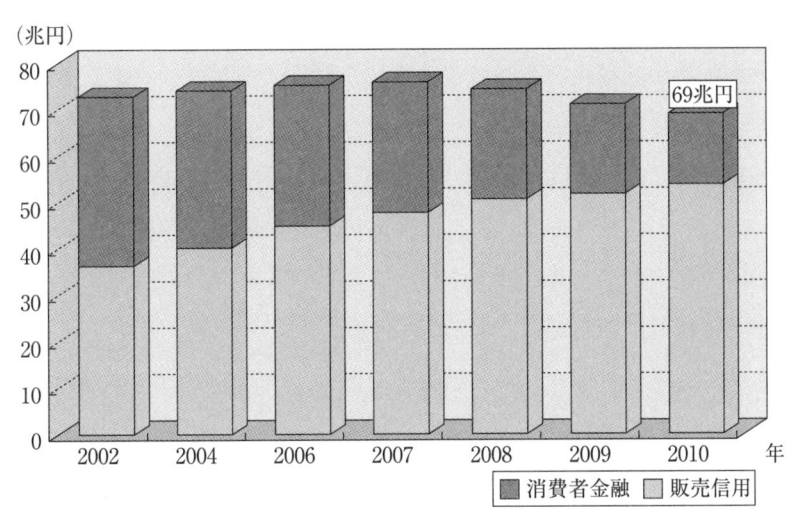

（縦軸：兆円、横軸：年）
2010年 69兆円

凡例：消費者金融／販売信用

（資料）　日本クレジット協会資料をもとに作成

4 消費者ローン　ローンには，銀行などの金融機関が取り扱うものと，消費者金融会社や信販会社が取り扱うものがある。銀行が取り扱う消費者ローンは，使途を限定したものと使途が自由なものに分けられる。使途を限定したローンとしては，住宅購入資金等を融資する住宅ローン，教育資金を融資する教育ローン等がある。一方，使途自由なローンとしては，フリーローンやカードローンがある。

国内銀行の個人向けローン残高の推移をみると，バブル期には居住用資産や株式等を担保とする大型フリーローンの利用にともない大幅に増加したが，バブル崩壊とともにその増加幅は減少した。一方，住宅ローンは，バブル崩壊後も，金利や地価の下落が続いたことや2001年12月の住宅金融公庫の廃止決定を受け，銀行等が相次いで新商品を開発するなど，住宅ローンの推進に力を入れたことから，金融機関間での激しい競争のなかで貸付残高は大幅に増加した。近年は，住宅ローン債権の証券化を行って資金調達を行うモーゲージバンク等も住宅ローンを提供している。

各銀行では，個人向け取引分野の強化およびサービス向上を図るため，消費者のニーズやライフスタイルの変化に応じた各種ローン等の推進に力を入れており，カードローンではグループ内の消費者金融会社等と提携し，銀行のATM，無人店舗，インターネットバンキング等を通じてカードローンの利用促進を図り，この分野の収益力強化に取り組んでいる。

第8章　個人向けの銀行取引

銀行の個人向けローン商品（主なもの）

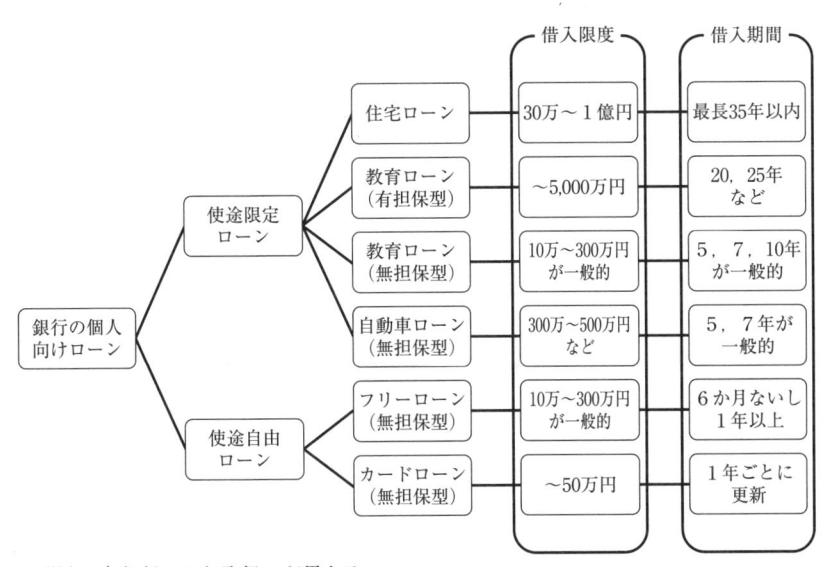

分類	種類	借入限度	借入期間
使途限定ローン	住宅ローン	30万～1億円	最長35年以内
使途限定ローン	教育ローン（有担保型）	～5,000万円	20, 25年など
使途限定ローン	教育ローン（無担保型）	10万～300万円が一般的	5, 7, 10年が一般的
使途限定ローン	自動車ローン（無担保型）	300万～500万円など	5, 7年が一般的
使途自由ローン	フリーローン（無担保型）	10万～300万円が一般的	6か月ないし1年以上
使途自由ローン	カードローン（無担保型）	～50万円	1年ごとに更新

（注）　各銀行により取扱いが異なる。
（資料）　金融広報中央委員会資料，都市銀行のディスクロージャー誌等をもとに作成

国内銀行の個人向けローン残高の推移

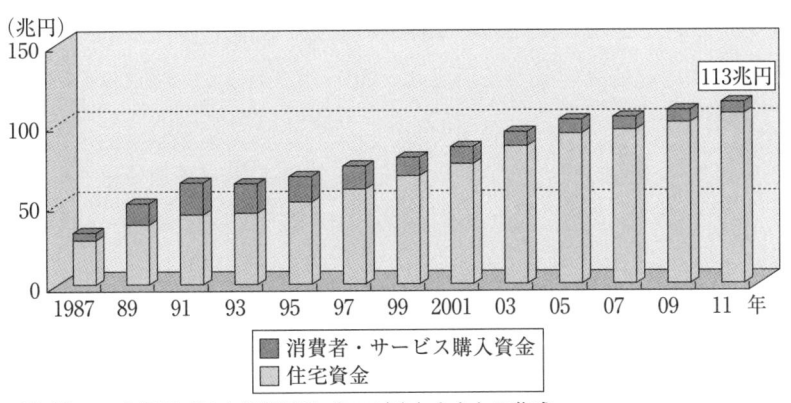

（兆円）

113兆円

凡例：消費者・サービス購入資金／住宅資金

1987, 89, 91, 93, 95, 97, 99, 2001, 03, 05, 07, 09, 11 年

（資料）　日本銀行「日本銀行統計（2012年）」をもとに作成

5　住宅ローン　わが国における住宅ローンの歴史は1950年の住宅金融公庫の設立に始まったといえる。銀行等の民間金融機関における住宅ローンの取扱いは1961年6月から始まり，1971年から1972年にかけては，融資条件の改善や住宅ローン保証会社設立等の環境整備，1983年には変動金利型住宅ローン等の取扱いが開始された。また，1994年7月には住宅ローンに関する旧大蔵省通達が廃止されたことから，住宅ローンの商品設計が自由に行えるようになり，同年9月，短期プライムレートに連動した新変動金利型住宅ローンが登場したほか，1990年代終わりには，固定金利型住宅ローンにも一定期間経過後に固定金利か変動金利かを選択できる商品も登場した。2001年12月には住宅金融公庫の廃止・独立行政法人移行が決定されたことを受け，民間金融機関は，ローン金利を低く抑えるだけでなく，長期・固定金利型や特定の疾病にかかった際にローンの返済を保証する新商品等の開発・販売を積極的に行っており，激しい競争となっている。住宅金融公庫は，2007年4月から「住宅金融支援機構」として，銀行等の住宅ローン債権を買い取って証券化するスキーム等を利用した長期固定の住宅ローンを提供し，民間金融機関の支援，補完に徹するとしている。

住宅ローン残高の推移をみると，2011年3月末には約177兆円に達し，国内銀行の残高は，約110兆円と大幅に増加している。一方，住宅金融支援機構の残高は2011年3月末で約26兆円（買取債権を含む）と，住宅ローン残高シェアの約15％と縮小しているものの，依然として住宅ローン市場において大きなシェアを占めている。

また，住宅取得に関する税制面については，住宅ローンの負担軽減を図るため，住宅ローン残高の一定額が税額控除される「住宅取得促進税制」が設けられており，2009年度税制改正では，長期優良住宅に対する優遇策も講じられるなど，大幅に拡充されている。

第 8 章　個人向けの銀行取引

住宅ローン残高の推移

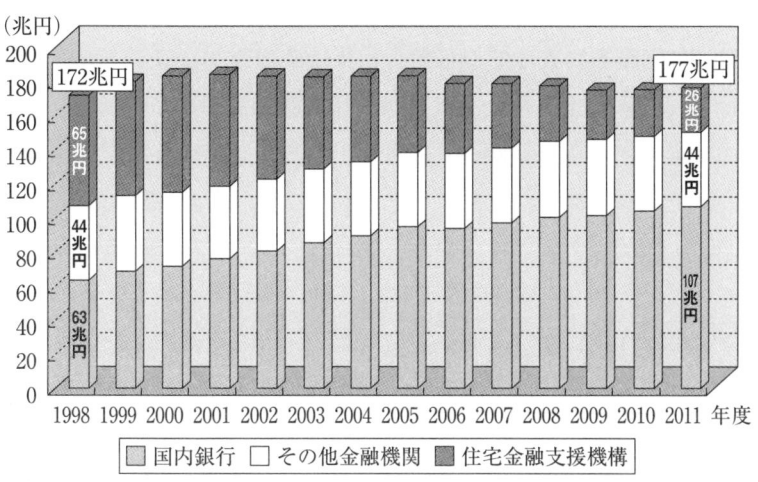

（兆円）

凡例：国内銀行／その他金融機関／住宅金融支援機構

1998年度：172兆円（国内銀行63兆円、その他金融機関44兆円、住宅金融支援機構65兆円）
2011年度：177兆円（国内銀行107兆円、その他金融機関44兆円、住宅金融支援機構26兆円）

（資料）　住宅金融支援機構資料をもとに作成

住宅ローン残高に占めるシェアの推移

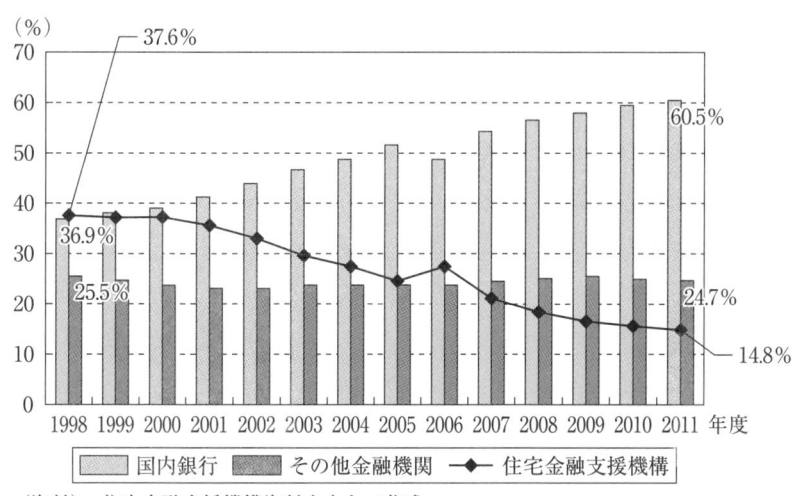

（％）

凡例：国内銀行／その他金融機関／住宅金融支援機構

1998年度：国内銀行36.9％、その他金融機関25.5％、住宅金融支援機構37.6％
2011年度：国内銀行60.5％、その他金融機関24.7％、住宅金融支援機構14.8％

（資料）　住宅金融支援機構資料をもとに作成

6　クレジットカード　　わが国におけるクレジットカードの取扱いは1960年の日本ダイナースクラブの設立に始まるが，本格化したのは1960年代後半に入ってからで，銀行は系列のクレジットカード会社を設立し，積極的にクレジットカード業務に参入していった。当時は銀行本体がクレジットカードを発行することは認められず，銀行の関連会社がその業務を行う形でスタートしたが，その後1982年の銀行法改正で，直接，クレジットカードを発行することが可能となった。

　クレジットカードの発行主体としては，銀行系クレジットカード会社のほか，百貨店等の流通系，信販系，メーカー系のクレジット会社等がある。クレジットカードの発行枚数をみると，2011年3月末時点の合計は約3億2,200万枚，うち銀行系が約1億3,500万枚と最も多い。

　クレジットカードによる取引は，利用者（会員），クレジット加盟店，クレジットカード会社，銀行の4者によって構成される。会員は，クレジットカードを利用することで利用の都度信用審査されることなく一定の支払猶予を受けながら掛け買いでき，支払いは銀行預金から振り替えられるため，現金を持ち歩く必要はない。加盟店は優良な顧客を獲得でき，代金の支払いが確実になるほか代金回収業務も不要となる。また，クレジットカードは，こうした取引のほか，銀行のATMから小口の借入（キャッシング）や，国際カードとして海外で利用できるものが多い。

　一方で，いわゆるスキミングによる偽造クレジットカードの不正使用による被害事例が多発したことから，ICカード化等の偽造カード対策を講じるとともに，個人情報の取扱いに関する自主ルールを定めるなど利用者保護を図っている。また，2009年12月には，改正割賦販売法が施行され，クレジット会社や加盟店等にクレジットカード番号等の安全管理措置が義務付けられるなど，より一層の利用者保護が図られている。

第8章　個人向けの銀行取引

クレジットカード発行枚数の推移

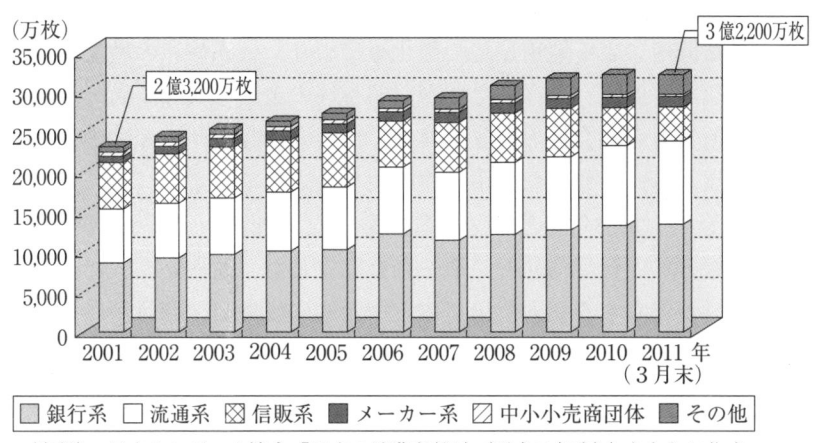

(万枚)
35,000
30,000 ─ 3億2,200万枚
25,000
20,000
15,000 ─ 2億3,200万枚
10,000
5,000
0
2001 2002 2003 2004 2005 2006 2007 2008 2009 2010 2011 年
（3月末）

□銀行系　□流通系　⊠信販系　■メーカー系　⊿中小小売商団体　■その他

（資料）　日本クレジット協会「日本の消費者統計（平成24年度）」をもとに作成

クレジットカードの仕組み

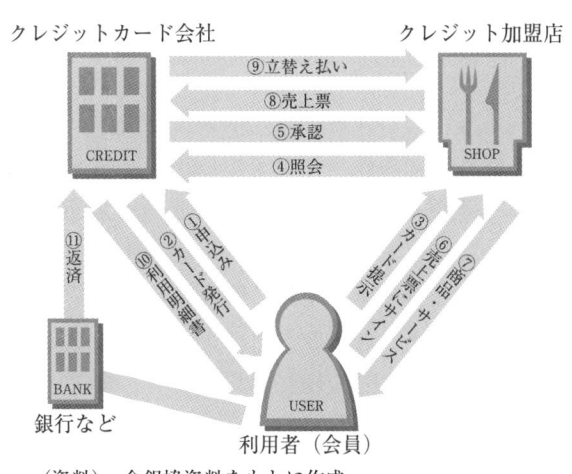

クレジットカード会社　　　　　　　　クレジット加盟店
　　　　　　　⑨立替え払い →
　　　　　　　← ⑧売上票
　　　　　　　⑤承認 →
　　　　　　　← ④照会
CREDIT　　　　　　　　　　　　　　　SHOP

①申込　②カード発行　⑩利用請求書　③カード提示　⑥商品・サービス　⑦署名・記録

⑪返済
BANK
銀行など　　　　　　　利用者（会員）
　　　　　　　　　　　USER

（資料）　全銀協資料をもとに作成

7　個人信用情報機関の役割　消費者信用取引が拡大し，消費者が様々な形態のローンを利用可能になる一方，1990年代後半以降，長引く景気低迷による雇用環境の悪化等により，個人破産の増加が社会問題となっている。こうしたなか，銀行等の金融機関等，信販会社等および消費者金融会社等の3業界は，個人向け与信サービスの健全化等の観点から，それぞれ信用情報機関を設立している。

　銀行等は，1988年10月，全国に25あった情報センターを統合し，「全国銀行個人信用情報センター」を設立した。同センターは，銀行等の会員が保有する個人信用情報を一元的に収集し，会員からの照会に対してその情報を提供している。個人信用情報には，過剰貸付等の防止のために会員からの照会記録，消費者ローンの残高，官報情報等を登録しており，消費者本人の請求により，登録情報の開示を行っている。このほか，1987年3月から，多重債務者の発生防止等を目的として，全国銀行個人信用情報センター，信販会社等を会員とする株式会社シー・アイ・シー（CIC），消費者金融会社を会員とする株式会社日本信用情報機構（JICC）の3者間における情報交流（CRIN）が実施されている。

　また，2005年4月にいわゆる「個人情報保護法」が全面施行され，個人情報を取り扱う機関の義務等が定められたほか，2007年12月には，過剰貸付による「多重債務問題」の未然防止などを目的に，「貸金業法」が施行され，2010年6月には，総量規制（住宅ローン等を除き，総借入残高が年収の3分の1を超える個人顧客に対する貸付を原則禁止）や上限金利の引下げ（いわゆる，グレーゾーン金利の撤廃）等を内容とする「改正貸金業法」が施行されている。また，2009年12月に施行された「改正割賦販売法」では，クレジット会社等に消費者の支払能力調査として，個人信用情報機関の利用および同機関への与信情報の登録等を義務付けているほか，両法律において指定信用情報機関制度が創設され，CRINによる情報交流とは別に，指定信用情報機関間（CICおよびJICC）の情報交流が開始されている。

個人信用情報の登録

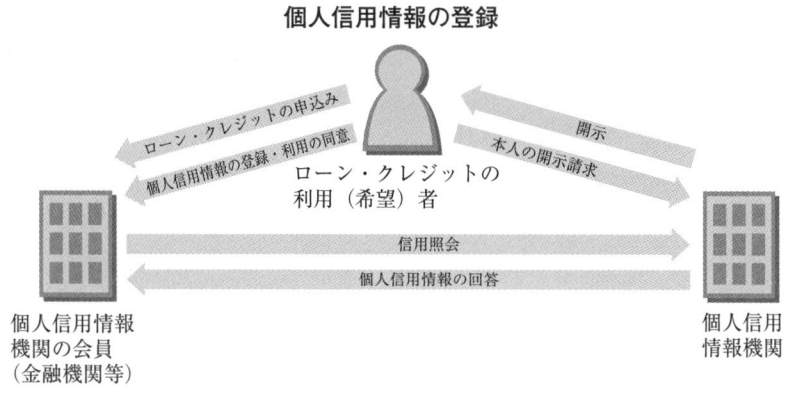

ローン・クレジットの利用（希望）者

個人信用情報機関の会員（金融機関等） ← ローン・クレジットの申込み／個人信用情報の登録・利用の同意 ― 本人

本人 → 開示請求／開示 ← 個人信用情報機関

個人信用情報機関の会員（金融機関等） → 信用照会／個人信用情報の回答 ← 個人信用情報機関

（資料）　全銀協資料をもとに作成

個人信用情報機関に登録されている情報の内容
（全国銀行個人信用情報センターの例）

①取引情報　ローンやクレジットカード等の契約内容とその返済状況（入金の有無，延滞・代位弁済・強制回収手続等の事実を含む）の履歴
②照会記録情報
　会員がセンターを利用した日，ローンやクレジットカード等の申込み・契約の内容等
③不渡情報
　手形交換所の第１回不渡，取引停止処分
④官報情報
　官報に公告された破産・民事再生手続開始決定等
⑤本人申告情報
　本人の確認資料の紛失・盗難，同姓同名別人の情報がセンターに登録されており自分と間違えられるおそれがある旨等の本人からの申告内容

（資料）　全銀協資料をもとに作成

個人信用情報機関間の情報交流システム（CRIN）

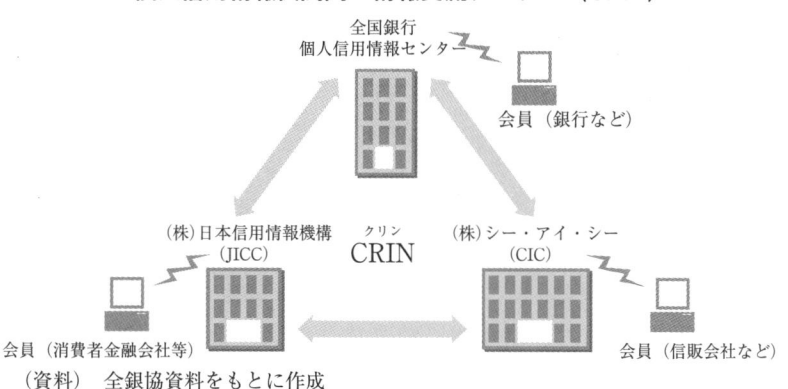

全国銀行個人信用情報センター ― 会員（銀行など）

(株)日本信用情報機構（JICC） ― 会員（消費者金融会社等）

(株)シー・アイ・シー（CIC） ― 会員（信販会社など）

クリン　CRIN

（資料）　全銀協資料をもとに作成

8　金融商品購入時の消費者保護　預金取引等の銀行取引は，日常生活において欠かせない取引であるが，銀行等の金融機関が提供する金融商品の中には契約内容が複雑なものもあり，金融に関する専門的知識が必要となる場合がある。

1990年代後半から進められた「日本版金融ビッグバン」以降，幅広い金融商品・サービスに対応する包括的な法整備に関する議論が行われるようになった。2001年4月に施行された「金融商品販売法」は，消費者を金融商品販売業者の説明不十分によるトラブルから保護するため，①金融商品販売業者に対して重要事項に関する説明義務を課すとともに，②販売における勧誘方針を公表しなければならないとし，③消費者に対して損害賠償を請求可能とする3つの柱で構成されている。また，「金融商品販売法」の施行と同時に，「消費者契約法」が施行され，消費者が一定の条件下で契約を取り消すことができるとしている。

2007年9月には，証券取引法を改正する「金融商品取引法」が施行された。金融商品取引法には，「利用者」，「市場」および「国際化」の3つの基本的視点があり，このうちの「利用者」の視点は，利用者保護ルールの徹底と利用者利便の向上を図るものとされ，横断的な投資者保護法制の構築として，デリバティブ取引の範囲拡大等による規制対象商品・取引の拡大等が行われている。有価証券やデリバティブ取引の販売勧誘ルールとして，具体的には，①標識の掲示義務，②広告の規制，③契約締結前・締結時の書面交付義務，④虚偽告知，断定的判断による勧誘の禁止，⑤損失補てんの禁止，⑥適合性の原則，などを定めている。

「利用者」保護の関係では金融商品取引法は，施行以来，順次改正が行われており，2008年の改正では，ファイアーウォール規制の見直し等にともない，取引によって，利用者の利益が不当に害されることがないよう，適正な情報の管理と適切な内部管理体制を整備するなど，利益相反管理体制の構築が求められた。2009年の改正では，金融ADR制度の創設や，有価証券店頭デリバティブへの分別管理義務の導入が図られた。

第 8 章　個人向けの銀行取引

金融商品販売法の概要

金融商品販売法
（金融商品の販売等に関する法律）
（2001年4月施行）

金融商品販売法の3つの柱

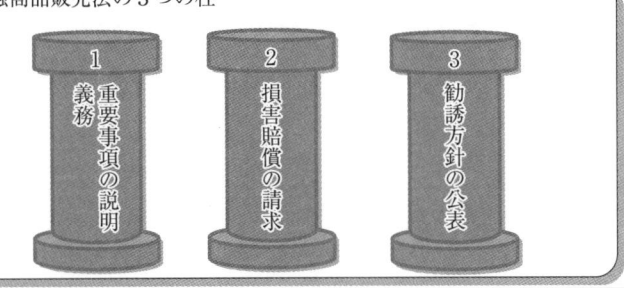

1　重要事項の説明義務
2　損害賠償の請求
3　勧誘方針の公表

1．重要事項に関する説明義務例
○「重要事項」の例
- 元本割れの恐れがあることとその要因
- 元本を超える損失が生ずるおそれとその要因
  →「要因」の例としては，金利，為替，有価証券などの変動相場など。

○「説明義務」の対象となる金融商品の例
【対象金融商品】
　預貯金，定期預金，金銭信託，公社債，株式，投資信託，保険・共済，抵当証券，商品ファンド，デリバティブ（金融商品派生商品），外国為替証拠金取引など。

2．損害賠償の請求
　　○現行制度　　　　　　　　　　○旧制度

現行制度	旧制度
消費者の立証責任が求められる事項は，金融商品販売業者の説明義務違反のみ。→消費者側の立証責任の負担軽減。	消費者の立証責任が求められる事項は，金融商品販売業者の説明義務とその違反，損害発生したこと，損害と説明義務違反の因果関係等。

3．勧誘方針の公表
○具体的な勧誘方針の例は以下のとおり。
- 消費者の知識，経験，財産の状況に照らして勧誘すること
- 勧誘の方法，場所，時間帯などを考慮して勧誘すること

（資料）　金融庁資料，金融広報中央委員会資料等をもとに作成

9　金融ADR制度　　近年，銀行の利用者は，預金と比較して大きなリターンが見込めるがリスクもある投資信託をはじめとした投資性商品を求めるようになり，金融機関もこうしたニーズに応えるべく，投資性の金融商品を積極的に提供するなかで，トラブルとなる事例が増加している。

こうしたなか，金融機関と利用者のトラブルを解決するための各種制度整備がなされている。2001年4月，「金融商品の販売等に関する法律」が施行され，金融機関が金融商品を販売する際には，商品に関する重要事項の顧客への説明を義務付け，重要事項の説明を怠り利用者が損害を被った場合には，金融機関が損害賠償責任を負うこととされた。また，2007年9月には，「金融商品取引法」が施行され，包括的・横断的な利用者保護の枠組みが整備された。

さらに，2009年の金商法改正では，金融分野における裁判外紛争解決（金融ADR）制度が国の制度として創設され，2010年10月から本格的にスタートしている。金融ADR制度は，金融機関との取引に関して，利用者と金融機関との間でトラブルが発生したときに，当事者以外の第三者（金融ADR機関）にかかわってもらいながら，裁判以外の方法で解決を図る制度であり，同制度には中立・公正かつ，裁判と比較して迅速，低コストといったメリットがある。金融ADR制度では，利用者が金融ADR機関に紛争解決の申立てをした場合，金融ADR機関は中立・公正な立場で双方から話を聞いたうえで，あっせん（和解）案を提示し，金融機関は，提示された和解案を原則受け入れなければならないとされている。なお，2012年末現在，金融ADR機関は業態ごとに8機関設立されており，そのうちの一つである全国銀行協会では，銀行取引に関する様々な相談や苦情等を受け付ける「全国銀行協会相談室」を設置するとともに，銀行取引に係る紛争の解決を行う「あっせん委員会」を設置している。

このほか，銀行界での取組みとして，各地銀行協会が運営する「銀行とりひき相談所」（全国51か所）では，銀行取引における苦情・相談等を受け付けている。

第8章　個人向けの銀行取引

全国銀行協会相談室・あっせん委員会　利用手続きの流れの概要

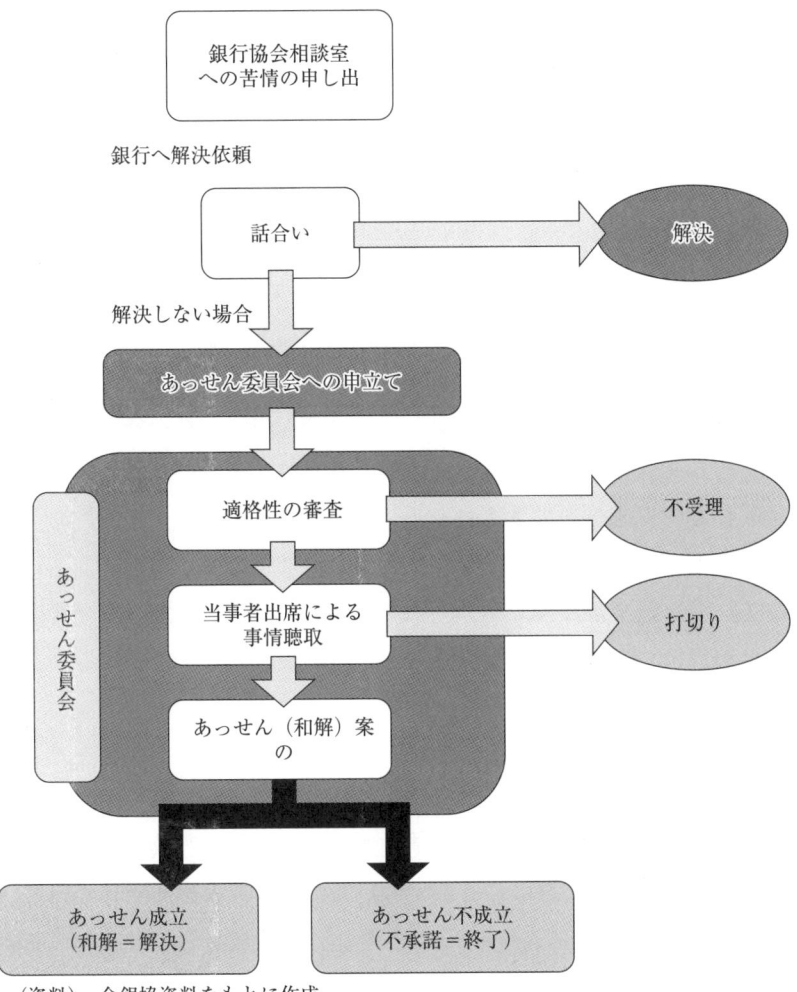

```
        銀行協会相談室
        への苦情の申し出
              │
  銀行へ解決依頼
              ↓
           話合い ────────→ 解決
              │
  解決しない場合
              ↓
      あっせん委員会への申立て
              │
              ↓
   ┌──────────────────────────┐
   │   適格性の審査 ──────→ 不受理  │
   │         ↓                │
 あ │   当事者出席による ──→ 打切り  │
 っ │      事情聴取             │
 せ │         ↓                │
 ん │   あっせん（和解）案の       │
 委 │                           │
 員 └──────────────────────────┘
 会        ↓         ↓
    あっせん成立    あっせん不成立
    （和解＝解決）   （不承諾＝終了）
```

（資料）　全銀協資料をもとに作成

10　預金者保護の法制　　近年，金融取引における様々な仕組みを悪用することによる，いわゆる「金融犯罪」が社会的な関心を集めており，発生件数もかなりの数に達しており，銀行の利用者は十分な注意が必要であり，銀行も対策を迫られている。

　金融犯罪の類型としては，預金通帳と印鑑，あるいはキャッシュカードの盗難，キャッシュカードの偽造，「振り込め詐欺」，銀行口座の売買，「貸します詐欺」，ATMの利用者を狙ったスリやひったくり，そしてインターネットバンキングの普及に便乗したスパイウェアやフィッシングなど，実に様々なものが発生している。

　特に，偽造・盗難キャッシュカードによる不正な預金払出しが頻発したことから，2005年にいわゆる「預金者保護法」（「偽造カード等及び盗難カード等を用いて行われる不正な機械式預貯金払戻し等からの預貯金者の保護等に関する法律」）が成立し，2006年2月から施行された。これにより，キャッシュカードが何者かに偽造され，あるいは盗まれて，預金がATMから不正に引き出された場合に，預金者が受けた被害についての補償が原則として銀行に義務づけられることになった。

　また，主として電話を用いて対面することなく不特定の者をだまし，架空または他人名義の口座に現金を振り込ませるなどの方法によりだまし取る，振り込め詐欺（オレオレ詐欺，架空請求詐欺，融資保証詐欺，還付金等詐欺）をはじめとする犯罪による被害が急増していることを受けて，2007年にいわゆる「振り込め詐欺被害者救済法」（「犯罪利用預金口座等に係る資金による被害回復分配金の支払等に関する法律」）が成立し，2008年6月から施行された。これにより，銀行は振り込め詐欺等により資金が振り込まれた口座を凍結し，口座名義人の権利を消滅させる公告手続を行った後，被害者の申請にもとづき被害回復分配金を支払うことが可能となっている。

振り込め詐欺の被害発生件数・被害額

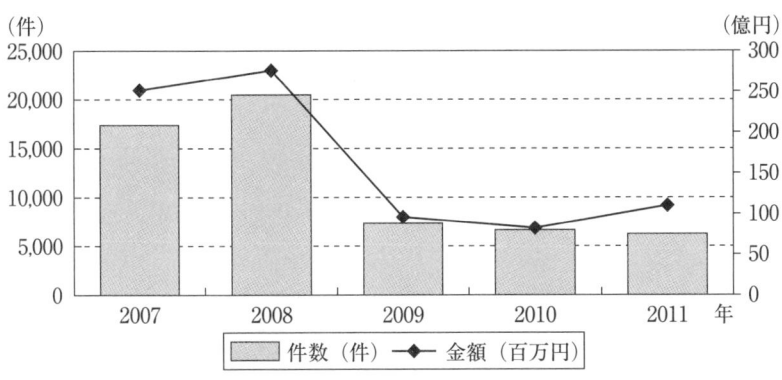

（資料）警察庁資料をもとに作成

偽造・盗難キャッシュカードによる預金等の不正払戻し件数・金額

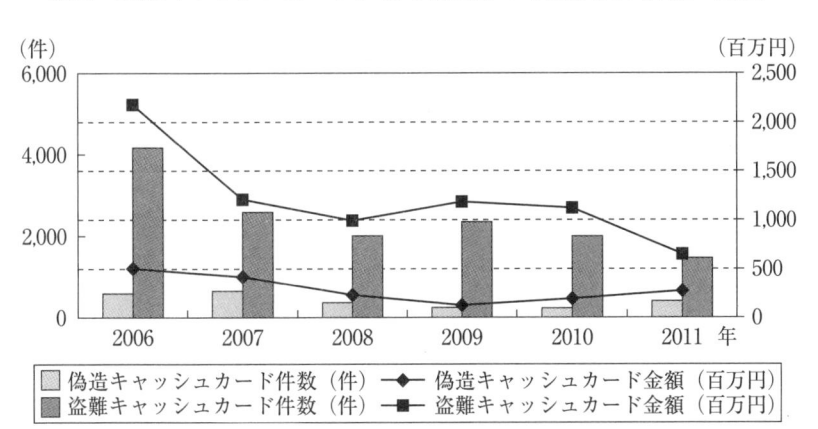

（資料）全銀協資料をもとに作成

第9章 証券業務

1　概説　銀行は証券市場に様々なかたちで関与している。自らの資金調達を目的とするケースや，投資家として株式等へ投資を行ったり，公共債の引受や，各種デリバティブ取引の担い手等として関与している。

戦後のわが国の金融制度の特徴の一つとして「銀行・証券の分離」があげられる。これは，米国のグラス・スティーガル法を範として導入されたもので，銀行による証券業務の兼営を禁止する趣旨のものであり，投資目的等を除き，銀行が証券業務を行うことが禁止されている。2006年6月に成立した「証券取引法等の一部を改正する法律」（2007年9月施行）において，証券取引法が「金融商品取引法」とされることとなったが，その第33条「金融機関の有価証券関連業の禁止等」においても，この原則は引き継がれている。

銀行の証券業務については，1975年以降の国債大量発行を契機として，その範囲をめぐり議論がなされ，1982年施行の改正銀行法において規定が設けられ，翌1983年には国債の募集の取扱い（国債の窓口販売業務）が開始された。その後，1984年の公共債ディーリング業務に始まり，銀行の証券業務の範囲は順次拡大され，1998年12月に施行された金融システム改革法では，金融制度全般にわたる包括的な規制緩和がなされ，銀行による投資信託の窓口販売業務の解禁や，銀行と保険会社の相互参入（1999年10月）等が実現した。

2004年の証券取引法の改正では，市場への新たな顧客層の開拓等を目的として，銀行が証券会社のために証券仲介業を行うことが認めら

れ，証券仲介業を行う銀行の窓口においては，株式や社債，外国債券等も販売できるようになったことから，顧客から見れば，「銀行・証券の分離」の垣根は，相当程度解消されたものといえる。

その後，前述のとおり，2007年9月に「証券取引法の一部を改正する法律」が施行された。この法改正では，金融・資本市場を取り巻く環境の変化に対応し，投資者保護のための横断的な法制を整備することで，利用者保護ルールの徹底と利用者利便の向上や，「貯蓄から投資」に向けての市場機能の確保および金融・資本市場の国際化への対応を図るため，所要の改正が行われた。その主な内容は，投資性の強い金融商品を幅広く対象とする横断的な法制度の整備等であり，「証券取引法」の名称も「金融商品取引法」へ変更された。

以上のような制度面における変化は，情報通信技術の進展，企業の資金調達における直接金融の割合の上昇，投資家・顧客のニーズの多様化といった様々な環境の変化に対応するものであり，また，金融技術の高度化にともなう金融商品の複雑化に対応し，一層の投資者保護等を実現するためのものである。

銀行による証券業務の拡大は，顧客に様々な投資の選択肢を提供するほか，銀行の収益機会の多様化・拡大に資するとともに，証券市場の発展に寄与している。

2　銀行本体による証券業務　　銀行が行うことを認められている証券業務の範囲は銀行法に規定されており，銀行法第10条第2項（付随業務），第11条（他業証券業務），第12条（その他の法律により営む業務）である。第10条第2項で定める付随業務には，投資目的の有価証券（株式を含む）の売買，公共債の引受・募集の取扱いなどが含まれている。また，第11条で定める不特定かつ多数の者を相手に行う証券業務には，金融商品取引法上の登録等が必要とされている。

金融商品取引法では，「有価証券関連業」（いわゆる証券業）について同法第33条第1項により銀行が営むことを原則禁止（銀証分離の原則）しているが，例外的に投資の目的，または信託契約に基づいて信託する者の計算において行う有価証券の売買等は認められている。また，同法第33条の2では，書面の取次ぎおよび一定の業務についても，例外的に許容している。

この一定の業務とは，銀行法第11条に定める証券業務であり，具体的には，国債，地方債，政府保証債等の公共債等の売買（ディーリング），売買の媒介，取次ぎ（ブローキング），売出しの目的をもってする公共債等の引き受け（アンダーライティング）等の業務等である。

以上のように金融商品取引法に基づいた証券業務のほかに，証券化商品のアレンジメント業務や社債の受託業務に関連して銀行が助言などを行う起債のアドバイス業務などのほか，証券投資の国際化に対応し，海外投資家の本邦有価証券の保管，決済サービスや配当金の管理などを提供するカストディ業務も行っている。

銀行は銀行本体による証券業務に加えて，近年では銀行持ち株会社傘下のグループ証券会社と連携した証券関連業務を提供している。

銀行本体が営むことができる業務（太字が有価証券に関連する業務）

固有業務（銀行法第10条第1項）
1　預金または定期積金等の受入れ
2　資金の貸付けまたは手形の割引
3　為替取引
付随業務（銀行法第10条第2項）
1　債務の保証または手形の引受け
2　有価証券の売買または有価証券関連デリバティブ取引
3　有価証券の貸付け
4　国債，地方債もしくは政府保証債の引受けまたは当該引受けに係る国債等の募集の取扱い
5　金銭債権の取得または譲渡
5の2　特定目的会社が発行する特定社債または当該引受けに係る特定社債等の募集の取扱い
5の3　短期社債等の取得または譲渡
6　有価証券の私募の取扱い
7　地方債または社債その他の債券の募集または管理の受託
8　銀行その他金融業を行う者の業務の代理または媒介
8の2　外国銀行の業務の代理または媒介
9　国，地方公共団体，会社等の金銭の収納その他の金銭に係る事務の取扱い
10　有価証券，貴金属その他の物品の保護預り
10の2　振替業
11　両替
12　デリバティブ取引（有価証券関連デリバティブ取引を除く）
13　デリバティブ取引（有価証券関連デリバティブ取引を除く）の媒介，取次ぎまたは代理
14　金融等デリバティブ取引
15　金融等デリバティブ取引の媒介，取次ぎまたは代理
16　有価証券関連店頭デリバティブ取引
17　有価証券関連店頭デリバティブ取引の媒介，取次ぎまたは代理
18　ファイナンス・リース
19　ファイナンス・リースの代理または媒介
他業証券業務等（銀行法第11条）
1　金融商品取引法第28条第6項（通則）に規定する投資助言業務
2　金融商品取引法第33条第2項各号に掲げる有価証券または取引について，同項各号に定める行為を行う業務（公共債等の売買，売買の媒介，取次ぎまたは代理，投資信託の販売など）
3　信託に係る事務に関する業務
4　算定割当量に関連する業務（地球温暖化防止関連）
法定他業（銀行法第12条）
担保付社債信託法その他の法律により営む業務 　（担保付社債信託業務，信託兼営法による信託業務，保険窓販業務など）

（資料）　小山嘉昭著「詳解　銀行法（全訂版）」（きんざい）等をもとに作成

3　銀行の証券子会社等による証券業務　証券取引法は米国を参考とし，①財務の健全性，②銀行の優越的地位の濫用，③預金者と投資者の利益相反の防止の観点から，原則として銀行による証券業務を禁止し，その考え方は金融商品取引法に引き継がれており，銀行本体による幅広い証券業務への参入は行えない制度になっていた。そのため，1993年4月から施行された金融制度改革法によって，銀行は証券子会社を設立すること等により，漸進的・段階的に証券業務に参入することが可能となったが，銀行本体による証券業務は原則として禁止する考え方は維持され，利益相反や優越的地位の濫用防止のための，ファイアーウォール規制が導入された。

また，1997年12月には改正独占禁止法が施行され，これによって事業支配力が過度に集中するケースを除き持株会社の設立が認められ，1998年3月には，金融持株会社の設立も解禁された。これにより，銀行は，銀行持株会社を設立し，さらにその傘下に証券子会社を設立し，グループとしての証券業務が可能となった。

銀行の証券子会社および銀行持株会社の証券子会社は，銀行法上「証券専門会社」と呼ばれ，業務範囲は，金融商品取引法第28条第8項に規定する業務のほか，同法第35条第1項の「証券業に付随する業務」等とされ，制度改正当初はその業務範囲は限定されていた。

そのため，「弊害防止措置」として，当初は，共同訪問の禁止，人事交流の制限，役職員の兼職規制，店舗の共用制限等が課されていた。ただし，これらの規制は順次廃止され，銀行グループとしての証券サービスの提供範囲は徐々に拡大し，2008年の金融商品取引法等の一部を改正する法律によって，多様で質の高い金融サービスを提供する観点から，金融グループにおいて，①証券会社・銀行・保険会社の間の役職員の兼職規制撤廃，②非公開の顧客情報に係る授受制限の見直し（法人顧客はオプトアウト（顧客が不同意の場合に共有を制限）に変更等），③利益相反管理体制の構築（取引の特定から，部門間の情報障壁・取引方法の変更等の対応へ変更），が措置され銀行グループとしての証券サービスの提供範囲は徐々に拡大した。また，業務範囲についても，銀行の証券子会社と他の金融商品取引業者との差は不動産関連業務といった一部の業務の除いて，ほぼ同様になった。

銀行の証券子会社の営むことができる主な業務

有価証券関連業（金融商品取引法第28条第8項）

① 有価証券の売買またはその媒介，取次ぎもしくは代理
② 取引所金融商品市場または外国金融商品市場における有価証券の売買の委託の媒介，取次ぎまたは代理
③ 有価証券関連の市場デリバティブ取引
④ 有価証券関連の店頭デリバティブ取引
⑤ 外国金融商品市場において行う，有価証券関連の市場デリバティブ取引
⑥ ③〜⑤の取引の媒介，取次ぎ，代理または③もしくは⑤の取引の委託の媒介，取次ぎもしくは代理
⑦ 有価証券等清算取次ぎのうち，有価証券の売買，有価証券関連デリバティブ取引等に係るもの
⑧ 有価証券の引受け，売出し，有価証券の募集・売出し・私募の取扱い等

付随業務（金融商品取引法第35条第1項第1号から第8号）

① 有価証券の貸借又はその媒介もしくは代理
② 信用取引に付随する金銭の貸付
③ 保護預かりしている有価証券を担保とする金銭の貸付
④ 有価証券に関する顧客の代理
⑤ 投資信託の受益証券に係る収益金，償還金もしくは解約金の支払いまたは当該受益証券に係る信託財産に属する有価証券その他資産の交付に係る業務の代理
⑥ 投資法人の有価証券に係る金銭の分配，払戻金もしくは残余財産の分配または利息もしくは償還金の支払に係る業務の代理
⑦ 累積投資契約の締結
⑧ 有価証券に関連する情報の提供または助言
⑨ 他の金融商品取引業者等の業務の代理
⑩ 登録投資法人の資産の保管
⑪ 金融商品取引法第35条1項13号

届出業務（金融商品取引法第35条第2項）

① 商品市場における取引等
② 商品の価格その他の指標にかかる変動，市場間の格差等を利用して行う取引
③ 貸金業その他金銭の貸付または金銭の貸借の媒介

（資料）「詳解　銀行法（全訂版）」（きんざい），「詳解　金融商品取引法（第3版）」（中央経済社）等をもとに作成

4 銀行の投資信託販売業務　1998年12月に銀行等本体での直接販売が解禁され，投資信託の銀行の窓口における販売は，現在の銀行業務の中で重要な位置を占めている。1999年末には公募証券投資信託の販売体別純資産座高をみると銀行等の登録金融機関の割合は全体の5.5％（約2.8兆円）であったが，2010年には全体の40％（約25.5兆円）まで伸張しており，個人の資産運用における投資信託の普及の拡大について，銀行等による投信窓版が大きな役割を果たしている。

投資信託の販売は，従来は証券会社の主要な業務であったが，「日本版ビッグバン」の一環として，1997年11月に，銀行等の店舗の一部を投資信託委託会社に間貸しする形式での販売形態が認められ，1998年12月には，「金融システム改革のための関係法律の整備等に関する法律」が施行され，銀行等本体による投資信託の販売（「投信窓販」）が解禁された。なお，銀行法上，投信窓版業務は，銀行法第11条2項の他業証券業務と位置づけられている。

また，投資信託は「貯蓄から投資へ」という流れの中で，金融商品として重要な位置を占めるとともに，間接金融市場中心から直接金融市場中心という流れの中でも重要な役割を占めている。

第9章 証券業務

公募証券投資信託の販売体別純資産残高

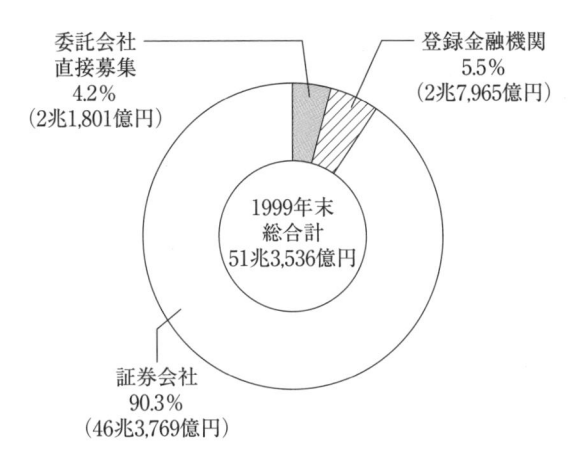

- 委託会社直接募集 4.2%（2兆1,801億円）
- 登録金融機関 5.5%（2兆7,965億円）
- 証券会社 90.3%（46兆3,769億円）

1999年末 総合計 51兆3,536億円

公募証券投資信託の販売体別純資産残高

- 委託会社自己募集 0.6%（3,831億円）
- 登録金融機関 40.0%（25兆4,706億円）
- 証券会社 59.4%（37兆8,664億円）

2010年末 総合計 63兆7,200億円

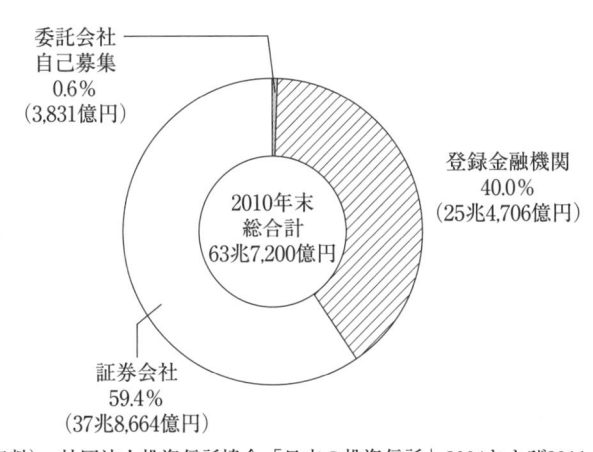

（資料）社団法人投資信託協会「日本の投資信託」2004および2011から

5　証券投資業務　　銀行は預金等で調達した資金を企業などに融資するほかに，国債，社債，株式といった有価証券に投資して運用収益を得ており，証券投資は銀行業務において重要な位置を占めている。

　戦前の銀行の資産の内訳をみると，銀行の有価証券への運用の割合はかなり高かったが（1945年（昭和20年）で資産の約3割），戦後から高度成長期にかけては，企業の資金需要が旺盛だったことから貸出の資産に占める割合が6割を超える一方，有価証券の割合は1割程度まで低下した。しかしその後，わが国経済が安定成長期に移行すると，企業の借入需要の減退や資本市場の発達，国債の大量発行と銀行による引受といった理由から有価証券のシェアは上昇した。

　銀行の有価証券投資は，国債が中心で，2011年度には，その割合は約60％を占めており，それに地方債と社債を合わせると約78％を占めている。銀行の国債への残高の有価証券全体に占める割合は，1990年度には約24％，約31兆円であったが，2011年度には約60％，約167兆円となっている。

　銀行による企業の株式保有については，配当等を得る目的のほか，安定的な大株主として企業との関係を密接なものとし，預貸金取引など総合的な銀行取引の推進を図る意味があった。しかし，2002年3月期から株式の評価に時価会計が適用され，保有株式に含み損がある場合，自己資本比率にマイナスの影響を及ぼすようになった。また，「銀行等の株式等の保有の制限等に関する法律」により，株式の保有制限（自己資本（TierⅠ）の範囲内）が2004年9月末に実施されたほか，1998年（平成10年）に改正された銀行法の5％ルールによる制限も，都市銀行等間の銀行の合併が相次いだことから5％を超える株式を持つケースもあり，銀行は超過株式を手放す必要があることから，銀行と企業の株式持合いは急速に解消されることとなった。

第9章　証券業務

全国銀行の有価証券残高の内訳（2011年度）

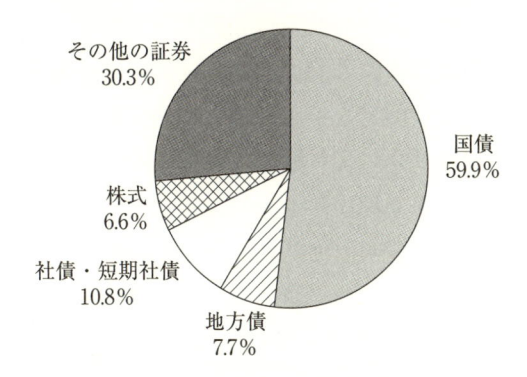

- 国債　59.9%
- その他の証券　30.3%
- 社債・短期社債　10.8%
- 株式　6.6%
- 地方債　7.7%

全国銀行の有価証券残高の内訳（1990年度）

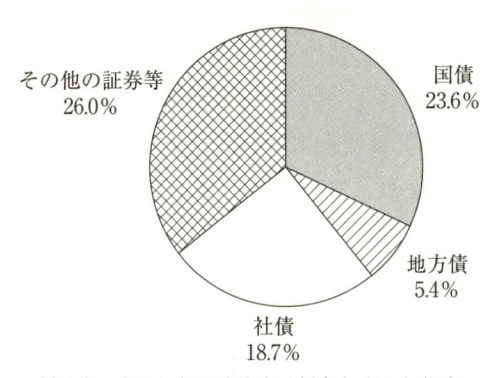

- 国債　23.6%
- その他の証券等　26.0%
- 社債　18.7%
- 地方債　5.4%

（資料）　全国銀行財務諸表分析各年度より作成

6　銀行の窓口販売業務

銀行の窓口では，個人向けの証券関係の商品として，主に，国債や投資信託が販売されている。

国債は，2003年3月に個人向け国債（変動10年）を導入し，2006年1月の個人向け国債（固定5年）の導入，2007年10月の新型窓口販売方式の導入，2010年7月により期間の短い個人向け国債（固定3年）の導入，2011年7月の変動10年の金利設定方法の見直しなどを実施することにより，個人投資家の促進策を講じている。

なお，長期国債（10年）は，発行時に銀行や証券会社等をメンバーとして組成されるシンジケート団によって引受が行われていたが，2004年10月から「国債市場特別参加者」制度が段階的に導入され，国債発行時の入札による消化が定着したことから，2006年3月をもってシンジケート団は廃止された。

投資信託は，152頁のとおり，1997年11月に銀行店舗における間貸し販売が始まり，1998年12月から銀行等の窓口での販売が開始され，個人の多様な投資ニーズに応え，順調に販売を伸ばしている。なお，この数年間は，外国の国債や社債に投資する毎月分配型の投信，株式やREITなど多様な商品に分散投資するファンド・オブ・ファンズのニーズが高まっていたが，2008年9月のリーマン・ショック以後，相場が下落局面を辿ったこともあり，投資家の投資行動は慎重になっている。

また，厳密な意味での窓口販売業務ではないが，2004年12月から，銀行本体による証券仲介業が認められたため，証券仲介業を行う銀行もある。この改正によって，銀行の窓口でも，受託先の証券会社で販売されている株式や外国債券，社債等を販売できることとなり，顧客の様々な投資ニーズに応えられるようになっている。なお，証券仲介業の解禁にあたっては，弊害防止措置がとられており，投資者保護が図られている。

第9章 証券業務

個人の国債保有額の推移

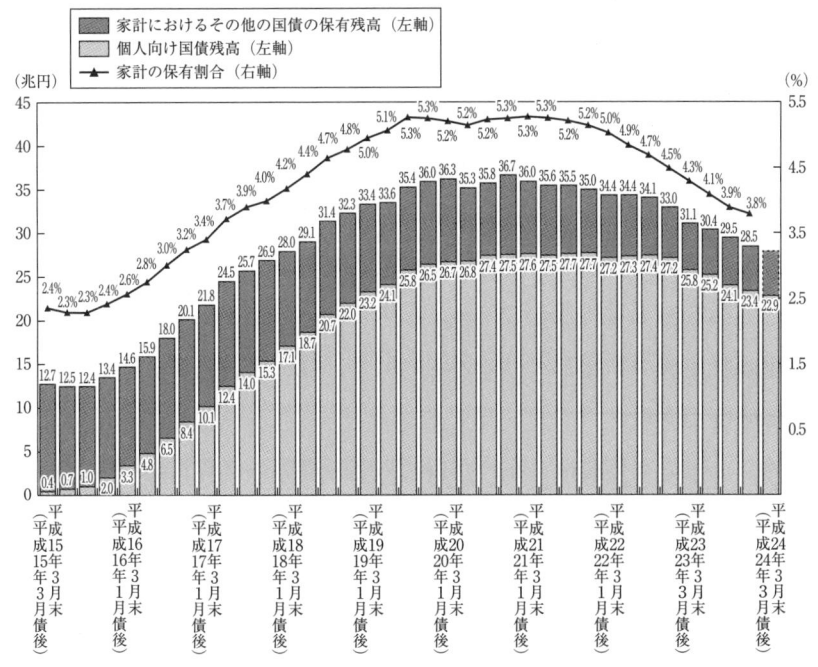

凡例：
- 家計におけるその他の国債の保有残高（左軸）
- 個人向け国債残高（左軸）
- 家計の保有割合（右軸）

時点	その他国債（兆円）	個人向け国債（兆円）	家計の保有割合（％）
平成15年3月末	12.7	0.4	2.4
平成15年3月債後	12.5	0.7	2.3
平成16年3月末	12.4	1.0	2.3
平成16年3月債後	13.4	2.0	2.4
平成17年3月末	14.6	3.3	2.6
平成17年3月債後	15.9	4.8	2.8
平成18年3月末	18.0	6.5	3.0
平成18年3月債後	20.1	8.4	3.2
平成19年3月末	21.8	10.1	3.4
平成19年3月債後	24.5	12.4	3.7
平成20年3月末	25.7	14.0	3.9
平成20年3月債後	26.9	15.3	4.0
平成21年3月末	28.0	17.1	4.2
平成21年3月債後	29.1	18.7	4.4
平成22年3月末	31.4	20.7	4.7
平成22年3月債後	32.3	22.0	4.8
平成23年3月末	33.4	23.2	5.0
平成23年3月債後	33.6	24.1	5.1
平成24年3月末	35.4	25.8	5.3
平成24年3月債後	36.0	26.5	5.3
平成20年3月末	36.3	26.7	5.2
平成20年3月債後	35.8	26.8	5.2
平成21年3月末	36.7	27.4	5.3
平成21年3月債後	36.0	27.5	5.3
平成22年3月末	35.6	27.6	5.2
平成22年3月債後	35.5	27.5	5.2
平成23年3月末	35.0	27.7	5.0
平成23年3月債後	34.4	27.2	4.9
平成24年3月末	34.4	27.3	4.7
平成24年3月債後	34.1	27.4	4.5
平成23年3月末	33.0	27.2	4.3
平成23年3月債後	31.1	25.8	4.1
平成24年3月末	30.4	25.2	3.9
平成24年3月債後	29.5	24.1	3.8
平成24年3月末	28.5	23.4	3.8
平成24年3月債後		22.9	

（注）平成24年3月現在の個人向け国債の残高は、これまでの発行累計額約36.3兆円から、中途換金により国が買い取った個人向け国債を消却した金額約8.5兆円及び満期償還額約4.9兆円を差し引いた金額。

※各計数において単位未満を四捨五入しているため、合計において合致しない場合があります。

（資料）財務省　債務管理リポート2012年度版

7　ディーリング・ブローキング業務　　銀行が行うディーリング業務は，銀行自らが当事者となって自己の計算により不特定多数の顧客を対象として，有価証券を売買するものである。

　銀行のディーリング業務は，1984年6月から公共債を対象に開始され，その後，金融商品取引法第33条第2項に規定されるとおり，短期社債や資産担保証券，投資信託等に対象が広げられている。業務にあたっては，ポートフォリオ部門との業務を明確に分離するため，勘定を「商品有価証券」としなければならない（多額の取引を行う銀行は，専用の特定取引勘定を設けている）ほか，取引を担当する組織も別とする必要がある。

　ブローキング業務は，銀行が自己の名で顧客の計算において行う売買取引の取次ぎを行う業務である。1989年6月から東京証券取引所上場の国債先物取引を対象に開始され，その後，外国証券取引所上場の外国国債証券先物取引等に対象が広げられている。

　ディーリング業務等は，銀行にとって多様化する顧客ニーズへの対応を可能とするとともに，売買益や取次手数料といった収益機会の拡大をもたらしたほか，ディーリングノウハウの活用により，銀行の資産運用の改善・効率化につながった。また，銀行がこれらの業務を行うことにより，市場に厚みが増し，公正な価格形成に役立つ等の意義もある。しかし，最近は，ディーリング業務やブローキング業務を自ら行わず，関係証券会社に移している銀行もあり，公共債売買に占める銀行の取引高の割合は低下傾向にある。

第9章 証券業務

公社債店頭売買高の推移

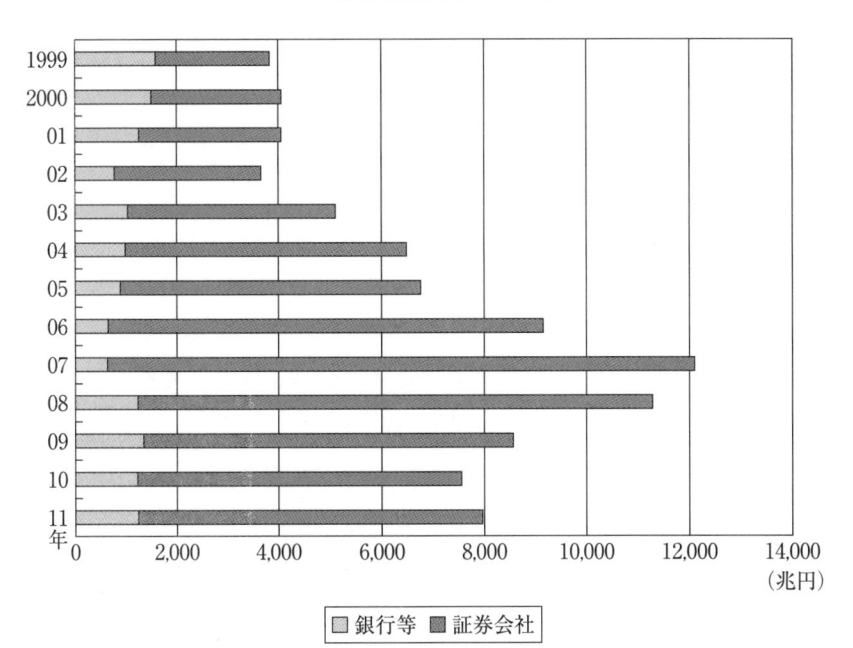

(資料) 日本証券業協会「公社債種類別店頭売買高」から作成

凡例: 銀行等、証券会社

8 社債管理業務と証券代理業務　社債管理業務とは，社債の利払い・償還等が円滑に行われるよう，社債権者（投資家）のために，弁済の受領，債権の保全その他の社債の管理を行うものである。銀行は，社債管理会社として，担保付社債については受託会社として，それぞれ社債管理業務を行っている。

社債の発行に際しては，原則として社債管理者の設置が義務づけられており（会社法第702条），銀行は社債管理者となれることから（会社法第703条），社債管理会社として業務を行うことができる。

社債管理者の役割は，社債権者のために弁済を受け，また，債権を保全するために必要な裁判上・裁判外の行為をなすことである。その他，財務上の特約（担保提供制限等）の遵守状況のチェック，発行会社の業務・財産の状況の調査等も，重要な役割となっている。なお，会社法では，各社債の金額が1億円以上など，一定の条件を満たせば，社債管理者を設置しないで起債することが認められており，最近は，社債管理者の代わりに財務代理人を置くものが多い。

担保付社債については，発行会社が社債権者に対して個別に担保を提供することは不可能であり，また，社債権者が個別社債の担保権を保存・実行することは困難であることから，担保附社債信託法では，銀行等の受託会社の設置を義務づけている。受託会社は，担保附社債信託法に規定のある場合を除けば，社債管理者と同様の権限を有する。

証券代理業務とは，証券の発行者または投資家の委託により，銀行が様々な機能を用いて種々のサービスを提供し，手数料を得る業務であり，①会社の設立または増資時に，株式申込人から資金を受け入れ，払込日まで保管し，必要に応じて保管金に対する証明書の発行等を行う株式払込金受入のほか，②株式配当金支払，③公社債元利金支払，④国債元利金支払代理等がある。

社債の管理業務

	無担保社債	担保付社債
投資家保護のために設置される会社	社債管理者	受託会社
上記会社の設置の要否	原則設置	設置
上記会社の機能	社債権の管理	担保権の管理 社債権の管理

銀行の証券代理業務

名　　　称	内　　　　容
① 株式払込金受入	会社の設立または増資時に，株式申込人から資金を受け入れ，払込日まで保管し，保管金に対する保管証明書を発行する
② 株式配当金支払	株主に対する配当金を会社に代わって支払う
③ 公社債（除く国債）元利金支払	債券の元利金を発行者に代わって支払う
④ 国債元利金支払代理	③に同じ。ただし，国債については，元利金の支払いは，日銀代理店，日銀国債代理店等に限定

（資料）　全銀協他「証券業務基礎コース」をもとに作成

第10章　デリバティブ・証券化

1　概説　(1) **デリバティブ取引**　近年，銀行取引においては為替リスクや金利リスクの増大により，デリバティブ取引（形態別にみると，先物取引，オプション取引，スワップ取引および先渡取引がこれに該当する）の取扱高が増加している。金融機関が行うデリバティブ取引には顧客からの注文により行う対顧客取引と自己の保有するポジションのリスクをヘッジする等のために行う自己取引がある。

デリバティブは歴史的に見ると，農産物をはじめとする商品を原資産として誕生し，日本でも江戸時代に大阪堂島でコメの先物取引が行われ，世界で最初に組織化された先物取引所が誕生した。

デリバティブは，元となる資産から特定のリスクを切り離したものであり，デリバティブそれ自体は固有のリスクを持っている。しかし，例えば，貸出や有価証券投資が持つリスクと反対のポジションのデリバティブを保有することで，全体としてはリスクをヘッジすることができることになる。

また，デリバティブ取引は少ない元手で大きな資金を動かすというレバレッジ（てこ）効果がある。このため，市場動向を見誤ることにより大きな損失を被る可能性があり，また実物資産が動かないオフバランス取引であることからその発見が遅れ，大きな損失を一挙に表面化させ社会的事件として新聞紙上を賑わした例も発生している。

デリバティブ取引は様々なリスクヘッジ手段である一方，こうした危険性も内在しているため，各金融機関において，リスク量の把握のためのモデルの構築等リスク管理の高度化をめざすとともに，リスク

管理部門の設置等その管理体制の充実に努めている。また，監督当局においてもこうしたリスク管理体制を検査の重点項目とするほか，2007年9月30日施行の金融商品取引法において，金融先物取引を含むすべてのデリバティブ取引を統一的に規制することとなった。

　また，デリバティブ取引はリスク管理面から時価評価されるが，会計処理においても金融機関のトレーディング勘定について1997年4月から時価会計が導入され，3年後の2000年4月には，事業会社を含め，原則，全面時価会計に移行したほか，デリバティブ取引のディスクロージャーも拡充している。

　(2)　**証券化の動き**　証券化には，①証券形態での資金調達の増加と，②資産（債権）の流動化の二つの意味がある。ここでは②の資産の流動化について説明する。1973年に実施された信託方式による住宅ローン債権の証券化が日本における証券化の始まりといえるが，本格化したのは，1990年の一般貸付債権の証券化の実施である。これは貸付債権を指名譲渡方式により譲渡する方式であるが，1995年6月には貸付債権の権利・義務関係は移転させず，原債権者が保有する貸出債権の一部を参加者が取得する貸付債権のローン・パーティシペーションの取扱いが認められた。

　さらに，1998〜1999年には特定目的会社法（SPC法），債権譲渡特例法（2005年10月に動産債権譲渡特例法に改正），サービサー法が施行され，証券化のインフラ整備が進んでいる。

　その後，2000年11月に，SPC法の改正が行われ，資産流動化法として，幅広い資産の流動化促進が図られたほか，2003年12月の特殊法人等整理合理化計画の一環として，住宅金融公庫（現：住宅金融支援機構）の証券化支援事業が本格化し，証券化は急速に進んでいる。

2　デリバティブ取引の種類と規模　　デリバティブ取引とは，「原資産の価格あるいは指標の数値等に依存して理論価格が決まる取引で，派生商品取引と訳される」ものであり，具体的には金利・為替・株式・債券・貸出等といった本来の金融取引から派生した取引ということができる。ただし，最近では，特定資産のデフォルトに備える保険機能を持つクレジット・デフォルト・スワップや気象観測数値等を参照指標とする天候デリバティブ取引も増え，多様化している。

取引形態でみると，先物取引，オプション取引，スワップ取引および先渡取引があり，それぞれ，取引所に上場された商品の取引と店頭取引がある。通常，取引所上場商品の決済は清算機関が取り扱い，店頭取引の決済は相対で行われるが，2007年からの金融危機において巨額の店頭取引の未決済残高を抱え破綻に瀕した大手金融機関が相次いだことから，デリバティブの決済を原則清算機関決済に移行させようとする国際的な動きがある。また，店頭デリバティブのデータに関しても，取引情報蓄積機関によって収集・保管・提供する検討がIOSCO（証券監督者国際機構）等によって進められている。

デリバティブ取引は年々増加しており，BIS（国際決済銀行）等の調査によると，取引所取引では金利先物取引や金利オプションの残高が多く，店頭取引では金利スワップ取引の残高が多い。

わが国においても，1985年10月に東京証券取引所において債券先物取引が開始され，1989年4月には東京金融先物取引所（現：東京金融取引所）が創設され，同年6月から日本円短期金利先物等の取引が開始された。現在の取扱商品は，ユーロ円3か月金利先物取引，ユーロ円3か月金利先物オプション取引，ユーロ円LIBOR6カ月金利先物取引，無担保コールオーバーナイト（O/N）金利先物取引，取引所為替証拠金取引、取引所株価指数証拠金取引の計6つである。なお，2010年の金融商品取引法改正および国際的な動向に伴い，2012年11月より，金利スワップとクレジット・デフォルト・スワップの一部について，清算集中が義務付けられている。

また，世界のデリバティブの店頭取引と取引所取引の取引量は，約10対1（右図）となっている。

第10章　デリバティブ・証券化

主なデリバティブ商品

先　物　取　引：ある商品の将来の一定期日における価格を前もって約定しておく取引。商品は定型化しており，取引所に上場されている。

オプション取引：ある商品を将来の一定期日に決められた価格で売るまたは買う権利の売買。

〔通貨オプション：特定の期間に特定の為替レートで他通貨を購入（または売却）する権利を売買する〕

〔金利オプション：将来のある時点において，あらかじめ決められたルールに基づき特定の金利を支払う（または受け取る）権利を売買する〕

スワップ取引：当事者間の相対による金利または通貨などの等価交換契約

〔金利スワップ：一定期間にわたり同一通貨の金利キャッシュフロー（固定金利と変動金利，あるいは変動金利同士）を交換する〕

〔通貨スワップ：期初に異なる通貨の元本を交換した後，一定期間にわたり，異なる通貨建ての金利キャッシュフローを交換し，満期時に合意された為替レートに基づき期初と反対方向の元本交換を行う。例えば，米ドル建て社債の元利償還を円建てで確定したい時等に使う〕

〔クレジット・デフォルト・スワップ：取引相手に定期的に手数料を支払う対価として，特定の資産にデフォルトや格付低下といった偶発事象が生じた際に，一定の金額を受け取ることを約定する〕

先　渡　取　引：将来の一定期日における価格を前もって約定しておく取引であるが，先渡は相対で受渡日，価格等条件を決める点で先物と異なる。

（資料）　日本銀行「わが国デリバティブ市場の規模と構造」日本銀行調査月報1999年1月，「デリバティブ取引の現状と課題」全国銀行協会「金融」1995年8月

世界の店頭デリバティブの取引高（想定元本）2012年6月

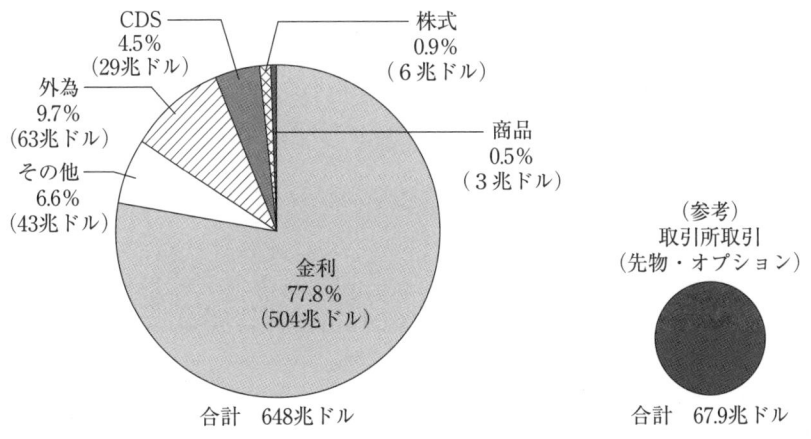

- CDS 4.5%（29兆ドル）
- 株式 0.9%（6兆ドル）
- 外為 9.7%（63兆ドル）
- 商品 0.5%（3兆ドル）
- その他 6.6%（43兆ドル）
- 金利 77.8%（504兆ドル）

合計　648兆ドル

（参考）取引所取引（先物・オプション）

合計　67.9兆ドル

（資料）　BIS

3 金融先物取引 金融先物取引とは，将来の一定の時期に特定の金融商品を特定の価格で取引する契約で，この決済が売買の差金によって行われるものである。例えば，変動金利で借入（現物取引）をしていたところ，将来，市場金利が上昇しそうな場合，先物市場で債券を売却しておけば，買戻時に金利上昇による債券価格の下落で売買益が生じ，これにより現物取引の損（金利負担増）を埋め合わせることができる。

金融先物取引の主な利用形態には，①現在保有するあるいは将来保有する資産・負債の価格変動によるリスクを減少させるために，当該資産・負債とリスクが反対方向のポジションを先物市場で造成し，将来の現物市場における損失を先物市場で得られる利益で相殺する「ヘッジ取引」（上記の例），②現物市場と先物市場の価格の乖離を利用して売買取引を行い鞘取りを行う「裁定取引」，③将来の価格変化の予想に基づいて先物または先物オプションのポジションを造成することにより予想があたれば利益を得ることができる一方，予想がはずれた場合には損失を負担するというように利益を目的として積極的にリスクテイクする「投機的取引」の3形態がある。

金融先物取引は諸外国では証券先物取引を含めているが，わが国では通貨，金利および金融指標の先物取引を金融先物取引，株式，債券および株価指数等の先物取引を証券先物取引と分類し，前者については金融先物取引法において，後者については証券取引法において規制してきたが，わが国市場の魅力を高める観点等から，2007年9月30日施行の金融商品取引法では，金融先物取引法を廃止して，法規制を一本化し，幅広い先物取引等の取扱いを可能としている。

金融先物取引の例（「ヘッジ取引」）

① 2月1日

現 物 市 場	先 物 市 場
ユーロ円3か月物金利 0.4%	ユーロ円3か月金利先物3月限の価格 99.580（0.42％に相当）※
取引なし	1枚（1億円）売付

※ 3月1日スタートの借入金利のヘッジであるため、それに近い3月限を利用する。

② 3月1日

イ．金利が上昇した場合

	現 物 市 場	先 物 市 場
	ユーロ円3か月物金利 0.5%	ユーロ円3か月金利先物3月限の価格 99.490（0.51％に相当）
	0.5％で3か月間 1億円を調達	1枚買戻し
採	調達コスト 1億円×0.5％×90/360 ＝125,000円	売買益 2,500円×(99.580－99.490)/0.01×1 ＝22,500円
算	実質調達コスト 125,000円－22,500円＝102,500円（＝0.41％）	

金利が0.4％から0.5％に上昇したにもかかわらず、実質調達コストを0.41％に抑えることができた。

ロ．金利が下落した場合

	現 物 市 場	先 物 市 場
	ユーロ円3か月物金利 0.35%	ユーロ円3か月金利先物3月限の価格 99.640（0.36％に相当）
	0.35％で3か月間 1億円を調達	1枚買戻し
採	調達コスト 1億円×0.35％×90/360 ＝87,500円	売買損 2,500円×(99.580－99.640)/0.01×1 ＝▲15,000円
算	実質調達コスト 87,500円＋15,000円＝102,500円（＝0.41％）	

金利が0.4％から0.35％に下落したものの、ヘッジをかけていたために、そのメリットを享受することはできなかったがやむを得ない。

（資料）「金融先物取引の知識（平成21年版）」金融先物取引業協会

4　オプション取引・スワップ取引

オプション取引とは，あらかじめ定められた価格（権利行使価格）で特定数量の原資産を一定期間内（あるいは特定日）に売ることができる権利，あるいは買うことができる権利を相手に与える契約である（前者はプット・オプション，後者はコール・オプションと呼ばれている）。オプションは対象となる金融商品の種類により，金利オプション，通貨オプションなどと呼ばれている。ただし，最近では，「天候」なども対象とされており，必ずしも取引の対象は金融商品に限られるものではない。

例えば，将来，円安になると損を被る輸入業者が，円安になると利益が生じる通貨オプション取引を行い，当該オプション取引の利益で損失をカバーするといった利用方法がある。具体的には一定のオプション料（プレミアム）を支払って，将来の権利行使価格が例えば1ドル＝90円の通貨オプションを買うと，為替相場が例えば1ドル＝96円となっても，当初の1ドル＝90円でドルを購入でき，1ドル当たり6円（オプション料が2円とすると4円）の利益を得られる。一方，オプションの売り手は買い手が権利を行使した場合には必ずこれに応じる（1ドル＝90円でドルを売る）義務を負う。

なお，オプションの買い手はその時の市場価格が安い場合（例えば，1ドル＝86円）にはわざわざ高い権利行使価格で原資産を買う必要はないが，当初のオプション料だけ損失を被ることになる。

スワップとは「交換」という意味であり，同一通貨間の金利の交換（例えば固定金利と変動金利）を金利スワップ，異なる種類の通貨の金利の交換（例えば円金利とドル金利）を通貨スワップという。

事例としては，変動金利支払型のローンを，スワップを利用することにより，一定期間固定金利支払型にかえるといったものがある。

通貨オプション取引の買いと売りの損益

(1) コール・オプションの買い

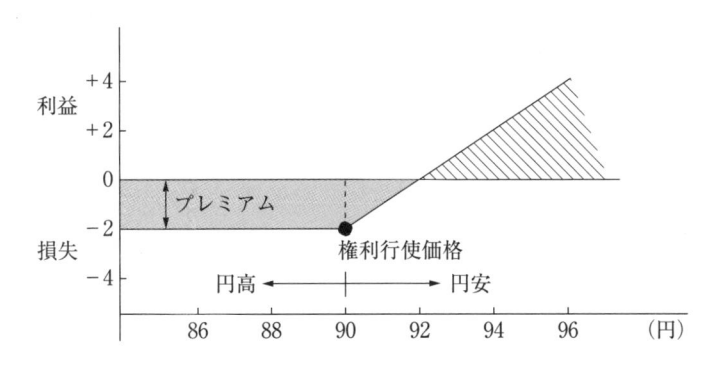

(2) コール・オプションの売り

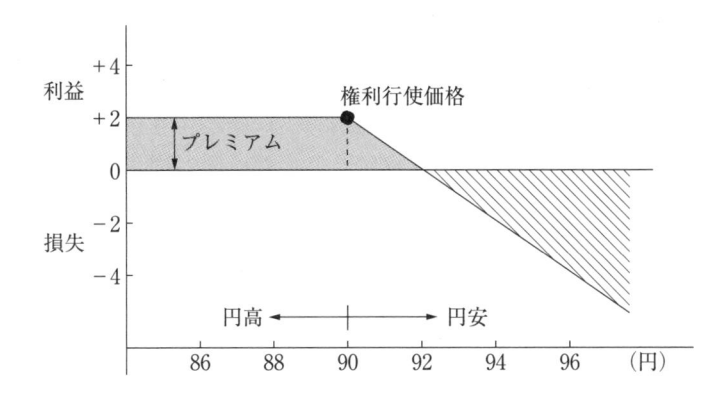

金利スワップ取引

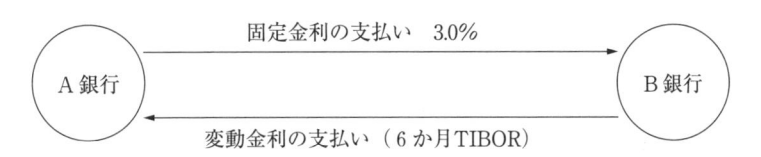

A銀行 → 固定金利の支払い　3.0% → B銀行

A銀行 ← 変動金利の支払い（6か月TIBOR） ← B銀行

5 **デリバティブ取引のリスク管理**　デリバティブ取引は，金利リスクや為替リスクをヘッジするために有効な手段である一方，相場予想がはずれたこと等から大きな損失を被る可能性もある。

　こうしたことから様々な組織がリスク管理に関する提言を行っている。1994年7月には，BISのバーゼル銀行監督委員会が金融派生商品のリスクに関するガイドラインを公表した。わが国においても1995年4月に日本銀行がデリバティブ取引に関するリスク管理チェックリストを，大蔵省（当時）も1996年6月に市場関連リスク管理のためのチェックリスト（現在は，金融庁の金融検査マニュアルに収録）を各々公表した。

　デリバティブ取引に関するリスクとしては，信用リスク（OTC取引で相手方が倒産等により債務を履行できなくなるリスク），マーケット・リスク（金利や為替等の市場価格が変動することによるリスク），流動性リスク（資金繰りに関するリスク）等があるが，バーゼル銀行監督委員会ではマーケット・リスクを各行が客観的な手法（VaR：バリュー・アット・リスク）により計測し，これに対応した自己資本の備えを求め，1996年1月に自己資本比率規制を改定した（1997年度末に実施）。VaRとは，統計的手法を用いて，あるポートフォリオを一定期間保有すると仮定し，信頼区間（例えば99％など）内で，マーケット・リスクの変動によってどの程度の損失を被る可能性があるかを計測する手法である。

　また，各行ともロス・カットルール等リスク限度枠の設定，リスク管理部門の設置，専門的知識を有した人材による検査・監査体制等によりリスク管理を強化している。また，最近では，信用リスクの移転を目的としたクレジットデリバティブ取引も盛んになっている。

　なお，2006年度末からは，オペレーショナル（事務）リスクをも対象としたバーゼル2がスタートし，2009年には金融危機の経験を踏まえたマーケット・リスクの改訂（いわゆるバーゼル2.5）が発表されるなど，リスク管理の高度化が一段と求められている。また，証券化商品全体の資本賦課の枠組みを改訂するため，2012年12月にバーゼル銀行監督委員会より市中協議文書が公表されている。

第10章 デリバティブ・証券化

バリュー・アット・リスク

Value at Riskの概念を簡単に示す。例として，一銘柄の債券からなる単純なポートフォリオを考えて，額面100億円，単価は100円，過去5年間の価格変動率が年率7％（250営業日），保有期間は10営業日，信頼区間は97.7％（標準偏差の2倍）とすると，

$$VaR = 100億円 \times 7\% \times 2 \times \sqrt{10/250} = 2.8億円$$

となる。この場合のVaRを図示すると，

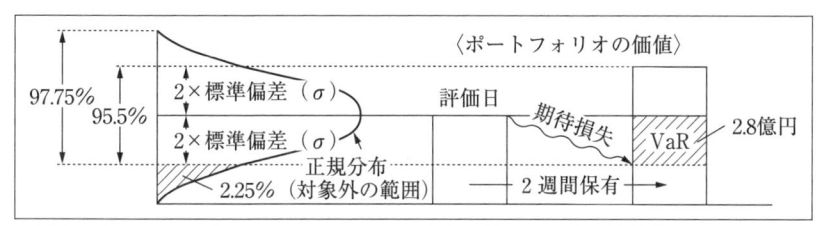

```
                    〈ポートフォリオの価値〉
97.75%  2×標準偏差（σ）    評価日     期待損失
   95.5%  2×標準偏差（σ）                      VaR   2.8億円
         正規分布
         2.25%（対象外の範囲）      2週間保有
```

（注）　デリバティブのポートフォリオは，方向の異なる取引や異商品間のインデックスを結び付けるため，より複雑になる。
（資料）　三井住友信託銀行マーケット事業編「デリバティブキーワード333」をもとに作成

リスクの種類

名　　称	内　　容
信　用　リ　ス　ク	取引相手方のデフォルトのリスク
マーケット・リスク	ポジションの価格変動にともなうリスク
決　済　リ　ス　ク	決済が正常に行われないリスク
現金流動性リスク	資金調達を順便に行えないリスク
法　的　リ　ス　ク	取引の法律関係の不確実性にともなうリスク
その他のリスク	その他把握しきれないリスク，バックオフィスの事務体制の不備にともなうリスク
システミック・リスク	一市場での問題が他市場に波及するリスク

（資料）　日本銀行金融市場研究会編「オプション取引のすべて」をもとに作成

6 デリバティブの時価評価とディスクロージャー

デリバティブ取引は，契約時点では，例えばスワップが変動金利と固定金利の将来のキャッシュフローを等価交換することから分かるように，損益はゼロといえる。しかし，その後は市場金利，市場価格の変化によって評価損益が発生する。金融機関の内部管理としては，こうした損益を逐次時価評価しているが，従来，会計処理面では，決済時点まで損益が表面化しないという問題があった。

そこで，1996年の銀行法改正で1997年4月からデリバティブ取引を含む銀行のトレーディング勘定に時価会計が導入された。デリバティブの時価評価は，英米などの主要国でも採用されており，国際的な整合性という面からも求められていたものである。そして，この3年後の2000年4月からは，事業会社を含め，デリバティブ取引については，ヘッジ取引を除き，時価会計が導入された。

デリバティブ取引については，1998年に改正された銀行法で，時価，評価損益等の開示が義務づけられたが，デリバティブ取引を大量に取り扱っている大手銀行では，これを超えた幅広い開示を行っている。

なお，その後の国際的な動きとしては，国際財務報告基準（IFRS）第7号「金融商品：開示」等において，デリバティブの定性的・定量的開示の扱いについて詳細に定められ，たとえば，流動性リスクの項目について，デリバティブを含む金融負債についての開示が要求されている。

第10章　デリバティブ・証券化

デリバティブ取引の時価評価（金利スワップの経理処理例）

①	約定時	約定時のスワップ評価額は0のため結果として記帳せず			
②	決算時 (みなし決済 評価額50)	特定取引資産	50	特定取引収益	50
③	翌期洗替え	特定取引収益	50	特定取引資産	50
④	金利交換時 （ネット10の受取り）	現金	10	特定取引収益	10

7　証券化の動向　　わが国の証券化の歩みは1931年の抵当証券法の制定までさかのぼることができるが，1980年代以降，企業の資金調達の面で社債等の直接金融の割合が増加しており，コマーシャル・ペーパー（CP）発行解禁もこうした動きを促進した。

一方，資産を証券化する動きとしては，1973年に信託方式による住宅ローン債権の証券化が実施され，1974年に譲渡方式による住宅抵当証書の発行が，1988年に住宅ローン債権信託の取扱い，1989年に譲渡方式による地方公共団体等に対する貸付債権の流動化，1990年に一般貸付債権の流動化がそれぞれ認められ，1993年には，リースおよびクレジット債権の証券化が進められた。

その後，1995年4月に不動産特定共同事業法が施行され，賃貸ビルなどの不動産に対する小口投資が可能になった。そして，1998年9月には「特定目的会社による特定資産の流動化に関する法律」（SPC法）が施行されて，資産担保証券（ABS）一般に適用できるSPCの設立が可能となった。SPC法は2000年11月，流動化対象資産を不動産・指名金銭債権から財産権一般に拡大するとともに，SPCの登録制を届出制に変更する等の使い勝手をよくする法改正が行われた。また，2001年からは，不動産投資信託（REIT）など不動産関連の小口商品も登場した。

こうしたなか，2003年10月からは，民間金融機関の長期・固定金利住宅ローンの供給を支援するため，住宅金融公庫（現：住宅金融支援機構）による証券化支援業務が開始され，その後，都市銀行等の取扱いとあわせ，住宅ローン債権の証券化が急速に拡大し，2011年度には発行金額の4分の3を占めている。しかし，わが国の証券化市場全体の現状は，2006年にピークに達したものの，2007年からの金融危機を受け，大きく落ち込んでいる。

証券化は銀行のリスク管理にも大きな影響を与えている。銀行などの金融機関の貸出にかかるリスクとしては，借り手の信用リスクやALMリスク（調達と運用の期間のミスマッチによるリスク）などがあり，金融機関はこうしたリスクを管理することが求められるとともに，リスクを第三者に切り離し，リスク量をコントロールするニーズが発生した。

そこで，証券化を行うことにより，資産保有者には，自らの信用力のみでなく，証券化対象資産の資金調達能力により資金調達が可能となるといった資金調達手段の多様化やリスクの移転といったメリットがあり，当該証券化資産の購入者である投資家にとっては，投資対象資産の種類が増えるため投資手段の拡大，リスクの変換といったメリットが生じることになる。

証券化商品の発行金額（「裏付資産」別）※

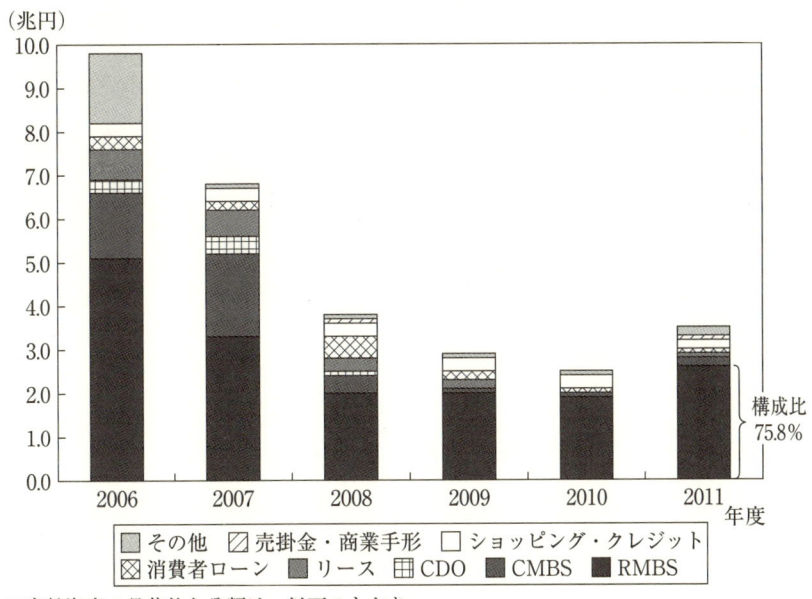

※裏付資産の具体的な分類は，以下のとおり。
「RMBS」：住宅ローン債権，アパートローン債権
「CMBS」：商業用不動産担保ローン債権，商業用不動産
「CDO（Collateralized Debt Obligations）」：企業向け貸付債権，社債，CDS等
「リース」：リース料債権
「消費者ローン」：消費者ローン債権，カードローン債権
「ショッピング・クレジット」：ショッピング・クレジット債権，オートローン債権
「売掛金・商業手形」：売掛債権，手形債権
「その他」：事業キャッシュフロー，診療報酬債権等
（資料）　日本証券業協会・全国銀行協会

8 証券化のさらなる動向　証券化はその後も様々な発達を見せている。たとえば，住宅ローン債権等の証券化のスキームとしては，プール方式があげられる。

プール方式とは，小口債権を大量に集めた債権プールを組成し，優先・劣後（シニア・メザニン・エクイティという順位付け）関係をつけ，証券化商品を組成することで，シニア部分の変動・毀損可能性を低くする手法である。すなわち，損失額が少ないうちはすべての損失額がエクイティで吸収されるが，損失が大きくなるうちに段階的にメザニン，シニアで吸収される仕組みとなっている。

また，個別債権には損失の発生の仕方にばらつきが存在するが，様々な債権をプールとして集めることによって，不確実性を減少させ，そういったばらつきのリスクを大数の法則によって解消することができる。加えて優先劣後構造は優先部分に関して優先的に元本や利息の受け取りをすることが可能なため，劣後部分が無い商品に比べて信用力が高く，格付も高くなる。

このプール方式は企業の迅速な資金調達にも利用されており，たとえば，中小企業庁は，金融機関が多数の中小企業の保有する様々な債権を集約することでリスクを分散化し，早期現金化を可能とするサービスを提供する場合，日本政策金融公庫が保証等の支援を行うスキームを公表している。

優先・劣後構造の仕組み

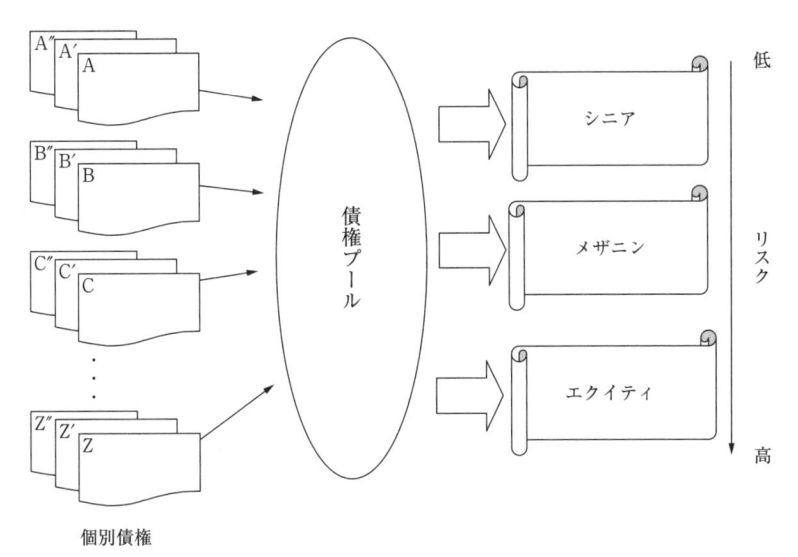

図中ラベル：
- 個別債権：A, A′, A″／B, B′, B″／C, C′, C″／…／Z, Z′, Z″
- 債権プール
- シニア（低リスク）
- メザニン
- エクイティ（高リスク）

（資料） 天谷知子「金融機能と金融規制」を参考に作成

第11章　国　際　業　務

1　概　説　わが国の銀行は，1980年代には経済や金融のボーダーレス化の波を受けて海外拠点の拡張を進め，1990年代前半までは多くの国々に拠点を設置していたが，1990年代後半以降は，バブル崩壊後の不良債権処理を進める過程で経営資源を国内に集中するフォーカス（選択と集中）戦略の下，海外資産の圧縮や海外拠点からの撤退を図った。

しかし，2005年度に懸案であった不良債権処理に目途がついたことや2008年に生じた金融危機の影響により欧米金融機関が国際業務を縮小する動きの中で邦銀の海外戦略が活発化したことから，再び拡大の動きがみられる状況となっている。他方，近年の金融危機の影響を受けて，外為リスクやカントリー・リスクに係るリスク管理の高度化が必要とされるなどの変化も生じている。

現在，邦銀が海外で営む業務には，支店ネットワークを活かした日本企業に対する様々なサポート，現地法人等を通じた証券業務，信託業務，資産運用業務，M＆A業務などがあげられる。また，最近では，アジア地域における貸出が増加し，それに関連した手数料収入も増加するなど，国際業務の拡大傾向がみられる。

企業と銀行の関係に目を向けると，企業は，資金の運用・調達先を世界の最も有利な市場から選択できるようになっている。企業は，金融機関の国籍を問わず，従来の取引関係には縛られず，より質の高いサービスを提供できる金融機関と取引するという選別傾向を強めている。邦銀は内外において，欧米金融機関との間で厳しい競争を行って

いる状況にある。

　このような状況の中で，邦銀の国際業務は，それぞれの銀行が置かれたマーケットの環境を反映して特化が進みつつある。大手銀行が主要国の店舗ネットワークを維持しつつ，アジア地域での業務を拡大する一方で，中小銀行は顧客が進出しているアジア地域に向けたサービス拡充に力点を置きつつも，すべてのサービスを自前で提供するのではなく，コルレス銀行等親密な金融機関との業務提携，業務委託を通じて顧客が利用可能なサービスの拡大を図るほか，外国為替取引の処理を他の銀行に委託するなどの対応を行っている。この背景には，バーゼル銀行監督委員会による自己資本比率規制が，海外拠点を持つ金融機関に対して，海外拠点を持たない金融機関よりも高い自己資本比率を要求していること，企業との取引にはある程度の種類の業務を提供する必要があること，また，国際業務に特有のリスク管理を効率化することなどの事情等が影響していると考えられる。

2　邦銀の海外展開の動向　　銀行の海外進出の背景には，顧客企業の海外進出がある。顧客企業が，海外へ販路を開拓したり，生産拠点を移転したりするなどの海外での業容を拡大していく過程で，銀行からのサービス提供が求められ，これに応じるために邦銀は海外へ進出を図ってきた。邦銀の海外進出の趨勢をみると，1980年代に拡大した海外拠点数の伸びは1990年代に鈍化し，さらに1990年代後半以降は減少に転じた。1990年代半ば以降の拠点減少の背景には，地方銀行における海外業務からの撤退，公的資金を申請した大手銀行における海外部門の縮小（含む統廃合）などがあげられる。その結果，邦銀の海外支店や事務所はピークの1995年末の767拠点から大幅に減少した。

　その後，円高を背景に，わが国企業が製造業を中心に生産拠点を主にアジア地域に移転する動きが本格化したことに応じて，邦銀もアジア地域へ進出した。さらに，2008年に生じた金融危機の影響により欧米金融機関が国際業務を縮小した中で，邦銀はアジア地域を中心に海外展開を積極化しており，2012年3月には153拠点と5年前の2007年3月末の141拠点から増加している。2012年3月末現在の海外拠点を支店ベースでみると，アジア・中東地域が全体の55％を占めている。

　邦銀の海外業務は，日系企業取引では，決済業務を中心としたサービスに加えて，日系企業の業務に応じて預金・貿易金融などの業務を提供している。非日系企業取引では，証券引受など大企業等を相手とするホールセール業務（業務内容としては，プロジェクトファイナンス，トレードファイナンス，シンジケートローンに加え，証券業務，信託業務，デリバティブ，M＆Aなど投資銀行業務）の提供やインフラ向けの融資であり，これらの業務を通じて，進出した地域の企業や多国籍企業との取引の拡大を図っている。とりわけ，最近では，高い経済成長が見込まれるアジア地域への事業展開を積極化しており，一部の銀行では，リテール金融業務への参入を図る動きもみられている。

第11章　国際業務

邦銀の海外進出状況

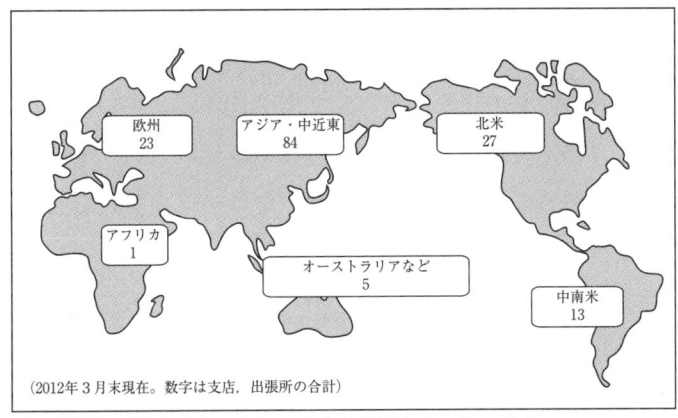

- 欧州　23
- アジア・中近東　84
- 北米　27
- アフリカ　1
- オーストラリアなど　5
- 中南米　13

(2012年3月末現在。数字は支店、出張所の合計)

(資料)　全銀協「全国銀行財務諸表分析」をもとに作成

地域別支店等の数

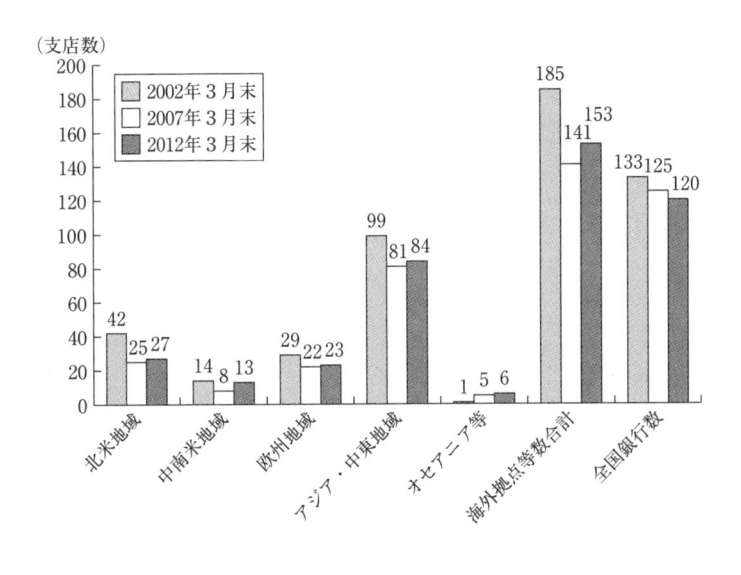

(支店数)

地域	2002年3月末	2007年3月末	2012年3月末
北米地域	42	25	27
中南米地域	14	8	13
欧州地域	29	22	23
アジア・中東地域	99	81	84
オセアニア等	1	5	6
海外拠点等数合計	185	141	153
全国銀行数	133	125	120

3 国際業務部門の収益内容 邦銀の国際業務部門の収益は，大きく資金運用収益，外為売買収益，役務取引等収益，債券関係収益に分けられる。資金運用収益は海外で調達した預金を貸出などにより運用して得られる収益のほか，スワップ取引に係る利息も含まれる。外為売買収益には，外為ディーリングの成果が反映され，役務取引等取引には外為手数料のほかに，シンジケートローンの組成などに係る手数料が含まれる。債券関係収益には米国債などの売買などによる利益が含まれる。これらは，海外の経済情勢，為替レート，海外金利に対する見通し，金融市場における流動性の状況などに左右される。

2011年度の決算によると，都市銀行の国際業務部門から得られた収益（単体：粗利益ベース）は，全体（国内業務＋国際業務）の約3割を占めている。資金運用収益について国内業務と国際業務に分けてみると前者は約8割，後者は約2割となっている。

国際的に活動する大手銀行（メガ3グループ）の2010年3月末と2012年3月末の貸出金残高について地域別にみると，アジア地域を中心に業容を拡大する動きがある。具体的には，アジア・オセアニア地域への貸出金は，最近の2年間に約5.1兆円，45％増加している。

総資産に占める海外資産の比率をみると約2割を占め，海外向貸出金の地域別割合をみると，米国を含む米州地域がとアジア・オセアニア地域がそれぞれ約4割，欧州地域が約2割を占める構成となっており，米州とアジア・オセアニア地域の割合が高い。地域別の経常収益の比率をみると，地域別の貸出金とおおむね同じ割合となっている。

今後，さらに収益をあげていくためには，デリバティブ業務など高度な技術を駆使したサービスの提供や資産運用業務など付加価値をつけたサービスの提供のほか，アジア地域における業務拡大などに取り組むことが重要と考えられる。

大手銀行の地域別貸出金額（2011年度）

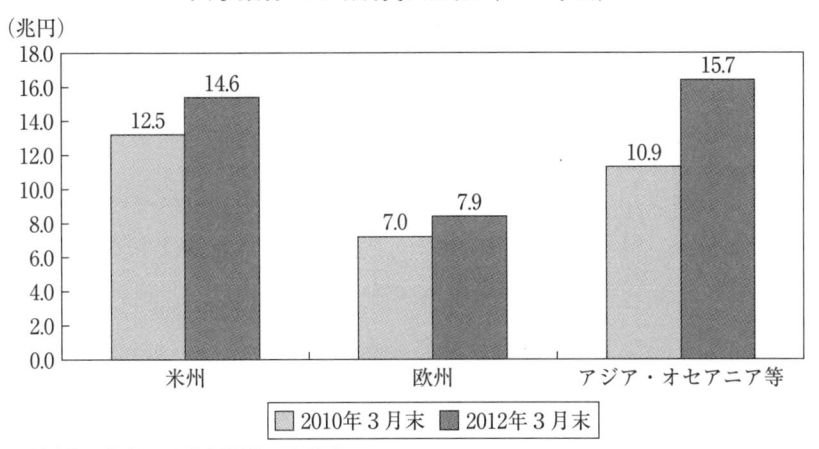

(兆円)

地域	2010年3月末	2012年3月末
米州	12.5	14.6
欧州	7.0	7.9
アジア・オセアニア等	10.9	15.7

（資料）　各行の決算短信等から作成

大手銀行の地域別貸出金の割合（2012年3月末）

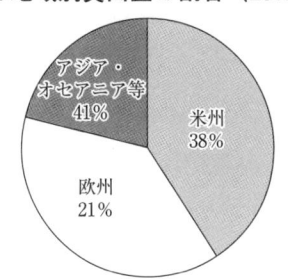

- 米州 38%
- 欧州 21%
- アジア・オセアニア等 41%

（資料）　各行の決算短信等から作成

大手銀行の地域別経常収益の割合（2011年度）

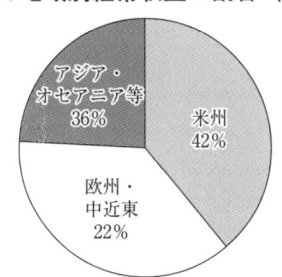

- 米州 42%
- 欧州・中近東 22%
- アジア・オセアニア等 36%

（資料）　各行のアニュアルレポートから作成

4　国際比較でみたわが国の銀行の競争力　　世界的にみて，近年，大手金融機関の間では再編統合が進んでおり，国際金融市場で業務を展開する主要な邦銀でも，2006年までに再編が行われ，いわゆるメガ3グループが形成された。これらの統合は，いずれも規模拡大を通じた経営の効率化，各種の金融サービスの提供を可能とする業務の多角化によって，競争力の強化を狙ったものとみることができる。他方，2008年の金融危機を踏まえた金融規制の議論では，リスクの高い投資銀行業務を縮小し，商業銀行業務を重視する動きがみられるなかで，商業銀行業務を主に展開する邦銀は，引き続き質の高い金融サービスを内外で提供することにより，競争力を向上させ得るものと考えられる。

わが国銀行の国際金融市場における位置づけを，英国で発行されている金融専門誌The Bankerでみると，自己資本額でみたランキング上位20位に邦銀が3行（メガ3グループ）入っている。また，自己資本比率をみても，これらの銀行は，世界の主要銀行と同等の水準にある。

わが国の銀行は，今回の金融危機による影響が欧米銀行に比べて小さかったこと，成長率の高いアジア地域に地理的に近い利点があること，日系企業の海外展開の積極化にともなう金融サービスに対するニーズの増加が見込まれることから，国際業務の拡大が予想され，国際競争力の向上も期待される。

第11章　国際業務

The Banker誌による世界20大銀行（自己資本額による）

銀　行　名	国	順位	自己資本額（億ドル）	資産額（億ドル）	純利益（億ドル）	自己資本比率（％）	ROA
バンク・オブ・アメリカ	米　国	1	1,592	21,366	−2	16.75	−0.01
JPモルガン・チェース	米　国	2	1,504	22,658	267	15.40	1.18
中国工商銀行	中　国	3	1,400	24,563	432	13.17	1.76
HSBC	英　国	4	1,396	25,556	219	14.10	0.86
シティグループ	米　国	5	1,319	18,739	147	16.99	0.78
中国建設銀行	中　国	6	1,191	19,492	348	13.68	1.78
三菱UFJフィナンシャル・グループ	日　本	7	1,170	26,642	176	14.91	0.66
ウェルズ・ファーゴ	米　国	8	1,140	13,139	233	14.76	1.77
中国銀行	中　国	9	1,112	18,775	268	12.97	1.43
中国農業銀行	中　国	10	964	18,533	251	11.94	1.35
BNPパリバ	フランス	11	919	25,429	125	14.00	0.49
ロイヤル・バンク・オブ・スコットランド	英　国	12	881	23,298	−11	13.80	−0.05
クレディ・アグリコール	フランス	13	802	24,319	51	11.70	0.21
サンタンデール	スペイン	14	799	16,193	102	13.56	0.63
バークレイズ	英　国	15	780	24,174	91	16.40	0.38
みずほフィナンシャル・グループ	日　本	16	779	20,129	87	15.49	0.43
三井住友フィナンシャル・グループ	日　本	17	764	17,412	101	16.94	0.58
ロイズバンキング・グループ	英　国	18	680	15,006	−55	15.60	−0.36
ドイツ銀行	ドイツ	19	635	28,001	700	14.50	2.50
ゴールドマン・サックス	米　国	20	633	9,237	61	16.88	0.66

（資料）　The Banker誌（2012年7月）から作成

第12章　銀行に対する規制・監督

1　概説　銀行業を営もうとする者は，一般の株式会社と同様，会社法や金融商品取引法，独占禁止法等の一般的な経済法規に従わなければならないほか，銀行法に基づき，内閣総理大臣の免許を受けなければならない。また，監督当局（金融庁）の監督を受けなければならない。銀行に対して規制・監督を行う理由としては，①銀行の決済業務は他の銀行等との密接な結びつき（決済システム）に立脚して営まれており，一銀行の経営不安がシステム全体に波及するおそれがあることから，経済の健全な発展のために「信用秩序の維持」が必要であること，②銀行の主たる債権者は預金者，すなわち一般国民であり，国民の資産形成や生活安定のためには銀行の健全性確保を通じて「預金者の保護」を図ることが必要であること，③銀行の資金供給機能は経済活動において重要な意義を有し，安定的な経済発展のために円滑な資金供給が重要であることから，「金融の円滑」を確保する必要があること，等があげられる。

銀行に対する規制は，①健全性にかかわるもの（自己資本比率規制，大口信用供与規制，株式保有制限，等），②業務範囲にかかわるもの（他業禁止，子会社の業務範囲規制，等），③競争政策の観点からのもの（独占禁止法の５％ルール），④取引にかかわるもの（金融商品取引法，マネー・ローンダリング規制，等），等多岐にわたり，1990年代後半から2000年代にかけて金融市場の抜本的な改革（いわゆる金融ビッグバン）が実施され，金融の自由化が大きく進展した後も様々な規制がある。

銀行に対する監督体制は，旧大蔵省改革の一環として1998年に金融監督庁（2000年７月より金融庁）が設立される等見直しが行われた。この際，従来の裁量型・事前指導型の手法から，「早期是正措置」の

導入等市場ルールを重視した事後監視型の手法への転換が図られた。また，銀行検査についても，1999年に「金融検査マニュアル」が制定・公表され，透明性の向上が図られた。

　1980年代後半から1990年代初めにかけてバブル期の後処理として，1990年代後半から2000年代前半にかけての銀行界および金融行政にとっての最大の課題は国内の金融システムの安定をいかに図るかということであった。金融機関破綻時には一定限度までの預金を保護する措置（＝ペイオフ）の解禁の実施に至るまでに，預金保険制度の大幅な見直しが行われ，公的資金による資本増強や特別危機管理の枠組みが恒久化措置として整備された。

　その後，2004年に「金融改革プログラム」が公表され，利用者ニーズの重視・利用者保護ルールの徹底へと重点分野を移されたことを受け，金融商品取引法が制定・施行（2007年9月）された。2007年の「金融・資本市場競争力強化プラン」公表を踏まえ，金融サービスの多様化・高度化・国際化を促し，東京市場の魅力を高め，邦銀の国際競争力を向上させるための施策が検討された。

　さらに，2008年後半には，米国住宅市場においてサブプライム住宅ローンの返済問題を発端として世界的な金融危機が発生したため，このような危機に対処するために，バーゼル3（新たな自己資本比率規制の枠組み）などをはじめとして国際的レベルおよび各国・地域レベルで金融規制改革が進められてきた。

　金融審議会では，2013年1月に，国際的な動きやわが国経済・金融の一層の発展を図るとの観点から，大口与信規制や金融機関の秩序ある処理の枠組みなどについて報告書をとりまとめ，具体的な法制化の作業が進められている。

　本章では，銀行の規制・監督をめぐるトピックを概観し，銀行を取り巻く制度の枠組みがどのようになっているのかについてみることとする。

2 銀行法の主な内容　現行の銀行法は1981年6月に改正，公布され，1982年4月に施行された。その後，1992年6月に証券子会社の所有等に係る改正（1993年4月施行），1997年12月に銀行持株会社制度導入に係る改正（1998年3月施行），1998年6月に子会社の業務範囲等に係る改正（同年12月施行），2001年11月に銀行の主要株主に関するルール整備等に係る改正（2002年4月施行）および銀行の株式保有制限等に係る改正（株式保有制限は2004年9月施行），2005年10月に銀行代理業制度等に係る改正（2006年4月施行），2005年6月に外国銀行の業務の代理・媒介制度導入に係る改正（2009年12月12日施行）が行われている。

　銀行法の構成をみると，例えば，第1章「総則」では，目的（信用維持・預金者保護の確保，金融取引の円滑化を図るための銀行業務の健全な運営），定義，免許（内閣総理大臣から免許を受けることが必要）等に関する規定，第2章「業務」では，業務範囲（①固有業務（預金受入・貸付・為替取引），②付随業務（債務の保証，デリバティブ取引等），③証券業務（国債等のディーリング業務等），④その他の業務（信託業務や保険募集業務等）に分類），他業禁止，預金者等に対する情報提供等，禁止行為，同一人に対する信用の供与等（大口信用供与規制），経営の健全性の確保（自己資本比率規制），休日および営業時間等に関する規定，第2章の2「子会社等」では，子会社等の範囲等に関する規定，第3章「経理」では，貸借対照表等の公告，業務および財産の状況に関する説明書類の縦覧（いわゆるディスクロージャーの規定を含む）等に関する規定，第4章「監督」では，報告・資料の提出の要求，立入検査，業務停止・免許取消等，監督権限に関する規定，がそれぞれ設けられている。

　銀行法で規定されていない細目については，政省令（銀行法施行令・銀行法施行規則）で規定されており，また，銀行は監督官庁である金融庁の監督指針，金融検査マニュアル，告示等にもしたがう必要がある。

銀行法の主な内容

第1章	総則	目的	「銀行の業務の公共性にかんがみ，信用を維持し，預金者等の保護を確保するとともに金融の円滑を図るため，銀行の業務の健全かつ適切な運営を期し，もって国民経済の健全な発展に資する」
		営業の免許	内閣総理大臣の免許（免許主義）
		組織	資本金20億円以上の株式会社，取締役の兼職制限，営業所の設置等の届出
第2章	業務	業務内容	固有業務（預金，貸出，為替業務），付随業務（債務保証，有価証券の売買等，国債等の引受・募集，金銭債権の取得・譲渡，等），他業禁止
		情報提供等	預金等に係る契約内容等参考となるべき情報の提供，業務に係る重要な事項の顧客への説明，顧客に関する情報の適正な取扱い，等
		禁止行為	顧客に対し虚偽のことを告げる行為，等
		健全経営規制	同一人に対する信用の供与等（大口信用供与規制），経営の健全性の確保（自己資本比率規制）
		営業時間等	休日・営業時間，臨時休業等
第2章の2	子会社等		子会社の範囲，議決権の取得等の制限
第3章	経理		事業年度，業務報告書等の提出，貸借対照表等の公告，業務及び財産の状況に関する説明書類の縦覧等
第4章	監督		報告・資料の提出の要求，立入検査，業務停止・免許取消等の権限
第5章	合併・分割・営業譲渡等		合併等銀行の組織再編成に係る認可
第6章	廃業・解散		廃業・解散の認可，清算の監督
第7章	外国銀行支店		免許，監督等
第7章の2	外国銀行代理業務		外国銀行代理業務に係る認可等
第7章の3	株主		銀行議決権大量保有者（銀行の議決権の5％超保有者）に対する監督，銀行主要株主（銀行の議決権の20％以上保有者）に対する監督
	銀行持株会社		設立の認可，取締役の兼職制限，銀行持株会社の業務範囲，銀行持株会社の子会社の範囲，銀行持株会社等による議決権の取得等の制限，経営の健全性の確保，経理，監督
第7章の4	銀行代理業		内閣総理大臣の許可，許可基準（財産的基礎，能力・社会的信用，等），業務範囲（預金等の受入れ・資金の貸付け等・為替取引に係る契約の締結の代理または媒介，等），分別管理，顧客への説明等，禁止行為，休日・営業時間，経理，監督，所属銀行等の責任，等
第8章	雑則		届出事項，認可等の条件
第9章	罰則		無免許営業，業務報告書等の虚偽記載等に対する罰則

（資料）　銀行法をもとに作成

3　ベター・レギュレーション　　金融庁は，2008年7月に，金融規制の質的向上（ベター・レギュレーション）を目指すことを表明した。ベター・レギュレーションとは，より良い規制環境を実現するための金融規制の質的な向上を指し，金融行政における大きな課題として位置付けられている。1990年代後半から2000年代にかけてのいわゆる金融ビッグバンによって構築された金融監督体制のさらなる質的レベルアップを図るものである。

ベター・レギュレーションは，①「ルール・ベースの監督とプリンシプル・ベースの監督の最適な組合せ」，②「優先課題の早期認識と効果的対応」，③「金融機関の自助努力尊重と金融機関へのインセンティブの重視」，④「行政対応の透明性・予測可能性の向上」の4つの柱から構成される。

1つ目の柱は，詳細ルールの設定と個別事例への適用という「ルール・ベースの監督」と，あらかじめ主要な原則を示しそれに沿った銀行等の自主的な取組みを促す「プリンシプル・ベースの監督」とを最適な形で組み合わせることを掲げている。そのために，金融サービス提供者である銀行等との間で14項目の主要な原則（プリンシプル）の共有化が図られている。同プリンシプルでは，「1．創意工夫をこらした自主的な取組みにより，利用者利便の向上や社会において期待される役割を果たす」，「12．業務の規模・特性，リスクプロファイルに見合った適切なリスク管理を行う」といった考え方などが示されている。

2つ目の柱は，将来大きなリスクが顕在化する可能性がある分野の早期認識・早期対応を図るものである。

3つ目の柱は，バーゼル2のコンセプトに代表されるように，銀行等に対して経営管理の質的向上やリスク管理の高度化に向けたインセンティブを付与するという考え方に基づくものである。

4つ目の柱は，「明確なルールに基づく透明かつ公正な金融行政の徹底」との考えに基づくものであり，検査監督上の着眼点や行政処分に関する事務の流れなどが金融検査マニュアルや総合的な監督指針において定められ，周知されている。

金融サービス業におけるプリンシプル

金融サービス業におけるプリンシプル	具体的なイメージ
1．創意工夫をこらした自主的な取組みにより、利用者利便の向上や社会において期待されている役割を果たす。	①利用者の求める金融サービス提供のための不断の努力 ②多様な利害関係者との適切な関係 ③わが国の金融サービス業が、高い付加価値を生み出し、経済の持続的成長に貢献していくことを期待 ④社会的責任等への対応
2．市場に参加するにあたっては、市場全体の機能を向上させ、透明性・公正性を確保するよう行動する。	①法令・自主規制等の遵守 ②ベストプラクティスの追求、必要に応じ自主規制等の改善に努め、市場の効率性など機能向上のために貢献 ③市場の透明性・公正性を害する悪質な行為に対して厳しい態度で臨み、市場の透明性・公正性確保のために貢献
3．利用者の合理的な期待に応えるよう必要な注意を払い、誠実かつ職業的な注意深さをもって業務を行う。	①利用者のニーズを十分踏まえ、適切な金融サービスの提供、事後フォロー等の契約管理 ②「優越的地位の濫用」の防止等、取引等の適切性の確保 ③利用者の情報保護の徹底 ④利用者の公平取扱い、アームズレングスの遵守
4．利用者の経済合理的な判断を可能とする情報やアドバイスをタイムリーに、かつ明確・公平に提供するよう注意を払う。	①利用者等の判断材料となる情報を正確・明確に開示し、実質的な公平を確保 ②適合性の原則 ③利用者に真実を告げ、誤解を招く説明をしないこと
5．利用者等からの相談や問い合わせに対し真摯に対応し、必要な情報の提供、アドバイス等を行うとともに金融知識の普及に努める。	①可能な限り利用者の理解と納得を得るよう努力 ②相談、問い合わせ、苦情等の事例の蓄積と分析を行い、説明態勢など業務の改善に努力 ③正しい金融知識の普及
6．自身・グループと利用者の間、また、利用者とその他の利用者の間等の利益相反による弊害を防止する。	①利益相反やビジネス上のコンフリクトに適切に対応しているか十分に検証 ②利益相反による弊害を防止する適切な管理態勢の整備 ③利用者に対する誠実な職務遂行
7．利用者の資産について、その責任に応じて適切な管理を行う。	①利用者の財産の適切な管理 ②財産を管理するものの責務の履行（例えばその責務に応じて善管注意義務、分別管理義務、受託者責任）
8．財務の健全性、業務の適切性等を確保するため、必要な人員配置を含め、適切な経営管理態勢を構築し、実効的なガバナンス機能を発揮する。	①適切かつ効率的な経営管理・ガバナンスの構築 ②役職員の適切な人員配置 ③法令や業務上の諸規則等の遵守、健全かつ適切な業務運営 ④各金融機関等の取締役等のフィットアンドプロパー
9．市場規律の発揮と経営の透明性を高めることの重要性に鑑み、適切な情報開示を行う。	①市場への適時・適切な情報開示 ②多様な利害関係者への適時適切な情報開示
10．反社会的勢力との関係を遮断するなど金融犯罪等に利用されない態勢を構築する。	①犯罪等へ関与せず、利用されないための態勢整備（含反社会的勢力との関係遮断） ②顧客管理体制の整備、関係機関等との連携
11．自身のリスク特性を踏まえた健全な財務基盤を維持する。	①リスク特性に照らし、資産、負債、資本のあり方を適切に評価 ②リスクに見合った自己資本の確保
12．業務の規模・特性、リスクプロファイルに見合った適切なリスク管理を行う。	①適切なリスク管理態勢の整備 ②資産・負債、損益に影響を与え得る各種リスクを総合的に把握し、適切に制御 ③持続可能な収益構造の構築
13．市場で果たしている役割等に応じ、大規模災害その他不測の事態における対応策を確立する。	①市場混乱時における流動性確保 ②危機管理体制の構築、危機時の関係者間の協調
14．当局の合理的な要請に対し誠実かつ正確な情報を提供する。また、当局との双方向の対話を含め意思疎通の円滑を図る。	①当局からの合理的な要請に対し、適時に必要とされる情報を十分かつ正確に伝達 ②当局と金融サービス提供者の双方向の対話の充実を通じて円滑な情報伝達

（資料）　金融庁資料をもとに作成

金融検査・監督に関連する主な関連規定（抜粋）

検査関連（金融検査マニュアル）	監督関連
・預金等受入金融機関に係る検査マニュアル ・金融検査マニュアル別冊〔中小企業融資編〕 ・預金等受入金融機関に係る検査評定制度 ・保険会社に係る検査マニュアル ・金融持株会社に係る検査マニュアル ・金融商品取引業者等検査マニュアル	・主要行等向けの総合的な監督指針 ・中小・地域金融機関向けの総合的な監督指針 ・保険会社向けの総合的な監督指針 ・金融商品取引業者等向けの総合的な監督指針 ・金融コングロマリット監督指針

（資料）　金融庁資料をもとに作成

4 銀行の健全性規制（自己資本比率規制）　銀行経営の健全性確保は，第一に銀行の自己責任において行われる必要がある。銀行法では，信用秩序維持の観点から，競争を直接制限することなく銀行の健全性を確保する手段として，自己資本比率規制と大口信用供与規制（第12章 5，6 参照）を規定している。

自己資本比率規制は，銀行法第14条の 2 に規定されている。銀行にとって自己資本は，貸倒れ等による損失を最終的に吸収し，経営の安定化に資するという重要な役割を果たしている。同規制では，信用リスク（貸出金等の借り手の倒産等によって損失が生じるリスク），市場リスク（金利，為替等，市場価格の変動によって損失が発生するリスク）およびオペレーショナル・リスク（事務事故やシステム障害等で損失が生じるリスク）から構成するリスク・アセット（損失をもたらすリスクを有する資産等から構成）に対する自己資本（損失に対するクッションの役割を果たすもの）の比率を単体・連結ともに一定比率以上とすることを求めている。

同規制は，各国の中央銀行の集まりであるバーゼル銀行監督委員会が，国際的に活動する銀行の競争条件を平等化するという観点から，1988年 7 月に制定され（バーゼル 1 ），その後，2006年末には分母部分を中心に大幅な見直しが行われた（バーゼル 2 ）。2011年末からのバーゼル2.5実施（証券化商品を保有している場合等の規定を強化）を経て，2011年12月末には分子部分の見直しを中心とした「バーゼル 3 」が国際ルールとして制定されている（第12章 5，16も参照）。

なお，自己資本比率規制は，第 1 の柱「最低所要自己資本比率」ほか，第 2 の柱「金融機関の自己管理と監督上の検証」および第 3 の柱「市場規律」を含む三つの柱から構成されている。

自己資本の持つ意味（イメージ図）

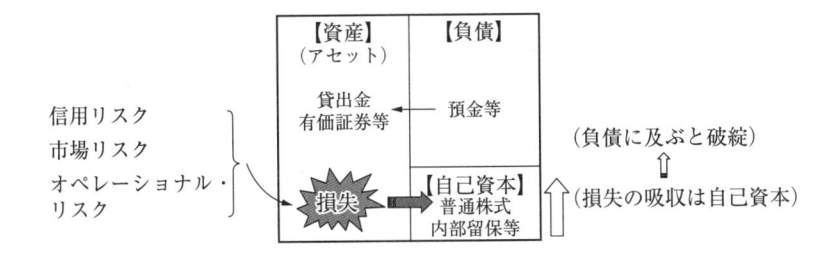

```
信用リスク   ┐         【資産】    【負債】
市場リスク   ├──→      （アセット）
オペレーショナル・┘       貸出金    預金等
リスク                   有価証券等           （負債に及ぶと破綻）
                                                  ↑
                         損失  →  【自己資本】  （損失の吸収は自己資本）
                                  普通株式
                                  内部留保等
```

自己資本規制の概要

○ 第1の柱（最低所要自己資本比率）

$$\frac{自己資本}{信用リスク＋市場リスク＋オペレーショナル・リスク} \geq 一定比率（例えば8\%）$$

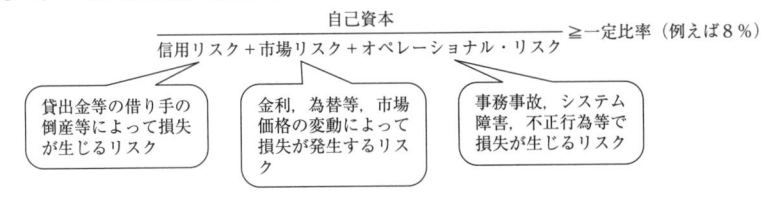

- 貸出金等の借り手の倒産等によって損失が生じるリスク
- 金利、為替等、市場価格の変動によって損失が発生するリスク
- 事務事故、システム障害、不正行為等で損失が生じるリスク

　(I) 信用リスク
　　　信用リスク・アセット額＝Σ（与信額（保証等オフバランス取引を含む）×各リスク・ウエイト）
　　(i) 標準的手法
　　　　（リスク・ウエイトの例）
　　　　・国・地方公共団体…………0％
　　　　・中小企業・個人……………75％
　　　　・事業法人（中小企業以外）…（格付に応じ）20％～150％または（格付を使用せず）一律100％
　　　　・住宅ローン…………………35％
　　　　・延滞債権……………………150％（引当率に応じて軽減）
　　(ii) 内部格付手法
　　　　債務者ごとのデフォルト（倒産）率、デフォルト時損失率等を各国共通の関数式に入れてリスク・ウエイトを計算。
　(II) オペレーショナル・リスク
　　　①基礎的手法、②粗利益配分手法、③先進的計測手法（①、②は粗利益を基準に算出、③は過去の損失実績等をもとに計量化）の3つの手法から銀行が選択。
○ 第2の柱（金融機関の自己管理と監督上の検証）
　　銀行自身が、第1の柱（最低所要自己資本比率）の対象となっていないリスク（銀行勘定の金利リスク、信用集中リスク等）も含めて主要なリスクを把握したうえで、経営上必要な自己資本額を検討。
○ 第3の柱（市場規律）
　　開示の充実を通じて市場規律の実効性を高める。
　　自己資本比率とその内訳、各リスクのリスク量とその計算手法等についての情報開示が求められている。
　　銀行については原則として四半期開示、協同組織金融機関については半期開示。

（資料）　金融庁資料をもとに作成

5　自己資本比率規制と早期是正措置　日本での自己資本比率規制は，国際統一基準と国内基準の2つがある。国際統一基準は，海外に営業拠点を有している銀行に適用される。2013年3月末からは，新たな自己資本比率規制の国際ルールであるバーゼル3（第12章16参照）に沿った形での新ルールが導入される。一方，国内のみで活動している銀行に対する規制である国内基準は，国際的なルールであるバーゼル2に準じたものが適用されている（なお，国内基準も，2014年3月末からは，バーゼル3の内容を踏まえた新ルールが適用される予定）。これらの自己資本比率規制は，早期是正措置と結びつく形で厳格な規制としての実効性が確保されている。

　早期是正措置は，1998年4月に導入された第1の柱の最低自己資本比率に関する措置であり，自己責任と市場原理をベースにした透明性の高い監督手法として銀行法第26条に規定されている。監督当局が自己資本比率という客観的基準を用いて必要な是正措置命令を適時・適切に発動することによって，早め早めに金融機関経営の健全化を促す行政手法である。

　その枠組みをみると，まず金融機関は，金融庁の「金融検査マニュアル」等に基づき，自ら資産内容の査定を行い，適正な償却・引当を実施する（なお，この自己査定等については外部監査を受ける）。こうして作成された財務諸表に基づき自己資本比率の算出を行うが，正確性等については監督当局の検査・モニタリングにおいてチェックを受ける。そして，自己資本比率の状況に応じて，国際・国内基準ごとの各区分に該当する場合には，所要の是正措置が適用される。例えば，第3区分に該当する場合には，業務停止命令を受けることとなる。なお，この措置は，国際統一基準行および国内基準行ともに適用される。

第12章　銀行に対する規制・監督

自己資本比率規制（銀行法第14条の2，平成18年金融庁告示第19号）

①国際統一基準（※1）

従前の基準	2013年3月末から適用の新基準（バーゼル3）
$\dfrac{\text{自己資本}（※2）}{\text{リスク・アセット}} \geqq 8\%$	$\dfrac{\text{普通株式等Tier 1資本}（※3）}{\text{リスク・アセット}} \geqq 4.5\%$ （※6） かつ $\dfrac{\text{Tier 1資本}（※4）}{\text{リスク・アセット}} \geqq 6\%$ （※6） かつ $\dfrac{\text{総自己資本}（※5）}{\text{リスク・アセット}} \geqq 8\%$ （※6）

※1　2011年度決算ベースでは，全国銀行120行（都市銀行6行，地方銀行64行，第二地銀協地銀42行，信託銀行6行および新生銀行，あおぞら銀行の合計120行から構成）のうち国際統一基準行は16行。
※2　普通株式・内部留保に劣後債等を加え，控除項目を差し引いたもの。
※3　普通株式・内部留保から一定の調整項目を差し引いたもの。
※4　普通株等Tier 1資本にその他Tier 1資本（一定の適格要件を満たす優先株等を含む）を加えたもの。
※5　Tier 1資本にTier 2資本（一定の適格要件を満たす劣後債等を含む）を加えたもの。
※6　左記比率まで段階的に最低比率を引き上げる形での激変緩和措置が設けられている。

②国内基準（※1）

現行の基準	2014年3月末から適用予定の新基準（バーゼル3）
$\dfrac{\text{自己資本}（※2）}{\text{リスク・アセット}} \geqq 4\%$	$\dfrac{\text{コア資本}（※3）}{\text{リスク・アセット}} \geqq 4\%$

※1　2011年度決算ベースでは，全国銀行120行（都市銀行6行，地方銀行64行，第二地銀協地銀42行，信託銀行6行および新生銀行，あおぞら銀行の合計120行から構成）のうち国内基準行は104行。
※2　普通株式・内部留保に劣後債等を加え，控除項目を差し引いたもの。
※3　コア資本とは，普通株式・内部留保等に強制転換条項付優先株等を加えるなど一定の配慮を行ったもの。激変緩和措置が設けられる予定。

早期是正措置の概念図

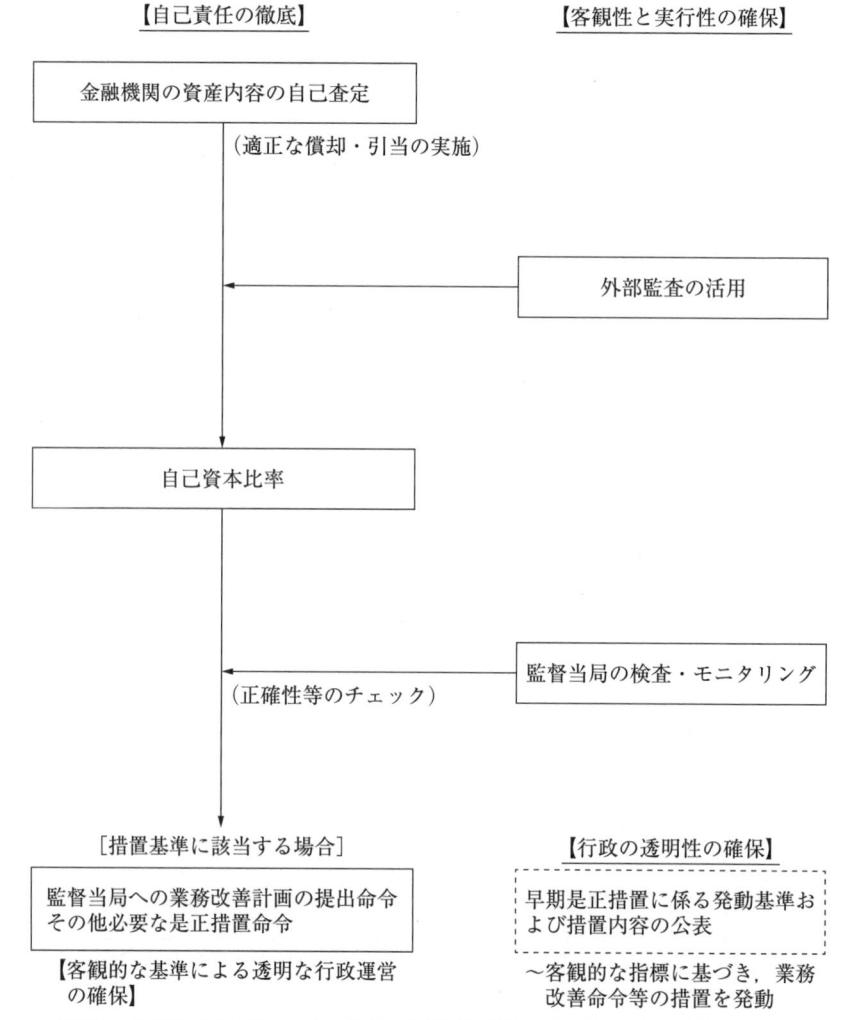

【自己責任の徹底】　　　　　　　　【客観性と実行性の確保】

金融機関の資産内容の自己査定

（適正な償却・引当の実施）

外部監査の活用

自己資本比率

（正確性等のチェック）　　監督当局の検査・モニタリング

［措置基準に該当する場合］　　　　【行政の透明性の確保】

監督当局への業務改善計画の提出命令その他必要な是正措置命令

早期是正措置に係る発動基準および措置内容の公表

【客観的な基準による透明な行政運営の確保】

〜客観的な指標に基づき、業務改善命令等の措置を発動

（資料）　金融庁「金融庁の1年（平成23事務年度版）」から抜粋（一部追加）

早期是正措置の区分と対応する命令

区分	自己資本の充実の状況に係る区分		命　令
	国際統一基準（※1）	国内基準（※2）	
非対象	①普通株式等Tier 1　4.5％以上 ②Tier 1比率　6％以上 ③自己資本比率　8％以上	4％以上	
1	①普通株式等Tier 1　2.25％以上4.5％未満 ②Tier 1比率　3％以上6％未満 ③自己資本比率　4％以上8％未満	4％未満～2％以上	原則として資本の増強に係る措置を含む経営改善計画の提出及びその実行命令
2	①普通株式等Tier 1　1.13％以上2.25％未満 ②Tier 1比率　1.5％以上3％未満 ③自己資本比率　2％以上4％未満	2％未満～1％以上	資本増強計画の提出及び実行，配当又は役員賞与の禁止又は抑制，総資産の圧縮又は増加抑制，高金利預金の受入れの禁止又は抑制，営業所における業務の縮小，営業所の廃止，子会社又は海外現地法人の業務の縮小，子会社又は海外現地法人の株式の処分等の命令
2の2	①普通株式等Tier 1　0％以上1.13％未満 ②Tier 1比率　0％以上1.5％未満 ③自己資本比率0％以上2％未満	1％未満～0％以上	自己資本の充実，大幅な業務の縮小，合併又は銀行業の廃止等の措置のいずれかを選択した上当該選択に係る措置を実施することの命令
3	①普通株式等Tier 1　0％未満 ②Tier 1比率　0％未満 ③自己資本比率　0％未満	0％未満	（原則）業務の一部又は全部の停止命令 ただし，「金融機関の含み益を加えた純資産価値が正の値である場合」等には第2区分の2以上の措置を講ずることができる。

※1　2013年3月末から適用（バーゼル3ベース）。経過措置が設定されている。
※2　バーゼル3適用前のもの。

6 銀行の大口信用供与規制　大口信用供与規制は，1981年の銀行法改正で法文化された銀行法第13条に基づく規制である。もし銀行が特定の取引先（企業）に対して巨額の貸付を行い，信用供与が集中した場合には，当該取引先（企業）が破綻した場合に銀行が受ける損失（リスク）が大きくなる。本規制は，このような損失（リスク）を回避し，銀行の資産運用における安全性確保と資産運用の適正配分を目的としている。

本規制では，銀行・グループ，銀行持株会社グループに対して，①銀行資産の危険分散，②銀行の信用の広く適切な配分，といった観点から，特定の企業・グループに対する貸出等の信用供与等が銀行等の自己資本の一定割合を超えることを禁止している。具体的には，「銀行（あるいは銀行グループ）の同一人（あるいは特殊の関係にある者を含めたグループ全体）に対する信用の供与等の額は，当該銀行の自己資本の額（単体あるいは連結ベース）に一定比率（25％ないし40％といった比率）を乗じた額（信用供与等限度額）を超えてはならない」こととされる。

信用供与等の範囲の対象は，貸出金，債務保証，出資，私募債，CP等が，法令で限定列挙されている。オンバランス取引は，貸借対照表計上額（簿価）とされる。

与信側（貸し手となる銀行側）グループの合算範囲は，銀行およびその連結子会社，関連会社（持分法適用会社）とされ，受信側（借り手となる銀行側）グループの合算範囲は，受信者およびその議決権50％超の支配関係にある子会社，親会社，親会社の子会社（兄弟会社）等が含まれる。

なお，現在，金融審議会での議論や国際的な動きを踏まえ，本規制の見直しが予定されている。

第12章 銀行に対する規制・監督

大口信用供与規制の概要

(1) 規制の内容

　銀行（あるいは銀行グループ）の同一人（あるいは特殊の関係にある者を含めたグループ全体）に対する信用の供与等の額は，当該銀行の自己資本の額（連結ベース）に一定比率（規制比率）を乗じた額（信用供与等限度額）を超えてはならない。

(2) 規制比率

与信サイド	受信サイド（企業単体）	受信サイド（企業グループ）
銀行単体	自己資本の額の25%	自己資本の額の40%
銀行グループ	自己資本の額の25%	自己資本の額の40%

(3) 自己資本の範囲

　自己資本比率規制における自己資本の額（基本的項目＋補完的項目の額）に必要な調整を加えた額。

(4) 信用供与等の範囲

　規制対象となる信用供与等には以下のものが含まれる。
　貸出金，債務保証，出資，私募債の保有，CPの保有等

（資料）　金融庁資料，全銀協「全国銀行財務諸表分析」をもとに作成

受信側・与信側グループの範囲

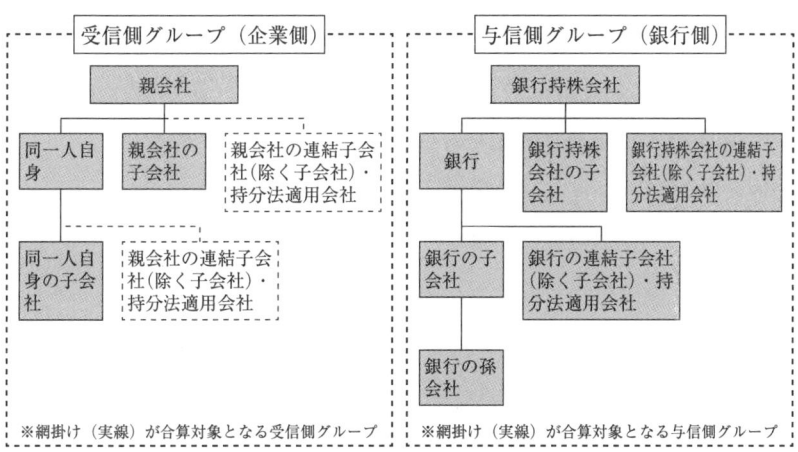

受信側グループ（企業側）
- 親会社
- 同一人自身
- 親会社の子会社
- 親会社の連結子会社（除く子会社）・持分法適用会社
- 同一人自身の子会社
- 親会社の連結子会社（除く子会社）・持分法適用会社

与信側グループ（銀行側）
- 銀行持株会社
- 銀行
- 銀行持株会社の子会社
- 銀行持株会社の連結子会社（除く子会社）・持分法適用会社
- 銀行の子会社
- 銀行の連結子会社（除く子会社）・持分法適用会社
- 銀行の孫会社

※網掛け（実線）が合算対象となる受信側グループ
※網掛け（実線）が合算対象となる与信側グループ

（資料）　金融審議会「金融システム安定等に資する銀行規制等の在り方に関するワーキング・グループ」（第1回）平成24年5月29日配布資料から抜粋

7　金融検査マニュアル　「金融検査マニュアル」(預金等受入金融機関に係る検査マニュアル)は，金融監督庁(当時，現在は金融庁)の検査官向けマニュアルとして作成され，1999検査事務年度(1999年7月〜2000年6月)から適用された。同マニュアルは金融庁の内部資料であるが，金融機関の自己責任に基づく経営を促す観点から，公表されている。

「金融検査マニュアルは，金融検査の基本的考え方・検査に際しての具体的着眼点等を整理した検査官向けの手引書として位置づけられるものである。2007年2月には，信用リスク管理の中の自己査定(貸出金等の債権を貸倒等の可能性を勘案して分類分けすること)といった項目を中心とするものから，バーゼル2の導入や利用者保護の要請といった情勢変化，評定制度の導入(以下参照)等の金融検査の進捗などを踏まえ，大幅な改訂が行われた。

改訂された同マニュアルでは，PDCA (Plan/Do/Check/Action) サイクルのコンセプトのもとで，項目構成を大幅に組み替え，リスク管理等編として，「経営管理(ガバナンス)態勢」，「顧客保護等管理態勢」，「統合的リスク管理態勢」，「自己資本管理態勢」，「資産査定管理態勢」(含む，自己査定)，「オペレーショナル・リスク管理態勢」といった項目が新たに追加されている。

なお，2004年12月に公表された「金融改革プログラム」において，「検査における評定制度の導入」が盛り込まれたことを受け，金融検査の際，金融検査マニュアルに基づき検証した検査結果を段階評価することにより，金融機関の自主的・持続的な経営改善等を促すとともに，評定結果を選択的な行政対応に結びつけ，検査の効率化や金融行政の透明性等を向上させるため，2007年4月1日から「金融検査評定制度」が施行されている。

金融検査マニュアルの構成

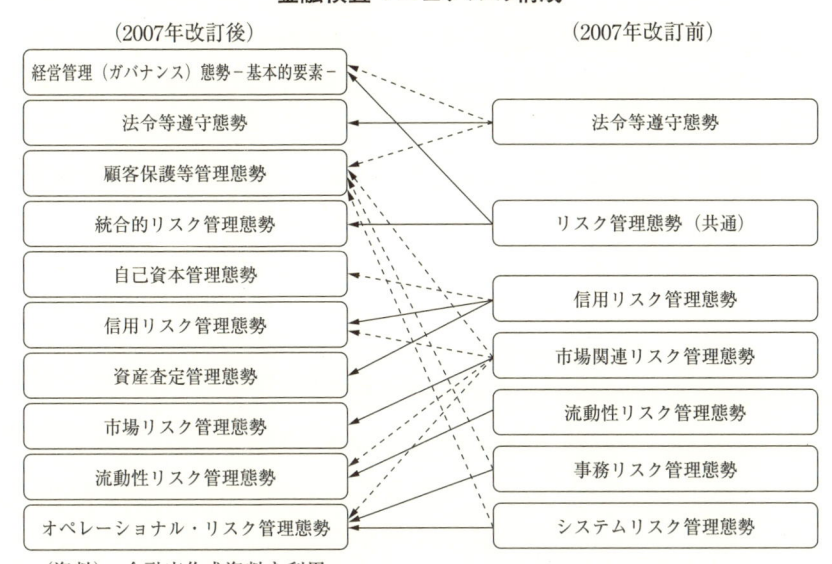

（2007年改訂後）	（2007年改訂前）
経営管理（ガバナンス）態勢－基本的要素－	
法令等遵守態勢	法令等遵守態勢
顧客保護等管理態勢	
統合的リスク管理態勢	リスク管理態勢（共通）
自己資本管理態勢	
信用リスク管理態勢	信用リスク管理態勢
資産査定管理態勢	市場関連リスク管理態勢
市場リスク管理態勢	流動性リスク管理態勢
流動性リスク管理態勢	事務リスク管理態勢
オペレーショナル・リスク管理態勢	システムリスク管理態勢

（資料）　金融庁作成資料を利用

自己査定の債務者区分と資産の分類（概要）

債務者区分 / 分類	非分類	Ⅱ分類	Ⅲ分類	Ⅳ分類
破綻先・実質破綻先 　法的・形式的な経営破綻の事実が発生している先および実質的にそれと同等の状況にある先	預金担保などの優良担保・保証などで保全された部分	不動産担保などの一般担保・保証などで保全された部分	担保の評価額と処分可能見込額との差額	非・Ⅱ・Ⅲ分類以外の部分
破綻懸念先 　今後経営破綻に陥る可能性が大きい先			非・Ⅱ分類以外の部分	
要注意先　要管理先 　今後の管理に注意を要する先　要管理先以外		非分類以外の部分		
正常先 　業績良好かつ財務内容も特段問題のない先	正常先に対する債権（全額）			

（資料）　全銀協「よくわかる銀行のディスクロージャー」をもとに作成

8　銀行経理・ディスクロージャー　銀行の経理処理は，一般事業会社と同様に，金融商品取引法等の法令諸規則，企業会計基準委員会（ASBJ）が定める各種の会計基準，日本公認会計士協会（JICPA）が定める実務指針等に従っている。このほか，1998年に廃止された大蔵省通達（いわゆる「銀行の統一経理基準」）を改訂する形で全国銀行協会が定めた「銀行業における決算経理要領等について」など，銀行業の特殊性を考慮した全銀協通達に基づいて行われている。なお，銀行の本業（預貸金，国債取引，決済サービス等の提供）による儲けを示す指標として，「業務純益」が算定・公表されている。

近年は，国際会計基準審議会（IASB）が設定する国際会計基準（IFRS）とASBJが設定する日本の会計基準とのコンバージェンス（収斂）作業が進んでいる。これらの作業は企業会計全般を対象とするものであるが，金融資産・負債を多く保有する銀行の経理においても，IASBによる基準設定の動向の影響を受けるようになっている。なお，2009年には，企業会計審議会から「我が国における国際会計基準の取扱いに関する意見書（中間報告）」が公表されたことを受けて，2010年3月期からIFRSを任意適用することが認められた。IFRSの強制適用について検討が行われているが，まだその方向性は定まっていない。

銀行の財務内容のディスクロージャーについても，一般事業会社と同様に会社法や金融商品取引法等に基づくほか，銀行法における貸借対照表等の公告や業務および財産の状況に関する説明書類の縦覧等の規定に従っている。後者については，同法施行規則第19条の2に詳しい規定があり，銀行の概況・組織や業務の内容，損益状況，等について開示することとされている。なお，法律に基づいた開示とともに，東京証券取引所の上場規則等においても一定の開示が求められている。

特に，不良債権残高については，銀行法に基づき「リスク管理債権」を開示しているほか，金融再生法に基づき資産査定結果の開示（「金融再生法開示債権」の開示）が行われている。

業務純益の計算方法

資金運用収支（預金，貸出金，有価証券などの利息収支）	①
役務取引等収支（各種手数料などの収支）	②
特定取引収支（金利等の短期的な変動などを利用して得た収支）	③
その他業務収支（債権や外国為替などの売買損益）	④
業務粗利益（①＋②＋③＋④）	⑤
一般貸倒引当金繰入額	⑥
経費（人件費，物件費，税金）	⑦
業務純益（⑤－⑥－⑦）	

（注）収支は各収益および費用の差額である（例：資金運用収支＝資金運用収益－資金調達費用）。
（資料）「銀行経理の実務（第8版）」（金融財政事情研究会）から抜粋

ディスクロージャー法制と開示の媒体

法制等	開示の媒体
会社法	計算書類の公告（第440条），計算書類等の備置き及び閲覧等（第442条）
金融商品取引法（第2章）	有価証券届出書，有価証券報告書，確認書，内部統制報告書，四半期報告書，臨時報告書
銀行法	中間・年度貸借対照表等の公告（第20条），中間・年度ディスクロージャー誌（第21条）
証券取引所上場規定	連結決算短信，決算短信，その他適時開示（ファイリング制度）
根拠なし	四半期ディスクロージャー誌，マニュアルレポート（海外の投資家に対する年次報告），事業のご報告，PR活動，IR（インベスター・リレーションズ）活動

（資料）「銀行経理の実務（第8版）」（金融財政事情研究会）から抜粋

自己査定と開示債権の関係

自己査定の債務者区分に対する債権		金融再生法開示債権	リスク管理債権
破綻先に対する債権		破産更生債権及びこれらに準ずる債権	破綻先債権
実質破綻先に対する債権			延滞債権
破綻懸念先に対する債権		危険債権	
要管理先に対する債権	3か月以上延滞債権	要管理債権	3か月以上延滞債権
	貸出条件緩和債権		貸出条件緩和債権
要注意先（要管理先を除く）に対する債権		正常債権	（リスク管理債権以外の貸出金）
正常先に対する債権			

（資料）全銀協「よくわかる銀行のディスクロージャー」から抜粋

9 預金保険制度

預金保険制度は，金融機関が破綻した場合に預金者を保護し，信用秩序の維持に資することを目的とした制度である。わが国の預金保険制度は1971年に創設され，預金保険法に基づく特別法人として預金保険機構が設立された。同制度においては，預金者保護のため，金融機関が預金等の払戻しを停止した場合に必要な保険金等の支払い（ペイオフ）を行うほか，金融機関の破綻処理に関し，破綻金融機関に係る合併等に対する資金援助等の諸措置を講じる。

預金保険制度の仕組みをみると，①預金保険機構は銀行等の金融機関から，前年度の預金保険対象預金の平均残高に保険料率を掛けて算出される保険料を徴収し，責任準備金として積み立てる。②金融機関が破綻し，預金の支払いができなくなった場合，破綻金融機関の預金者1人当たり元本1,000万円までとその利息等を保険金として支払う（ペイオフ）か，または，破綻金融機関との合併等を行う救済金融機関等に対して資金援助を行う。

政府は，金融不安が高まった1995年に，当面ペイオフを凍結する（＝預金を全額保護する）こととした。当初は2001年3月まで凍結予定であったが，2度にわたって延期され，結局，2003年4月にペイオフを全面解禁したうえで，破綻時に全額保護される「決済用預金」が2005年4月に導入された。

また，危機的な事態（システミック・リスク）が予想される場合には，一定の手続を経て，①預金保険機構による株式等の引受け（公的資金による資本増強），②ペイオフコストを超える資金援助，③預金保険機構による債務超過銀行の全株式の取得（特別危機管理銀行とすること）といった，預金保険機構が関与する形での金融危機対応措置を講じることが可能となっている。

上記①の例としては，平成15年にりそな銀行に対して，また，上記③に例としては，平成15年に足利銀行に対して実施されている。

預金保険制度の概要

対象金融機関	国内に本店のある銀行，信用金庫，信用組合，労働金庫，信金中央金庫，全国信用協同組合連合会および労働金庫連合会（合計592金融機関（2012年3月末））
預金保険対象 預　金　等	預金（決済用預金（全額保護）当座預金，普通預金，別段預金，定期預金，通知預金，納税準備預金，貯蓄預金），定期積金，掛金，元本補てん契約のある金銭信託（貸付信託を含む），金融債（保護預り専用商品に限る）
預金保険対象 預金等残高	866兆円957億円（2012年3月末）
保　険　料	前年度の預金保険対象預金等残高の平均残高に以下の料率を掛けて算出（いずれも2012年度に適用） 決済用預金：0.107%（0.089%） 一般預金等：0.082%（0.068%） ※平成24年度は，同年度において，保険事故の発生，金融整理管財人による業務および財産の管理を命ずる処分又は預金保険法第102条第1項第2号若しくは第3号に掲げる措置を講ずる必要がある旨の内閣総理大臣の認定がなかった場合には，括弧内の預金保険料率及び実効料率。
責任準備金	4,205億円（2012年3月末）
保　険　金	１預金者当たり元本1,000万円までと破綻日までの利息等の合計額
資金援助	破綻金融機関を合併等により救済する金融機関に対し，金銭の贈与等を行う。

（資料）　預金保険機構「平成23年度版　預金保険機構年報」等をもとに作成

破綻金融機関の預金等の取扱いイメージ

（太線内が預金保険制度による預金等の保護）

預金等の分類		取　扱　い		
預金保険の対象預金等	決済用預金（当座預金，利息のつかない普通預金等）	全額保護（元本全額を保護）		一部カットの可能性
	一般預金等（利息のつく普通預金，定期預金，定期積金，元本補てん契約のある金銭信託（ビッグなどの貸付信託を含む），金融債（保護預り専用商品に限る）等）	定額保護（元本1,000万円までと破綻日までの利息等を保護）	概算払（一般預金等の元本1,000万円を超える部分および外貨預金の元本ならびにその利息等に概算払率を乗じた額で買取り）	清算払
対象外預金等	外貨預金			
	譲渡性預金，金融債（募集債および保護預り契約が終了したもの）等	破綻金融機関の財産の状況に応じて支払い		

（資料）　預金保険機構の公表資料をもとに作成

預金保険法第102条に基づく金融危機対応措置

第102条第1項	対象金融機関	措置の内容	備　考
第一号措置	金融機関等（ただし，第二号措置及び第三号措置の対象金融機関を除く）	資本増強（預金保険機構による自己資本充実のための株式等の引受け等）	○預金保険機構は，第一号措置に係る認定を受けた金融機関等から申込みを受けて株式等の引受け等を行う。 ○申込みに当たって，金融機関等は経営の健全化のための計画を提出する。
第二号措置	破綻金融機関又は債務超過の金融機関	ペイオフコストを超える資金援助	○第二号措置に係る認定を受けた金融機関に対しては，直ちに，金融整理管財人による管理を命ずる処分が行われる。
第三号措置	破綻金融機関に該当する銀行等であって債務超過であるもの	預金保険機構による株式の取得（特別危機管理）	○第三号措置に係る認定は，第二号措置によってはわが国又は金融機関が業務を行っている地域の信用秩序の維持に係る支障を回避することができないと認める場合でなければ行うことができない。

（資料）　預金保険機構の公表資料をもとに作成

第12章　銀行に対する規制・監督

預金保険法の金融危機対応制度

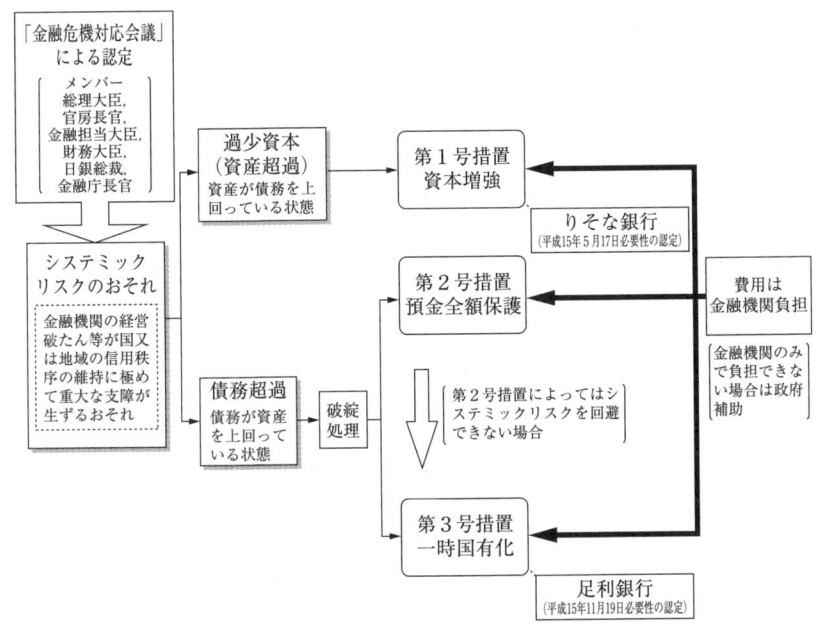

```
┌─────────────────┐
│「金融危機対応会議」│
│　　による認定　　│
│┌───────────────┐│         ┌──────────┐
││　メンバー　　　││         │　過少資本　│        ┌──────────┐
││　総理大臣，　　││────────▶│（資産超過）│───────▶│ 第1号措置 │◀──────┐
││　官房長官，　　││         │資産が債務を│        │ 資本増強 │       │
││　金融担当大臣，││         │上回っている│        └──────────┘       │
││　財務大臣，　　││         │　　状態　　│                            │
││　日銀総裁，　　││         └──────────┘         りそな銀行         │
││　金融庁長官　　││                              （平成15年5月17日必要性の認定） │
│└───────────────┘│                                                  │
└─────────────────┘                                                  │
         │                                        ┌──────────┐      │    ┌──────────┐
         ▼                                        │ 第2号措置 │◀─────┤    │ 費用は　　│
┌─────────────────┐                              │預金全額保護│      │    │金融機関負担│
│　システミック　│                                └──────────┘      │    ├──────────┤
│　リスクのおそれ│                                     │            │    │金融機関のみ│
│┌───────────────┐│         ┌──────────┐         ┌─────────────┐ │    │で負担できな│
││金融機関の経営││         │　債務超過　│         │第2号措置によっては│ │    │い場合は政府│
││破たん等が国又││────────▶│債務が資産を│  破綻   │システミックリスクを回避│ │    │　補助　　　│
││は地域の信用秩││         │上回ってい　│ ──────▶│できない場合　　　　│ │    └──────────┘
││序の維持に極め││         │る状態　　　│  処理   └─────────────┘ │
││て重大な支障が││         └──────────┘              │          │
││生ずるおそれ　││                                       ▼          │
│└───────────────┘│                                ┌──────────┐      │
└─────────────────┘                                │ 第3号措置 │◀─────┘
                                                 │ 一時国有化│
                                                 └──────────┘
                                                      足利銀行
                                                （平成15年11月19日必要性の認定）
```

（資料）　金融審議会「金融システム安定等に資する銀行規制等の在り方に関するワーキング・グループ」（第11回）平成24年12月5日配布資料から抜粋

10 独占禁止法と銀行　独占禁止法（以下「独禁法」という）は，事業活動における公正かつ自由な競争を促進することを目的とし，銀行業にも，公正かつ適正な競争が促進されることが社会的に期待されている。

全国銀行協会では，銀行の役職員が独禁法の内容を十分に理解し，違反を起こさないようにするための行動指針が必要であることから，1992年6月，「銀行の公正取引に関する手引」をとりまとめている。これまで，公正取引委員会（以下「公取委」という）による「金融機関の業態区分の緩和及び業務範囲の拡大に伴う不公正な取引方法について」の公表（2004年12月），金融派生商品に係る不公正な取引方法による排除勧告（2005年12月），独占禁止法の一部改正（2006年1月）および銀行法の一部改正（2006年4月）等を踏まえて，2006年6月に同手引の改訂を行っている。さらに，2009年6月に課徴金制度の見直し等を柱とする独禁法改正を踏まえ，同年12月に同手引の改訂を行った。2012年4月にも公取委の報告書等を踏まえアップデートを行っている。各銀行は，同手引を参考に行内で独禁法遵守マニュアルの見直しを行っている。

また，独占禁止法中で特に金融業に関する規定として，同法第11条に「銀行又は保険会社の議決権保有の制限」がある。同条において，銀行は，原則として，非金融関連会社の議決権の総数の5％超を保有することが禁止されている（銀行法第16条の3等にも同様の規定がある）。これは，銀行が議決権保有を通じて事業会社を支配することを未然に防止するため導入された規定であるが，この「5％ルール」には例外があり，公取委の認可を得れば，議決権の5％超を保有できる。公取委は2002年11月に独禁法第11条ガイドラインを改定し，銀行等が金融関連会社（証券会社や，銀行法上の従属業務（例：ATMの保守管理）および金融関連業務（例：銀行の業務の代理）を営む会社等）の議決権の5％超を保有する場合は認可不要とされた。

「銀行の公正取引に関する手引」（五訂版）（2012年4月改訂）の目次

1. 独占禁止法の概要
   (1) 目的
   (2) 規制内容
   (3) 銀行法等との関係
   (4) 違反に対する措置
   (5) 公正取引委員会の主な運用基準等
2. 独占禁止法のコンプライアンス・プログラム
   (1) 経営方針としての位置付け
   (2) 独占禁止法の遵守マニュアルの作成
   (3) 行員の独占禁止法教育
   (4) 遵守状況のチェック，相談制度
   (5) 見直し体制
3. 独占禁止法に関する行動指針
   (1) 貸出業務
      ① 貸出金利に係る共同行為
      ② 貸出の制限・取引先の制限などの共同行為
      ③ 貸出に係る不公正な取引
   (2) 預金業務
      ① 預金金利に係る共同行為
      ② 営業方法の制限・商品の種類の制限などの共同行為
      ③ 預金に係る不公正な取引（不当な顧客誘引）
   (3) 金融商品取引業務・その他証券関連の業務
      ① 証券市場における取引の公正の確保
      ② 投資信託の販売等金融商品取引における抱き合わせ取引の禁止
      ③ 不当な顧客誘引
      ④ 独占禁止法上の株式保有に係る規制
      ⑤ 委託元証券会社に対する不当な行為
      ⑥ その他証券関連業務に係る共同行為等
   (4) 委託元保険会社に対する不当な干渉
   (5) その他業務
      ① 取引条件の差別取扱い行為
      ② 手数料に係る共同行為
   (6) 業界会合
      ① 業界会合のあり方
      ② 活動のチェックポイント
      ③ 第三者による事前審査の活用

（参考資料）
1. 金融機関の業態区分の緩和及び業務範囲の拡大に伴う不公正な取引方法について
2. 行政指導に関する独占禁止法上の考え方
3. 優越的地位の濫用に関する独占禁止法上の考え方
4. 役務の委託取引における優越的地位の濫用に関する独占禁止法上の指針
5. 事業支配力が過度に集中することとなる会社の考え方
6. 債務の株式化に係る独占禁止法第11条の規定による認可についての考え方
7. クレジット公正取引自主基準

11　株式保有規制　銀行の株式保有に係る規制は，前述の独占禁止法に基づく「5％ルール」のほか，銀行法における議決権保有制限と，2002年に成立した「銀行等の株式等の保有の制限等に関する法律」（以下「株式保有制限法」という）に基づく規制がある。

　前述のとおり独占禁止法は銀行の事業支配を防止するため規制を設けている。一方，銀行法においては，銀行（単体・グループ）に係る他業禁止の趣旨の徹底や，銀行の子会社に係る業務範囲規制逸脱回避の観点から，第16条の3において銀行単体が一般事業会社の議決権の5％超を保有することを禁止しているほか，第52条の24において銀行持株会社またはその子会社が一般事業会社の議決権の15％超を，合算で保有することを禁止している。

　株式保有制限法は，銀行等金融機関の保有する株式の価格変動リスクを銀行のリスク管理能力の範囲内にとどめることにより，銀行等の業務の健全な運営を確保することを目的として制定された。同法では，銀行等が，当分の間，株式等を，自己資本相当額を超えて保有することを禁止している。同法に基づく規制は，2004年9月末から適用されている。また，同法においては，株式保有制限が課せられた銀行等による株式売却が，短期的には株式市場の需給と価格形成に影響し，株価水準によっては金融システムの安定性や経済全般に好ましくない影響を与える可能性があることから，時限的な（現状，最長で2027年（平成39年）3月末まで設置されることが可能）組織として「銀行等保有株式取得機構」を設立し，銀行等の保有する株式の買取り等の業務を行わせることとしている。

　2008年の世界的な金融市場の混乱の影響が国内の株価や実体経済を通じて国内金融部門にも影響を及ぼしつつあることから，いったん停止されていた銀行等保有株式取得機構の業務が2009年3月に，日本銀行の株式買入業務が2009年2月にそれぞれ再開された。

　なお，前述の「5％ルール」は，2012年度中の金融審議会での議論を踏まえ，現在，事業再生や地域再生等に限定して5％超の保有を可とするような例外措置の検討が進められている。

銀行法における株式保有規制（イメージ）

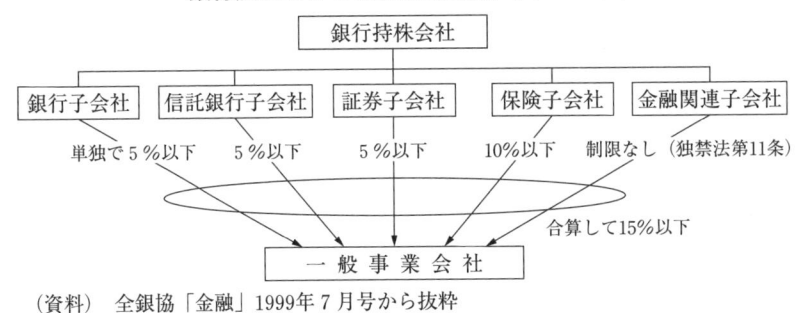

```
                    銀行持株会社
    ┌─────────┬────────┬─────────┬────────┐
  銀行子会社  信託銀行子会社  証券子会社  保険子会社  金融関連子会社
  単独で5％以下  5％以下    5％以下    10％以下   制限なし（独禁法第11条）
                    ↓
                一 般 事 業 会 社
                        合算して15％以下
```

（資料）　全銀協「金融」1999年7月号から抜粋

銀行等保有株式取得機構による株式等の買取の概念図

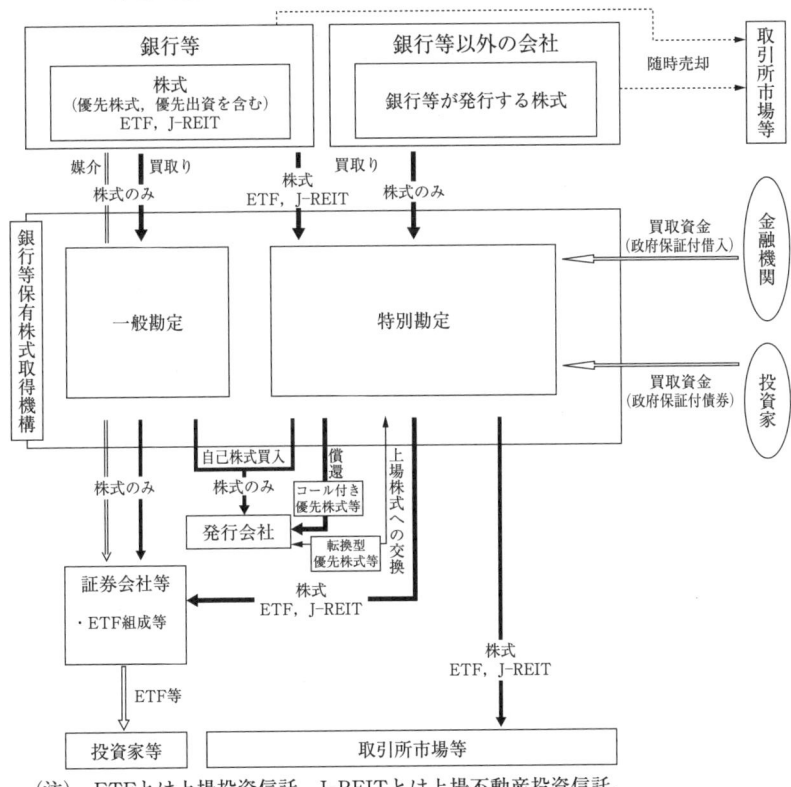

（注）　ETFとは上場投資信託。J-REITとは上場不動産投資信託。
（資料）　「銀行等保有株式取得機構」公表資料を利用

211

12　マネー・ローンダリング規制　　マネー・ローンダリングとは，犯罪により得た収益を，正当な取引で得た資金であるかのようにみせかけるため，その出所を隠す行為をいう。例えば資金を口座から口座へと転々と送金したうえで金融商品を購入し，それを現金化して資金の出所をわからなくするような行為を指す。

　薬物・銃器犯罪等が深刻化していること等から，マネー・ローンダリング対策は国際的にも喫緊の課題とされている。国際的な麻薬問題への取組みとして，1989年に同対策を検討する国際機関としてFATF（金融活動作業部会）が設立された。FATFは1990年にマネー・ローンダリング対策の国際基準である「40の勧告」をとりまとめた。1998年には，マネーローンダリング情報を専門に収集・分析・提供する機関（FIU）の設置が各国間で合意されたほか，国際的な組織犯罪全般を防止するため，2003年6月には，新たな「40の勧告」が制定された。2001年9月米国同時多発テロを受けて，「テロ資金供与に関するFATF特別勧告」が公表された。2012年2月のFATF全体会合では，上記40の勧告に特別勧告を織り込んだ「40の勧告」が制定・公表された。

　わが国においては，国際的な動きを踏まえて1992年7月に麻薬特例法に基づく「疑わしい取引の届出制度」が創設された。2000年2月の組織的犯罪処罰法施行により，同制度の対象が重大犯罪全般に拡大された。2001年9月に米国同時多発テロ事件が発生し，わが国も「テロリズムに対する資金供与の防止に関する国際条約」に署名したことを踏まえ，金融機関による顧客の本人確認等を法律上義務づける「本人確認法」が2003年1月に施行された。

　2007年3月には，犯罪収益移転防止法が成立し，2008年3月から全面施行された。同法によって，本人確認の義務が課される事業者の範囲が金融機関以外にも拡大（特定事業者）されるとともに，疑わしい取引に関する情報を一元的に収集・整理・分析する国家機関としての役割が金融庁から警察庁に移管された。

　さらに，2013年4月からは，同法の一部改正が実施され，取引時の確認事項として取引目的や事業の内容等が追加されたほか，マネー・ローンダリングに利用されるおそれが特に高い取引については厳格な確認義務が課せられることとなった。

犯罪収益移転防止法の概要

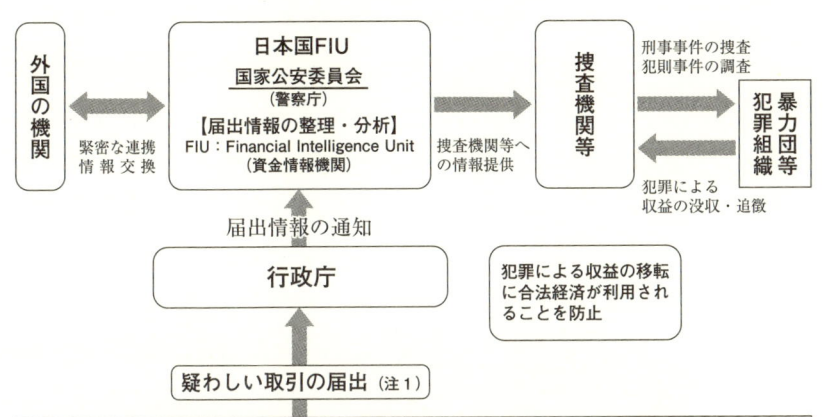

```
外国の機関 ⇔ 日本国FIU
  緊密な連携   国家公安委員会
  情報交換    （警察庁）
           【届出情報の整理・分析】
           FIU：Financial Intelligence Unit
           （資金情報機関）
                ↓ 届出情報の通知
              行政庁
                ↑ 疑わしい取引の届出（注1）

  → 捜査機関等  → 刑事事件の捜査／犯則事件の調査 → 暴力団等犯罪組織
     捜査機関等への情報提供        ← 犯罪による収益の没収・追徴

  犯罪による収益の移転に合法経済が利用されることを防止
```

顧客等の本人確認，本人確認記録・取引記録等の作成・保存

金融機関等（注3），ファイナンスリース事業者，クレジットカード事業者，宅地建物取引業者，宝石・貴金属等取扱事業者，郵便物受取サービス事業者，電話受付代行業者等

司法書士／行政書士／公認会計士／税理士　　弁護士（注2）

（注1）：弁護士，司法書士，行政書士，公認会計士及び税理士は，疑わしい取引の届出義務の対象外である。
（注2）：弁護士による本人確認，本人確認記録・取引記録の作成・保存に相当する措置については，犯罪収益移転防止法に定める司法書士等の例に準じて，日本弁護士連合会の会則で定める。
（注3）：金融機関等のうち為替取引に関わる事業者は，送金人情報の通知義務を負う。
（資料）　JAFIC年次報告書（平成23年）

疑わしい取引の届出件数（受理件数）の推移

年	2002	2003	2004	2005	2006	2007	2008	2009	2010	2011
件数	18,768	43,768	95,315	98,935	113,860	158,041	235,260	272,325	294,305	337,341

（資料）　JAFIC年次報告書（平成23年）

13 金融コングロマリット化への監督上の対応　近年，わが国を含む主要国においては，金融に対するニーズの変化，金融技術革新，規制緩和等を背景として，銀行・証券・保険のほか，消費者金融や資産運用等金融サービス業者がグループを形成する動き，すなわち「金融コングロマリット化」が進展した。同時に，金融コングロマリットのグローバル化・巨大化も進展し，世界各国に進出している巨大金融コングロマリットが誕生した。わが国においても，1993年の金融制度改革による業態別子会社での相互参入や，1998年の金融持株会社解禁，金融システム改革法による子会社規定の整備等を通じ，金融コングロマリット化が進展した。例えば，三菱東京UFJフィナンシャルグループ，三井住友フィナンシャルグループ，みずほフィナンシャルグループともに持株会社を設置し，その傘下に信託銀行や証券会社等を抱えている。

こうした動きに対して，各国の金融監督当局は，金融コングロマリット化によりグループ内のリスクの伝播，集中等が懸念されることを踏まえ，グループ内の個別金融機関の財務の健全性等のみではなく，グループ全体の財務の健全性等を確保するため，従来の規制や監督体制の見直しが必要となった。わが国においては，金融庁が，2005年6月，「金融コングロマリット監督指針」を公表した。同監督指針においては，「金融コングロマリット」を「銀行，保険会社，証券会社等（証券会社，証券投資顧問業者または投資信託委託業者）のうち，2以上の異なる業態の金融機関を含むグループ」と定義したうえで，グループとしての財務の健全性や業務の適切性に重大な影響を与える可能性があるリスク等を整理するとともに，グループとしてのリスク管理態勢等に係る監督上の着眼点・留意点を整理している。なお，同庁では，金融コングロマリットに係る監督を担当する「コングロマリット室」が設置されている。

金融コングロマリットの形態（イメージ）

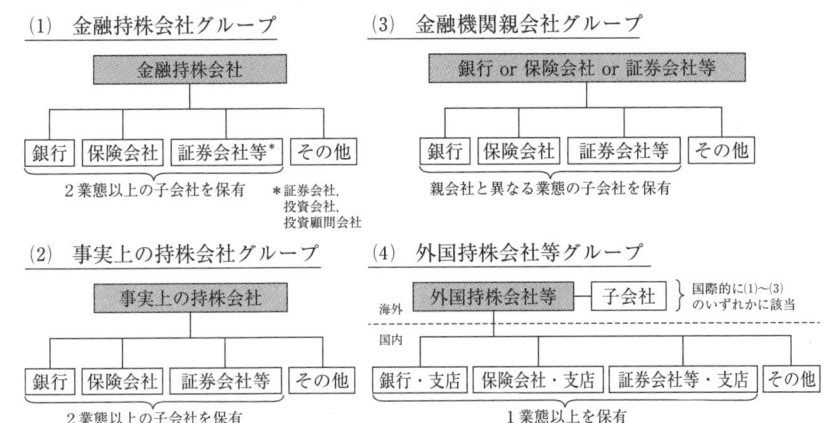

(1) 金融持株会社グループ

金融持株会社 ─ 銀行／保険会社／証券会社等*／その他
2業態以上の子会社を保有　*証券会社, 投資会社, 投資顧問会社

(3) 金融機関親会社グループ

銀行 or 保険会社 or 証券会社等 ─ 銀行／保険会社／証券会社等／その他
親会社と異なる業態の子会社を保有

(2) 事実上の持株会社グループ

事実上の持株会社 ─ 銀行／保険会社／証券会社等／その他
2業態以上の子会社を保有

(4) 外国持株会社等グループ

海外：外国持株会社等 ─ 子会社 ｝国際的に(1)〜(3)のいずれかに該当
国内：銀行・支店／保険会社・支店／証券会社等・支店／その他
1業態以上を保有

（資料）　金融庁「金融庁の1年（平成17事務年度版）」から抜粋

わが国における金融コングロマリットに該当するグループ数
（2012年3月末時点）

グループ数 （国内系・外国系合計）	構成金融機関数 （銀行, 保険会社, 証券会社等）
116グループ	317機関

（資料）　金融庁「金融庁の1年（平成23事務年度版）」をもとに作成

金融コングロマリット監督指針（平成21年6月）（骨子）

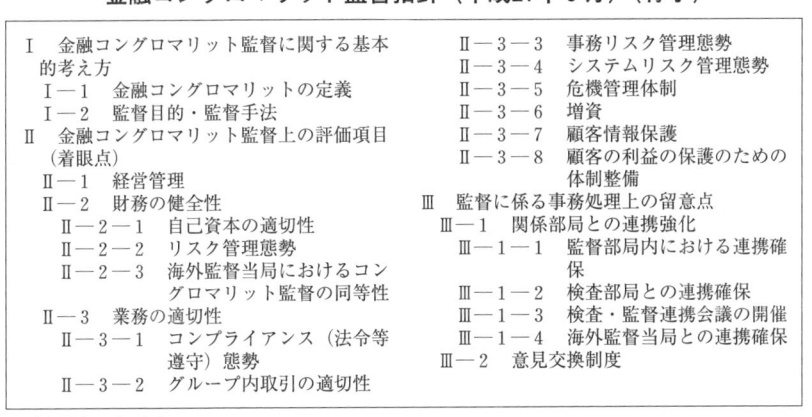

```
Ⅰ　金融コングロマリット監督に関する基本       Ⅱ─3─3　事務リスク管理態勢
　　的考え方                                    Ⅱ─3─4　システムリスク管理態勢
　Ⅰ─1　金融コングロマリットの定義            Ⅱ─3─5　危機管理体制
　Ⅰ─2　監督目的・監督手法                    Ⅱ─3─6　増資
Ⅱ　金融コングロマリット監督上の評価項目        Ⅱ─3─7　顧客情報保護
　　（着眼点）                                  Ⅱ─3─8　顧客の利益の保護のための
　Ⅱ─1　経営管理                                       体制整備
　Ⅱ─2　財務の健全性                        Ⅲ　監督に係る事務処理上の留意点
　　Ⅱ─2─1　自己資本の適切性                Ⅲ─1　関係部局との連携強化
　　Ⅱ─2─2　リスク管理態勢                    Ⅲ─1─1　監督部局内における連携確
　　Ⅱ─2─3　海外監督当局におけるコン                   保
　　　　　　　グロマリット監督の同等性           Ⅲ─1─2　検査部局との連携確保
　Ⅱ─3　業務の適切性                            Ⅲ─1─3　検査・監督連携会議の開催
　　Ⅱ─3─1　コンプライアンス（法令等          Ⅲ─1─4　海外監督当局との連携確保
　　　　　　　遵守）態勢                        Ⅲ─2　意見交換制度
　　Ⅱ─3─2　グループ内取引の適切性
```

（資料）　金融庁

14 金融商品取引法 2006年6月，投資性の強い金融商品について，投資対象によって保護の隙間が生じないよう横断的に利用者保護を図ることなどを目的に，証券取引法が改正され，金融商品取引法（以下「金商法」という）が成立した（施行は2007年9月）。金商法では，これまで証券取引法で規制されていた有価証券の範囲を拡大するとともに，デリバティブ取引については金融先物取引法上の取引のほか金利・通貨スワップも含めることとされた。ファンドは包括的な規制を受け，その対象商品も拡大された。販売勧誘ルールについても，外貨預金やデリバティブを組み込んだ仕組み預金，変額保険などを含め，利用者保護に関するその規制が及ぶこととなった。

また，外貨預金，デリバティブ預金，通貨オプション組入型預金といった投資性の強い預金（特定預金）に対しては，金商法の対象商品と同等の行為規制（販売勧誘ルール）が課せられることとなった。これらの特定預金にも金商法の販売勧誘ルールが適用され，広告等を行う場合においてリスクや手数料等の情報の表示等が義務付けられたほか，契約の締結前には，契約概要，手数料やリスクに関する情報等を記載した書面を交付し，顧客の適合性に合った説明を行うことが義務付けられた。

その後，2008年6月の金商法等（銀行法等）の改正により，ファイアーウォール規制（銀行業と証券業を同時に営むうえでの利益の衝突を防止するための規制（例えば，役職員の兼任禁止，情報共有の制限，販売する商品の制限など））の見直しが行われた。この結果，内部管理目的で一定の顧客情報授受を行うことが認められる一方で，顧客の利益が不当に害されることがないよう，行内（グループ内）において利益相反管理体制を整備することが義務付けられた（第8章も参照）。2010年4月からは裁判外紛争解決制度が創設・施行された。さらに，2012年には，総合的な取引所の実現に向けた制度整備が図られ，東京証券取引所と大阪証券取引所が2013年1月に経営統合を行っている。

第12章　銀行に対する規制・監督

金融商品取引法の概要

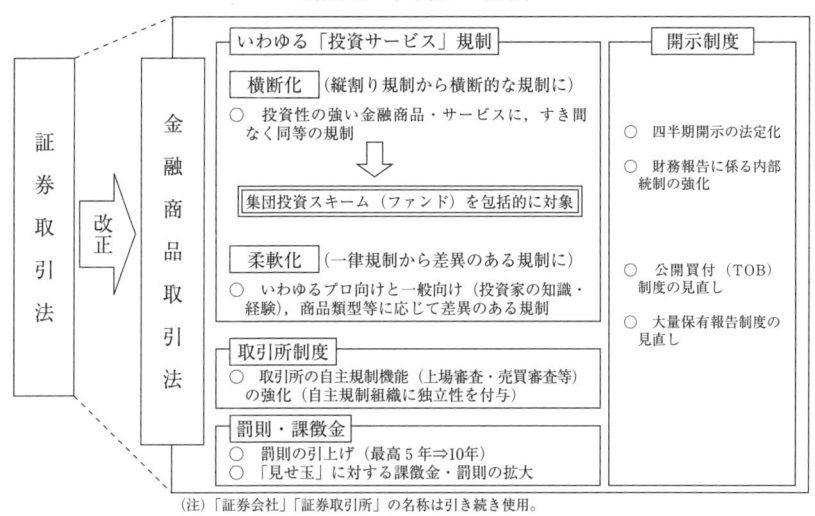

証券取引法 →改正→ 金融商品取引法

いわゆる「投資サービス」規制

- 横断化（縦割り規制から横断的な規制に）
  - ○ 投資性の強い金融商品・サービスに，すき間なく同等の規制
  - ⇒ 集団投資スキーム（ファンド）を包括的に対象

- 柔軟化（一律規制から差異のある規制に）
  - ○ いわゆるプロ向けと一般向け（投資家の知識・経験），商品類型等に応じて差異のある規制

- 取引所制度
  - ○ 取引所の自主規制機能（上場審査・売買審査等）の強化（自主規制組織に独立性を付与）

- 罰則・課徴金
  - ○ 罰則の引上げ（最高5年⇒10年）
  - ○ 「見せ玉」に対する課徴金・罰則の拡大

開示制度

- ○ 四半期開示の法定化
- ○ 財務報告に係る内部統制の強化
- ○ 公開買付（TOB）制度の見直し
- ○ 大量保有報告制度の見直し

（注）「証券会社」「証券取引所」の名称は引き続き使用。

- ○ 銀行法，長期信用銀行法，信用金庫法，中小企業等協同組合法
- ○ 保険業法
- ○ 商品取引所法
- ○ 不動産特定共同事業法　等

利用者保護ルールについて，基本的に金融商品取引法と同様の規制を適用

（注）集団投資スキームとは，①他者から金銭などの出資・拠出を受け，②その財産を用いて事業・投資を行い，③当該事業・投資から生じる収益などを出資者に分配する仕組みを指し，例えば，出資・拠出を受けた金銭などを用いて商品投資を行うもの（いわゆる商品ファンド），不動産信託受益権などへの投資を行うもの（いわゆる不動産ファンド）及び各種の事業を行うもの（いわゆる事業型ファンド）などを含む。

（資料）　金融庁資料をもとに作成

規制対象商品

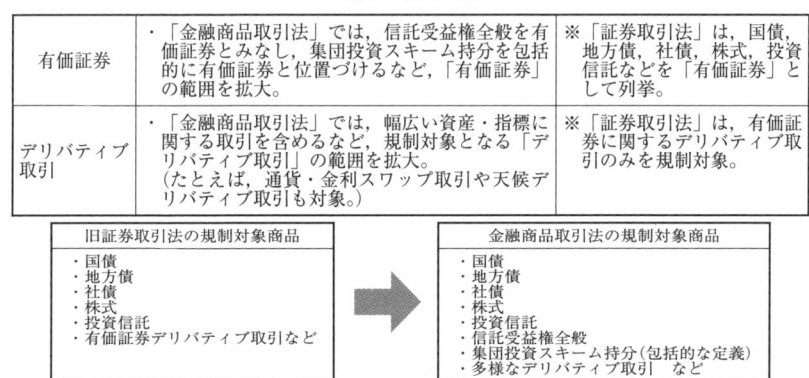

有価証券	・「金融商品取引法」では，信託受益権全般を有価証券とみなし，集団投資スキーム持分を包括的に有価証券と位置づけるなど，「有価証券」の範囲を拡大。	※「証券取引法」は，国債，地方債，社債，株式，投資信託などを「有価証券」として列挙。
デリバティブ取引	・「金融商品取引法」では，幅広い資産・指標に関する取引を含めるなど，規制対象となる「デリバティブ取引」の範囲を拡大。（たとえば，通貨・金利スワップ取引や天候デリバティブ取引も対象。）	※「証券取引法」は，有価証券に関するデリバティブ取引のみを規制対象。

旧証券取引法の規制対象商品	金融商品取引法の規制対象商品
・国債 ・地方債 ・社債 ・株式 ・投資信託 ・有価証券デリバティブ取引など	・国債 ・地方債 ・社債 ・株式 ・投資信託 ・信託受益権全般 ・集団投資スキーム持分（包括的な定義） ・多様なデリバティブ取引　など

（資料）　金融庁パンフレット「新しい金融商品取引法制について」をもとに作成

15 銀行代理業制度　「銀行代理業制度」は，これまでの「銀行代理店制度」を見直す形で2006年4月に創設された制度である。

従前の銀行代理店制度の下では，それまで代理業務範囲の拡大や金融機関代理店制度の創設・拡大等の規制緩和が進められてきたものの，①法人代理店が銀行の100％子会社に限定されていること，②代理業務以外の業務の兼営が禁止されていること（専業義務）から，銀行業界から，これらの規制の撤廃・緩和に関する要望が出されていた。

こうした要望を受け，2004年3月に閣議決定された「規制改革・民間開放推進3か年計画」では，銀行代理店制度の見直しについて2004年度中に検討を行い，措置を講じることとされた。その後，郵政民営化において，日本郵政公社が4分社化され，郵便局株式会社が郵便貯金銀行等の代理店として預金受入れ等の銀行業務を行うこととされたこと等も踏まえて，銀行代理業制度の創設を盛り込んだ銀行法改正法案が国会へ提出され，2005年11月に成立，2006年4月から施行された。

上記銀行法改正法では，許可制によって「銀行代理業」を営むことが可能とされ，従前の100％子会社規制や一般事業との兼業禁止の規制は撤廃された。同時に，兼業については個別承認制とされ，兼業により銀行代理業の適正・確実な遂行に支障を及ぼすおそれがあると認められないことを基準に，審査することとされた。なお，兼業がある銀行代理業者が事業性資金の貸付の勧誘等を行う場合は，規格化された貸付商品（上限1,000万円）であって銀行代理業者が審査に関与しないもののみ取扱い可能とされた（銀行代理業者が貸金業者等である場合は不可）。このほか，銀行代理業者に係る分別管理，顧客に対する説明等，預金等との誤認防止，顧客情報の適正な取扱い等の規定や，所属銀行による銀行代理業者に対する指導等の規定が設けられた。

銀行代理店制度見直し／銀行代理業制度創設の経緯

1963年〜	限定的な銀行代理店制度 ・銀行の100％子会社に限定 ・兼業禁止
2002年4月	規制緩和 ・設置・廃止に係る認可制→届出制 ・代理業務の範囲拡大（債務保証等を追加） ・金融機関代理店制度創設
2004年4月	規制緩和 ・金融機関代理店制度拡大（証券会社，保険会社を追加）
2006年4月	銀行代理業制度の創設

（資料）　金融庁資料をもとに作成

銀行代理店制度の見直し

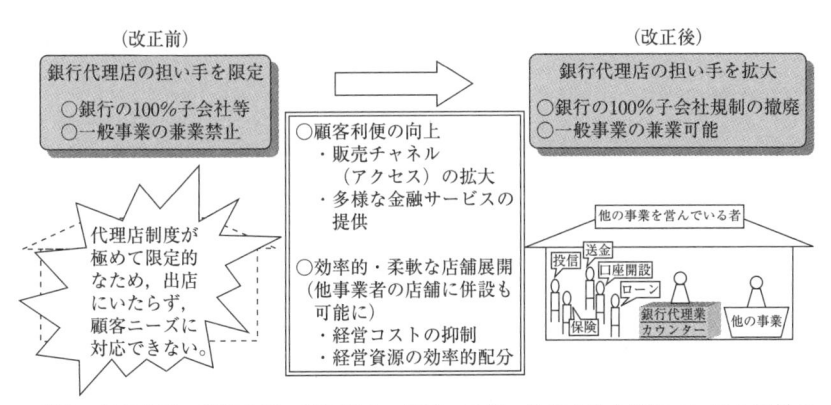

（改正前）
銀行代理店の担い手を限定
○銀行の100％子会社等
○一般事業の兼業禁止

代理店制度が極めて限定的なため，出店にいたらず，顧客ニーズに対応できない。

○顧客利便の向上
・販売チャネル（アクセス）の拡大
・多様な金融サービスの提供
○効率的・柔軟な店舗展開
（他事業者の店舗に併設も可能に）
・経営コストの抑制
・経営資源の効率的配分

（改正後）
銀行代理店の担い手を拡大
○銀行の100％子会社規制の撤廃
○一般事業の兼業可能

他の事業を営んでいる者
送金／投信／口座開設／ローン／保険　銀行代理業カウンター　他の事業

（注）　信用金庫，労働金庫，信用組合，農協・漁協，農林中央金庫についても同様の見直しが行われた。
（資料）　金融庁資料をもとに作成

16 国際的な金融危機への対応（その1）　2007年の夏以降，米国住宅市場においてサブプライム住宅ローンの返済問題（サブプライム・ローン問題）が顕在化し，さらに，2008年後半からは米国投資銀行の一つであるリーマン・ブラザーズの経営破綻を契機として金融市場の混乱が一層深刻化し，世界的な金融危機に拍車がかかることとなった。世界的な金融危機によって，欧米の金融機関を中心に巨額の損失が発生し，公的資金が注入される事態に至り，その影響は世界の実体経済にも大きな悪影響を及ぼすこととなったため，金融危機の再発防止に向けての規制・監督の強化との視点から，国際的なレベルで新たな規制・監督の枠組みの整備が検討された。

　その中で，銀行の健全性の一層の強化を目的として，2011年12月末にバーゼル3が策定された。バーゼル3は，自己資本比率規制の見直し（第12章5参照）のほか，資本保全バッファー，カウンターシクリカル資本バッファーによる資本賦課の引上げや，リスクベースによらないで資産規模の抑制を図るレバレッジ規制，流動性規制が新たに盛り込まれている。流動性規制では，短期間（30日間）の厳しいストレス下におけるネット資金流出額以上に流動資産の保有を義務付ける規制（流動性カバレッジ比率）と資金の運用調達構造の長短ミスマッチを抑制することを目的とする規制（安定調達比率）の二つの規制指標が設けられている。

　さらに，システム上重要な金融機関がもたらすモラルハザード（いわゆるToo Big To Fail問題）やシステミックリスクへの対応策が講じられている。具体的には，G-SIFIs（国際的にシステミックに重要な金融機関）として認定された金融機関に対しては，バーゼル3の最低水準を超えて追加的資本賦課を求めるとともに，システミックな混乱による納税者の損失負担を回避するために，破綻処理や再建計画の事前策定が求められている。

第12章　銀行に対する規制・監督

米国のサブプライム・ローン問題の構図

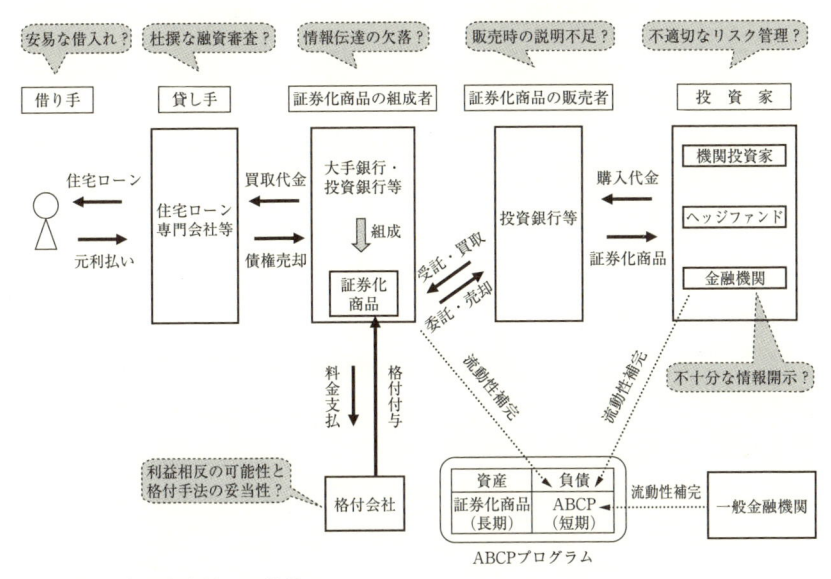

- 安易な借入れ？
- 杜撰な融資審査？
- 情報伝達の欠落？
- 販売時の説明不足？
- 不適切なリスク管理？

借り手 → 住宅ローン → 貸し手（住宅ローン専門会社等） → 買取代金／債権売却 → 証券化商品の組成者（大手銀行・投資銀行等）⇒ 組成 → 証券化商品 → 受託・買取／委託・売却 → 証券化商品の販売者（投資銀行等） → 購入代金／証券化商品 → 投資家（機関投資家、ヘッジファンド、金融機関）

- 利益相反の可能性と格付手法の妥当性？
- 料金支払／格付付与 → 格付会社
- 不十分な情報開示？
- 流動性補完

ABCPプログラム：資産（証券化商品（長期））／負債（ABCP（短期））　流動性補完 ← 一般金融機関

（資料）　金融庁資料から抜粋

バーゼル3の全体像（イメージ図）

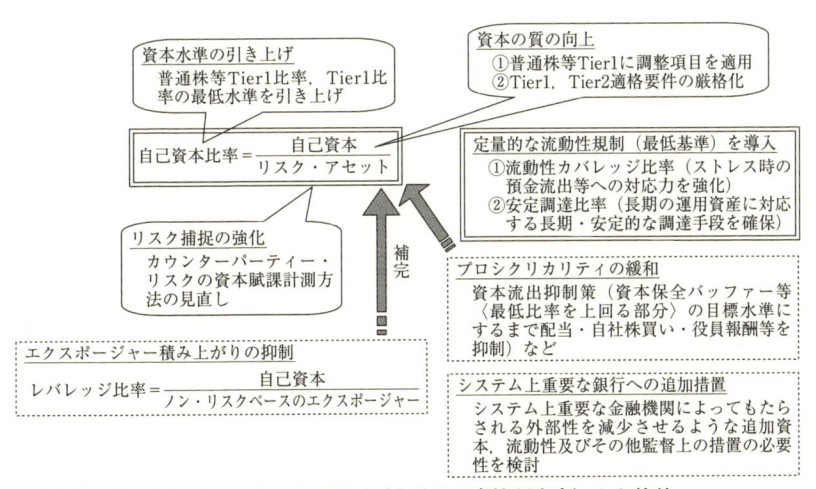

- 資本水準の引き上げ
  普通株等Tier1比率、Tier1比率の最低水準を引き上げ

- 資本の質の向上
  ①普通株等Tier1に調整項目を適用
  ②Tier1、Tier2適格要件の厳格化

$$自己資本比率 = \frac{自己資本}{リスク・アセット}$$

- 定量的な流動性規制（最低基準）を導入
  ①流動性カバレッジ比率（ストレス時の預金流出等への対応力を強化）
  ②安定調達比率（長期の運用資産に対応する長期・安定的な調達手段を確保）

- リスク捕捉の強化
  カウンターパーティー・リスクの資本賦課計測方法の見直し

- プロシクリカリティの緩和
  資本流出抑制策（資本保全バッファー等〈最低比率を上回る部分〉の目標水準にするまで配当・自社株買い・役員報酬等を抑制）など

- エクスポージャー積み上がりの抑制
  $$レバレッジ比率 = \frac{自己資本}{ノン・リスクベースのエクスポージャー}$$

- システム上重要な銀行への追加措置
  システム上重要な金融機関によってもたらされる外部性を減少させるような追加資本、流動性及びその他監督上の措置の必要性を検討

（出所）　「銀行経理の実務（第8版）」（金融財政事情研究会）から抜粋

17 国際的な金融危機への対応（その2） 国際的なレベルでは，バーゼル3やSIFIs規制のほか，市場デリバティブ規制やシャドーバンキング規制が検討され，順次，実施に移されている。

まず，市場デリバティブ改革では，2009年9月のピッツバーグサミットにおいて，2012年末までに，標準化された店頭デリバティブ取引について中央清算機関を通じて決済し，取引情報蓄積機関に報告すること，また，中央清算機関を通じて決済がされない取引は，より高い自己資本賦課を行うこととされ，わが国でも清算集中等の具体化に向けた取組みが進められている。

次に，シャドーバンキングとは，通常の銀行システム外の主体または活動による信用仲介を指し，いわゆるノンバンクによる信用仲介を指す。2011年10月に，FSB（金融安定理事会）から，「シャドーバンキングの規制と監視の強化」報告書が公表され，①通常の銀行システムとシャドーバンキングシステムとの間における波及効果の抑制，②MMF（マネー・マーケット・ファンド）の取付騒ぎの発生可能性の低減，③その他のシャドーバンキング主体によるシステミック・リスクの評価および調整，④証券化に付随するインセンティブの評価および抑制，⑤レポ取引等に付随するリスクおよび景気変動を増幅させるインセンティブの削減といった5つの作業分野に分けての検討が明示された。これを受けて，2012年11月にFSBから最初の包括的な政策提言案が公表されている。

さらに，欧米では，地域国内レベルで，世界的な金融危機を踏まえた規制改革の動きがみられる。米国では，2010年に米国内の金融システムの安定化を図るためにドッド・フランク法が制定され，その中には，銀行に対しトレーディング取引（自己勘定での短期売買取引）やファンド等への投資を制限する規定（いわゆるボルカールール）やデリバティブ規制が盛り込まれた。また，欧州でも，2012年にリーカネン報告が公表され，トレーディング取引を銀行本体から分離することなどが提言されている。

G20等での国際的な金融規制改革の動き

年・月	出来事
2007年夏	サブプライム危機の発生
2008年9月	リーマンショック
2008年10月	G20金融サミット（ワシントンDC）
2009年4月	G20金融サミット（ロンドン）
2009年9月	G20金融サミット（ピッツバーグ） ・質の高い資本の構築および景気循環増幅効果（プロシクリカリティ）の抑制 ・店頭デリバティブ市場の改善⇒遅くとも2012年末までに、標準化されたすべての店頭（OTC）デリバティブ契約は、適当な場合には、取引所または電子取引基盤を通じて取引され、中央清算機関を通じて決済されるべき。店頭デリバティブ契約は、取引情報蓄積機関に報告されるべき。中央清算機関を通じて決済がされない契約は、より高い所要自己資本賦課の対象とされるべき。
2010年6月	G20金融サミット（トロント）
2010年11月	G20金融サミット（ソウル） ・銀行の自己資本・流動性の新たな枠組みについて、バーゼル銀行監督委員会（BCBS）による画期的な合意（バーゼル3）を承認。 ・システム上重要な金融機関（SIFIs）がもたらすモラルハザードのリスクを軽減し、「大きすぎて潰せない」問題に対処するために金融安定理事会（FSB）より提案された政策の枠組み、作業プロセス、日程を承認。
2010年12月	バーゼル3テキストの公表
2011年11月	G20金融サミット（カンヌ） ・グローバルなシステム上重要な金融機関（G-SIFIs）のリストを公表。シャドーバンキング・システムへの規制・監視を強化。
2012年6月	G20金融サミット（ロスカボス） ・シャドー・バンキング・システムの監視および規制の強化 ・店頭デリバティブ改革：2012年末までに、標準化された取引の取引所または電子取引基盤での取引の実施、中央清算機関を通じた決済、および取引情報機関への報告のコミットを再確認。併せて、2012年末までに清算集中されないデリバティブ取引に係る証拠金規制の最終化を奨励。

シャドーバンキングシステムの構造

信用仲介の流れ　　　　　　　　　満期／流動性変換の促進

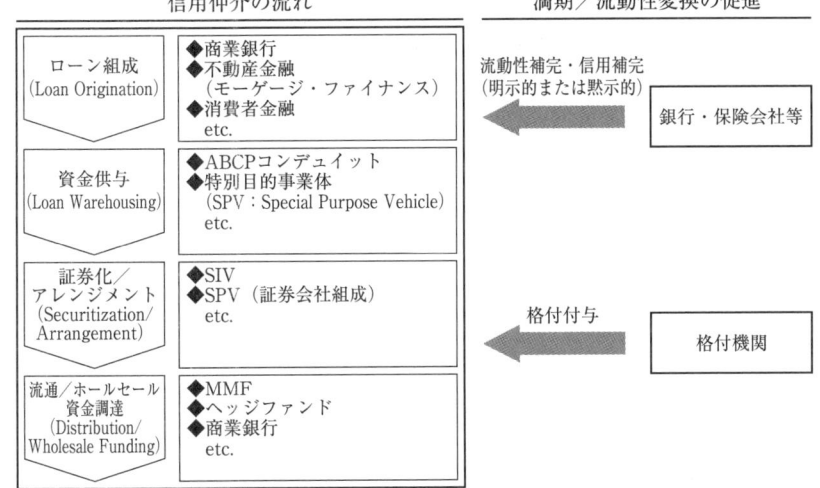

ローン組成 (Loan Origination)	◆商業銀行 ◆不動産金融（モーゲージ・ファイナンス） ◆消費者金融　etc.	← 流動性補完・信用補完（明示的または黙示的）	銀行・保険会社等
資金供与 (Loan Warehousing)	◆ABCPコンデュイット ◆特別目的事業体（SPV：Special Purpose Vehicle）　etc.		
証券化／アレンジメント (Securitization/Arrangement)	◆SIV ◆SPV（証券会社組成）　etc.	← 格付付与	格付機関
流通／ホールセール資金調達 (Distribution/Wholesale Funding)	◆MMF ◆ヘッジファンド ◆商業銀行　etc.		

（資料）　鈴木利光「大和総研調査季報」（2011年秋季号Vol. 4）から転載。

第13章 銀行の経営

1 概説 私的企業経営の基本的理念は収益の追求であるが，銀行などの金融機関は，その特殊性からそれに加えて社会的・公共的な責任を果たすことが一般の企業以上に要請されている。このことは銀行法第1条（目的）において，法の基本理念として，第1項で「この法律は，銀行の業務の公共性にかんがみ，信用を維持し，預金者等の保護を確保するとともに金融の円滑を図るため，銀行の業務の健全かつ適切な運営を期し，もつて国民経済の健全な発展に資することを目的とする」とされ，また第2項では「この法律の運用に当たつては，銀行の業務の運営についての自主的な努力を尊重するよう配慮しなければならない」とされていることからも明らかである。

以上のような金融機関の特殊性からくる銀行の経営理念としては次の点があげられる。

(1) **公共性** 銀行をはじめとする金融機関は，経済取引における信用秩序維持の中枢であることから，その公共性が重要視される。これは，仮になんらかの事由で預金の支払いが停止したり，為替取引，手形交換などがストップすると，預金者個人に損害を与えるだけでなく，その影響は企業や国にまでおよび，国民経済全体が混乱をきたすことになるからである。また，個人や企業のニーズに応じた金融サービスの提供に努める一方，産業構造の変化，消費者金融市場の拡大，公共債の大量発行，金融自由化の進展などに関連し，資金の適正かつ効率的配分という観点からも銀行の社会的責任はますます大きくなっている。

(2) **健全性**　銀行経営において健全性が特に要求されるのは，銀行の営業が広汎な預金者を基礎として成立しているということばかりではなく，銀行預金が通貨または準通貨として流通し，経済取引の信用秩序の基礎となっているからである。

健全性は確実性と流動性の二つの観点からみることができる。確実性は運用資金の元利の確実な回収を期することであり，流動性は平常および緊急の現金需要に応じられるように資産の必要部分を流動的な状態に保つことである。つまり，銀行は預金者保護，信用秩序の維持という観点から，経営の健全性が強く求められている。

(3) **収益性**　銀行も基本的には私企業であり，資金の貸出や有価証券投資などにより最大の収益をあげ，これを安定的に維持することに努めている。収益をあげることは，株主への配当を可能とし，自己資本を充実し，銀行の信用秩序維持や預金者保護に資するなど公共的責任を果たすうえでの裏付けともなっている。

しかし，その反面，収益を追求するあまり，公共性や健全性が軽視されることになるのは妥当ではない。したがって，収益を高めるためには，経営の合理化，効率化が強く要請されることになる。

以上三つの経営理念である公共性，健全性，および収益性の調和を図り，維持することが金融機関経営の基本であるといえる。

銀行業が公共的な性格を強くもっていることから，多くの国が特別法を定め，一定範囲で国の監督が及ぶようにしている。わが国においては，銀行法をはじめとして，信託業法，信用金庫法などが定められており，これらの法律では，銀行業をはじめ各事業を免許事業としているほか，業務範囲，経理方法，監督などについて規定している。これは銀行経営に対する大きな規制である一方，新規参入の抑制，銀行相互間や業態相互間の競争の制限という形での保護の役割も果たしている。

2　金融機関の収益構造　金融機関の収益状況を表すものとしては，資金運用収支，業務純益，経常利益，当期純利益等がある。

資金運用収支は，貸出金利息＋有価証券利息配当金等の資金運用収益から預金利息＋債券利息等の資金調達費用を差し引いたもので，預貸金業務，有価証券投資，市場性資金運用等の業務から生じており，金融機関の基礎体力を示すものである。

為替手数料等のサービス業務の収支は役務取引等収支となる。また，トレーディング目的で行った取引に係る売買等の収支は特定取引収支となり，国債等債券損益等はその他業務収支に含まれる。

以上の各収支を合計した業務粗利益から経費等を差し引いた業務純益は，銀行の本業での業績を示す指標として用いられている。業務純益からは，経常的に発生する貸倒損失に備えるための一般貸倒引当金の繰入額を費用として控除しているが，一般貸倒引当金は要管理先債権に対する引当として多く使用されるようになったため，本業の収益力をみる基準として，一般貸倒引当金控除前の業務純益（実質業務純益）や実質業務純益から国債等債券関係損益を控除したコア業務純益が利用されることも多い。

このほか，株式等売却損益，金銭の信託運用損益，貸倒引当金繰入額，貸出金償却などからなるその他経常収支があるが，かつて不良債権の処理のため，貸倒引当金の繰入れや貸出金償却等が多額に上った際には，大きな減益要因となっていた。

経常利益は，経常収益（資金運用収益＋役務取引等収益＋その他業務収益＋その他経常収益＋信託報酬）から経常費用（資金調達費用＋役務取引等費用＋その他業務費用＋営業経費＋その他経常費用）を控除したもので，金融機関の利益をみるうえで一般的な指標である。

当期純利益は，経常利益に特別利益・損失を加え，法人税，住民税等を控除したものである。

金融機関の収益力を表す利益区分の概要

業務粗利益		本来的な業務活動から得られた収支の合計額
	＋資金運用収支	預金，貸出金，有価証券などの利息の収支
	＋役務取引等収支	役務（サービス）に係る各種手数料等の収支
	＋特定取引収支	金利等の短期的な変動等を利用して得た収支
	＋その他業務収支	債券や外国為替の売買損益等の収支
▲ 経費		営業活動を行うための人件費や物件費等の支払額
▲ 一般貸倒引当金純繰入額		貸倒れ実績に基づき貸出金にまとめて行う引当金の繰入額
業務純益		本来的な業務活動から得られた経費等控除後の利益
	実質業務純益	業務純益から一般貸倒引当金純繰入額の影響を除いた利益
	コア業務純益	実質業務純益から債券売買損益等の影響を除いた利益
＋臨時損益		株式関係損益，不良債権処理額等の損益収支
経常利益		通常の活動によって得られた利益

金融機関の主要損益収支の構成比

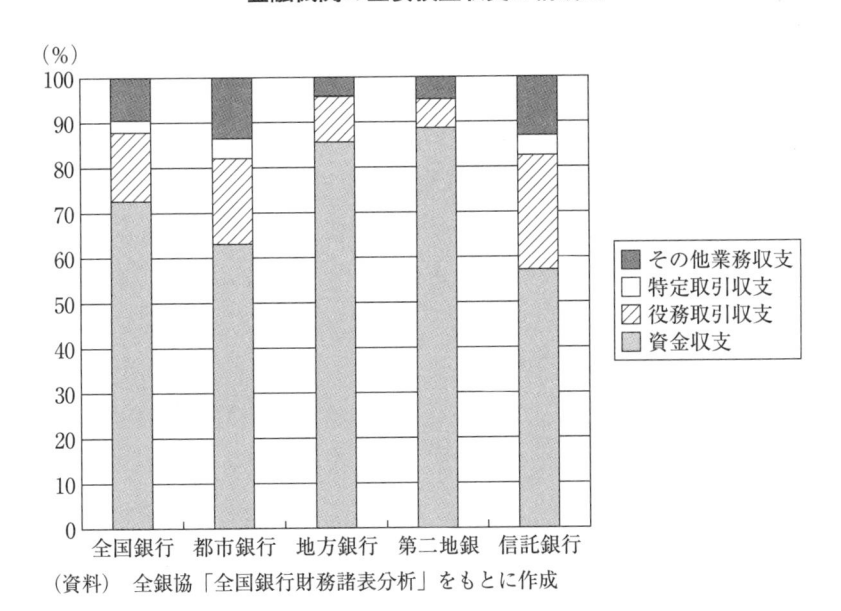

（資料）　全銀協「全国銀行財務諸表分析」をもとに作成

3 銀行の経営分析指標　金融機関の経営分析は一般企業の経営分析と本質においては変わりはないが，次の三つの側面から分析されることが多い。

(1) **流動性分析**　貸借対照表の資産・負債各項目の流動性(換金性)をみるもので，この指標には主に①支払準備率（預金残高の引出し請求に対する支払準備として保有する現金・預け金の割合），②流動性比率（流動性資産と流動性負債の比率），③長期運用・調達比率（1年超の長期運用残高と長期調達・広義自己資本の比率）などがある。

(2) **安全性分析**　運用資産に対する資本等の比率により，資産の安全性をみるが，この指標としては，①自己資本比率，②外部負債比率（預金・債券に対するコールマネー等市場資金の割合），③動産・不動産比率（自己資本に対する動産・不動産の割合）などがあるが，自己資本比率が最も重要視されている（第12章5参照）。

(3) **収益性分析**　収益性分析には経常利益のほか，①経常収支率（経常費用対経常収益），②経常利益率（経常利益対資本勘定），③利益率（当期利益対資本金），④預貸金利鞘，⑤総資金利鞘（資金運用利回り－資金調達原価）等が主な指標となる。

不良債権の処理費用が膨らみ赤字になる場合には，経常収支率が100％を超え，経常利益率や利益率がマイナスになる。特に不良債権問題が深刻であった時期にはマイナス幅が非常に大きくなることもしばしばみられていた。

また，ROA（Return on Asset；総資産利益率）やROE（Return on Equity；自己資本利益率）が重要な経営指標となっている。わが国の銀行のROA，ROEは欧米銀行に比較して低いため，各銀行はリスクを計量化し，リスクに見合ったリターン（収益）をあげるべく，利鞘の拡大や手数料収入の増強などによる収益力の向上を目指している（第13章4参照）。

第13章　銀行の経営

支払準備率

$$\left(\frac{\text{現金・預け金}+\text{コールローン}+\text{買入手形}}{\text{預金}+\text{譲渡性預金}}\right)$$

経常収支率

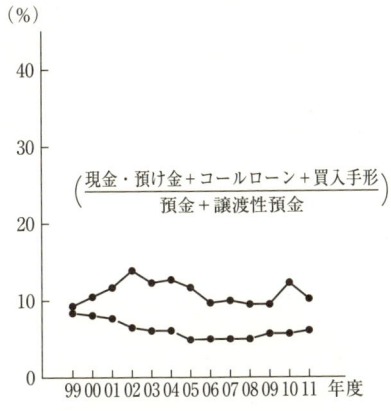

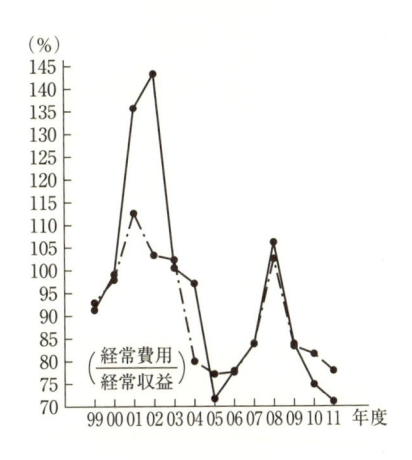

$$\left(\frac{\text{経常費用}}{\text{経常収益}}\right)$$

経常利益率（都市銀行）

$$\left(\frac{\text{経常利益}}{\text{資本勘定}}\right)$$

利益率（都市銀行）

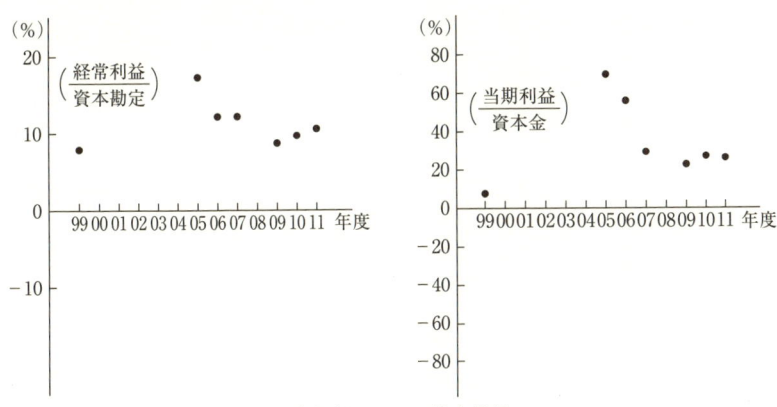

$$\left(\frac{\text{当期利益}}{\text{資本金}}\right)$$

(注1)　上記グラフ中　——都市銀行，—・—地方銀行
(注2)　業態内に赤字の銀行がある年度については，経常利益率，利益率を算出していない。
(資料)　全銀協「全国銀行財務諸表分析」をもとに作成

4　**収益力の向上**　わが国の銀行の最大の経営課題として不良債権問題の早期処理が求められた際には，高水準の期間収益を確保して不良債権処理費用にあてる必要があった。収益力の向上は不良債権問題が一段落し，銀行経営の健全性が回復した現時点においても，安定した金融システムを維持するための前提条件として重要な経営課題となっている。

わが国の銀行の収益性の問題点の第一は，収益の過半を占める金利収入の源泉となる利鞘が低水準にあることである。欧米の銀行と比べると，わが国の銀行の利鞘はきわめて薄く，特に米銀と比べるとその差は大きい。このため，例えば，企業向け貸出については，貸出先の信用力を銀行内部で格付し，それに応じて適用する貸出金利を決定する手法をより徹底すること等により，貸出金の利鞘の改善を着実に進めていくことが求められている。

また，収益力向上のためのその他の方策として，手数料等の非金利収入を強化することも必要となる。現在，各銀行では，投資信託，保険等の窓販商品の取扱いの拡大による手数料収入の強化を進めるほか，証券化等，バランスシートを拡大させずに手数料収入を増加させること等の取り組みがなされている。

なお，安定した収益力を維持するためには，金利収支や手数料収支等の基礎的な収益力の強化とともに，不良債権処理による信用コストを適切に管理することも重要である。

第13章　銀行の経営

全国銀行の総資金利鞘の推移

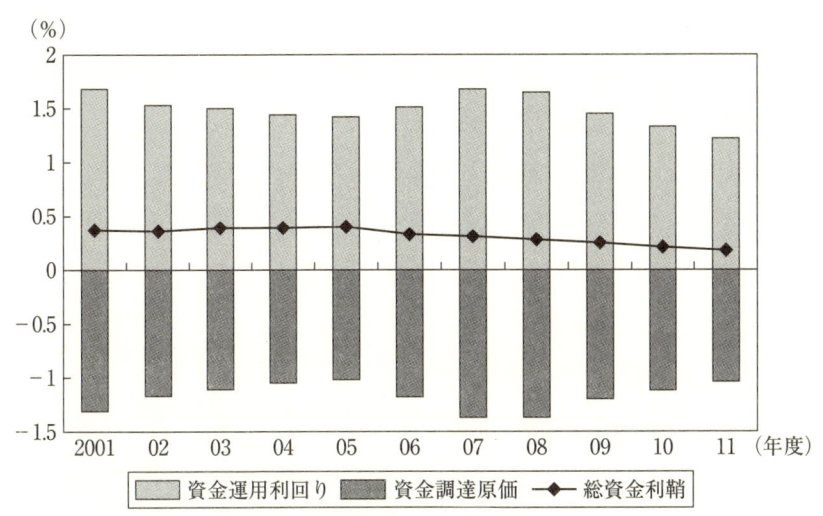

（資料）　全銀協「全国銀行財務諸表分析」をもとに作成

全国銀行の利益と不良債権処分損の推移

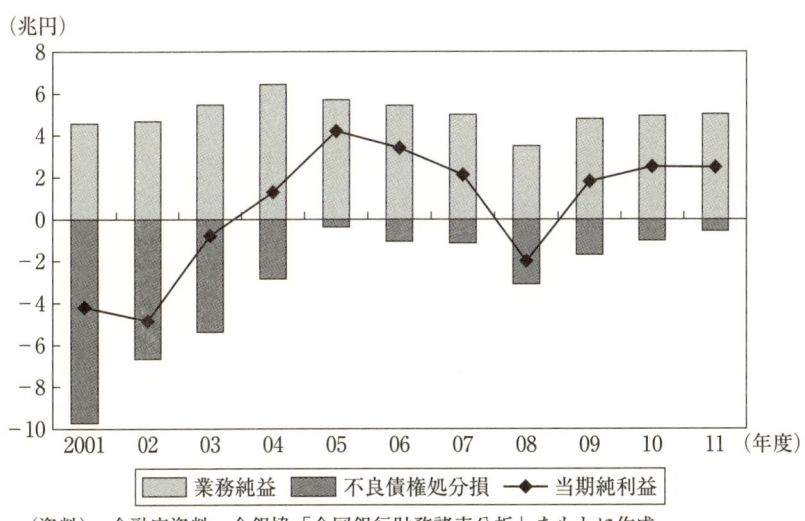

（資料）　金融庁資料，全銀協「全国銀行財務諸表分析」をもとに作成

5　効率化の推進　　収益力向上策の一つとして，効率化の徹底も重要な施策である。銀行は従来にも増して，事務処理の合理化，店舗の統合，人員の戦略的な配置などを進めるとともに，IT技術や金融工学を取り入れて経営の効率化を図っている。

　1990年代末から急速に進展した合併や持株会社を利用した統合の動きは，不良債権問題への対応という意味合いもあったが，規模の拡大によって，効率性を高めようとする動きでもあった。合併・統合にともない重複する店舗の整理統合が進められたが，こうした動きの背景にはインターネットバンキングの普及，コンビニへのATMの設置などによって，店舗の位置づけが従来と変わったこともある。店舗数は，1990年代初めまでは増加傾向にあったが，その後，全国銀行でピーク比約20％減少し，ほぼ横這いで推移している。

　人件費の面では，後方の事務処理を中心に別会社にアウトソーシングすることが一般化しており，また従来の店舗においても窓口業務については正社員から派遣社員への転換を行って，人件費の節約を図っている。全国銀行の職員数でみるとピーク比30％以上減少している。また，地域金融機関を中心に，業務効率化による物件費節約等の観点から銀行のシステム開発や運用についての共同化が進められている。

　貸出のような銀行取引は相対取引であり，従来は貸出先の情報を個別に分析したうえで判断をしてきたため，こうした過程を合理化する余地は少ないと考えられてきた。しかし，中小企業向け貸出に関する膨大なデータベースを整備することにより，信用リスクを定量化し，それに基づいて審査の過程を自動化し，融資判断を迅速化する動きが進展している（第6章第5節参照）。

全国銀行の店舗数と職員数の推移

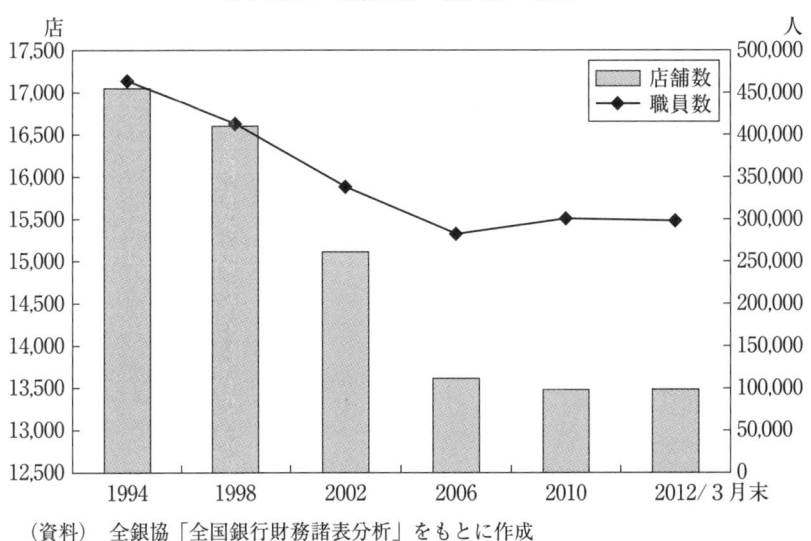

（資料）　全銀協「全国銀行財務諸表分析」をもとに作成

中小企業情報のデータベース化（CRD（Credit Risk Database）の例）

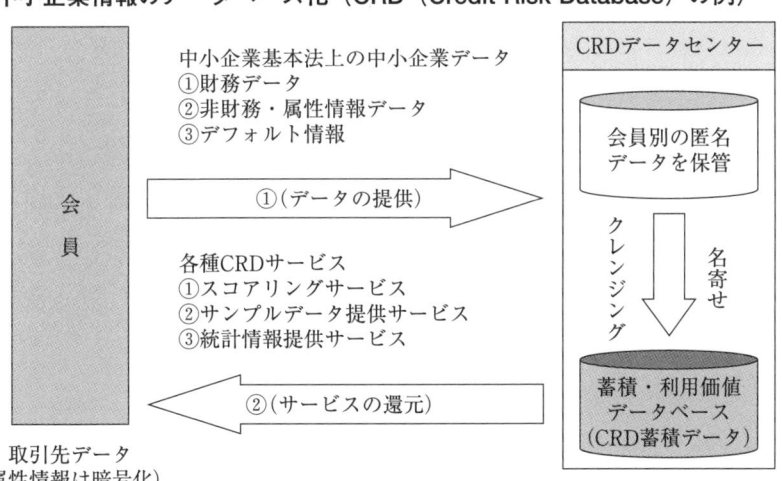

会員

取引先データ
（属性情報は暗号化）

中小企業基本法上の中小企業データ
①財務データ
②非財務・属性情報データ
③デフォルト情報

①（データの提供）→

各種CRDサービス
①スコアリングサービス
②サンプルデータ提供サービス
③統計情報提供サービス

←②（サービスの還元）

CRDデータセンター

会員別の匿名データを保管

クレンジング・名寄せ

蓄積・利用価値データベース
（CRD蓄積データ）

（資料）　CRD協会ホームページ

6　銀行の各種リスク管理　　銀行業務はもともと一定のリスクをともなうものであり，リスクを負担することが銀行の収益の源泉でもあり，社会的役割でもあるといえる。

　貸倒れの可能性のある貸出を実行するということは信用リスクを負うことを意味し，短期の資金を調達し，長期の資金に運用するという銀行の資産変換機能には金利リスクや流動性リスクが随伴する。特に，近年，金融の自由化，国際化が進展するなかで，銀行はこれまでにない様々なリスクに直面するようになった。これらのリスクを適切に管理し，リスクと収益とのバランスをとることが銀行経営の重要な課題となっている。

　信用リスクはすべての信用供与に共通するもっとも基本的なリスクである。市場の変動にともなうリスクとしては，運用・調達のミスマッチから生じる金利リスク，保有有価証券の価格変動リスク，為替相場変動による為替リスクがある。こうしたリスクは自由化，国際化の進展とともに増大しており，BISの銀行監督委員会では従来の信用リスクに基づく自己資本比率規制に加えて，これらの市場リスクを加味した自己資本比率の基準を決定し，1997年度から日本でも実施された（第12章5参照）。銀行業務がコンピュータ化された現在では，電算システムリスクは増大しており，銀行のコンピュータのダウンは経済社会全体に影響を与える。

　こうした各種リスクの増大に対処して，金融機関では，資産と負債の残高，期間，金利のマッチングに重点を置いたALM（資産負債総合管理）の導入，先物，オプション，スワップなどの金融ハイテク技術を利用したリスクヘッジの活用，さらにはコンピュータシステムの2系統化などにより，リスクの削減を図っている。

銀行におけるリスク

リスク項目		リスクの定義
信用リスク		信用供与先の財務状況の悪化等により，資産（オフ・バランス資産を含む）の価値が減少ないし消失し，金融機関が損失を被るリスク。
	カントリー・リスク	海外向け信用供与について，与信先の属する国の外貨事情や政治・経済情勢等により金融機関が損失を被るリスク。
市場リスク		金利，為替，株式等の様々な市場のリスク・ファクターの変動により，資産・負債（オフ・バランスを含む）の価値が変動し損失を被るリスク，資産・負債から生み出される収益が変動し損失を被るリスク。
	金利リスク	金利変動にともない損失を被るリスクで，資産と負債の金利または期間のミスマッチが存在しているなかで金利が変動することにより，利益が低下ないし損失を被るリスク。
	為替リスク	外貨建資産・負債についてネット・ベースで資産超または負債超ポジションが造成されている場合に，為替の価格が当初予定されていた価格と相違することによって損失が発生するリスク。
	価格変動リスク	有価証券等の価格の変動に伴って資産価格が減少するリスク。
流動性リスク	資金繰りリスク	運用と調達の期間のミスマッチや予期せぬ資金の流出により，必要な資金確保が困難になる，または通常よりも著しく高い金利での資金調達を余儀なくされることにより損失を被るリスク。
	市場流動性リスク	市場の混乱等により市場において取引ができなかったり，通常よりも著しく不利な価格での取引を余儀なくされることにより損失を被るリスク。
オペレーショナル・リスク		金融機関の業務の過程，役職員の活動もしくはシステムが不適切であることまたは外生的な事象により損失を被るリスク（自己資本比率の算定に含まれるリスク）と金融機関自らがオペレーショナル・リスクと定義したリスク（自己資本比率の算定に含まれないリスク）。
	事務リスク	役職員が正確な事務を怠る，あるいは事故・不正等を起こすことにより金融機関が損失を被るリスク。
	システムリスク	コンピュータシステムのダウンまたは誤作動等，システムの不備等に伴い金融機関が損失を被るリスク。

（資料）　金融庁「預金等受入金融機関に係る検査マニュアル」をもとに作成

7 銀行グループ経営の展開 近年，わが国を含む主要国では，金融に対するニーズの変化，金融技術革新，規制緩和などを背景として，銀行，証券，保険のほか，消費者金融，資産運用（管理・助言）などの業務の担い手――金融サービス業者――が，相互に異なる業務分野に参入する動きが拡大している。銀行業においても，持株会社を中心として，傘下に銀行をはじめ多様な金融サービスを取り扱う会社を抱える銀行グループが形成された。また，より小規模な銀行においても，持株会社の下で広域的な経営統合が行われた。

わが国の銀行グループにおいては，一般に，ワンストップ・ショッピングの実現による顧客利便性の向上，業務の多様化による収益の拡大・安定，グループ内のシナジー効果の実現，経営の効率化，グループ内各社の専門性の向上，さらに，それらを通じた総合金融サービス力の強化と競争力の向上などが志向されている。そのため，メガバンクグループにおいては，持株会社が主要グループ各社に対して経営管理を行い，グループとして，コーポレート・ガバナンス，コンプライアンス，内部監査，経営管理，リスク管理などに取り組むグループ経営の態勢がとられている。

金融庁も，2005年6月に「金融コングロマリット監督指針」を策定し，銀行グループに対しては，グループ全体の経営管理態勢，財務の健全性などを対象に監督を行う方針を示している。

第13章　銀行の経営

銀行持株会社におけるコーポレート・ガバナンス
（三菱UFJフィナンシャル・グループの例）

持株会社のガバナンス構造

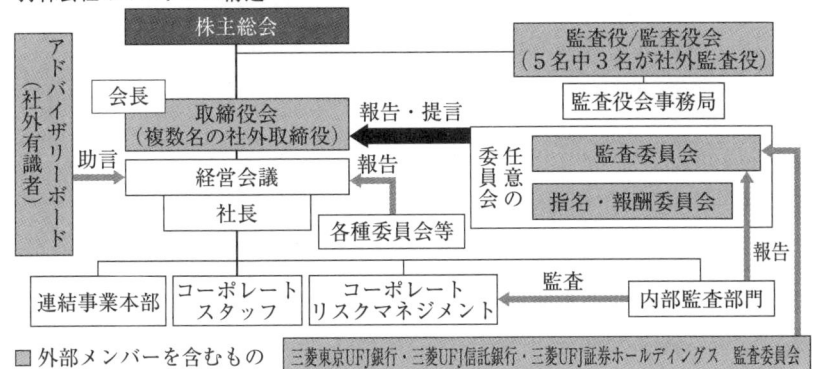

```
アドバイザリーボード（社外有識者）

株主総会
会長 → 取締役会（複数名の社外取締役）
助言 → 経営会議 / 社長
報告・提言

監査役/監査役会（5名中3名が社外監査役）
監査役会事務局

任意の委員会
　監査委員会
　指名・報酬委員会

各種委員会等

連結事業本部　コーポレートスタッフ　コーポレートリスクマネジメント
監査 ← 内部監査部門 → 報告

■ 外部メンバーを含むもの
三菱東京UFJ銀行・三菱UFJ信託銀行・三菱UFJ証券ホールディングス　監査委員会
```

（資料）　三菱UFJフィナンシャル・グループホームページ

銀行グループにおけるリスク管理態勢
（みずほフィナンシャルグループの例）

```
グループ全体のリスク管理
　みずほフィナンシャルグループ
　　　　基本方針の提示
　　　　リスク管理に関する指示 →
　　　　← リスク管理状況の報告

主要グループ会社のリスク管理
　主要グループ会社
　　みずほ銀行
　　みずほコーポレート銀行
　　みずほ信託銀行　等
　　　　リスク管理に関する指示 →
　　　　← リスク管理状況の報告
　主要グループ会社が管理するグループ会社
```

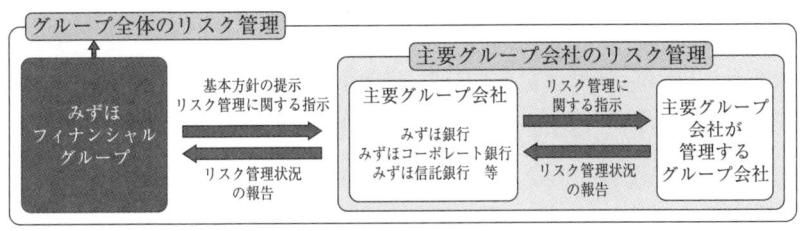

（資料）　みずほフィナンシャルグループホームページ

8　CSRや環境配慮行動への取組み

近年，企業と社会との相互関係が多様化・複雑化するなかで，CSR（企業の社会的責任）に対する企業の関心が高まっており，わが国の銀行においても，様々な形でCSRを重視した取組みが行われている。

また，CSRの一環として，地球温暖化等，特に環境問題の深刻化を背景に，企業活動も環境への配慮を前提としたものに変わっていく必要があるという，環境配慮行動への認識が高まっており，銀行もその例外ではない。むしろ，企業をはじめとする各主体に環境などの社会的な課題への取組みを実現させるにあたって，例えば環境格付融資など，金融の機能を活用する手法が注目されるようになっている。銀行には，一般企業としてのCSRを果たすのみならず，その金融機能を活用して，他の企業におけるCSRを推進する役割までもが求められているのである。

すでに多くの銀行で，SRI（社会的責任投資）の組成や，環境格付を活用し，環境配慮型の事業・企業等に対してより有利な条件で融資をするといった取組みが進められている。また，責任投資原則（PRI）や赤道原則といった，CSRに関連した国際的な諸原則を採択する銀行が，わが国でもみられるようになっている。

このような活動への取組みは，一過性のもので終わらせるのではなく，取組みを行う企業・銀行，そして一般にESGと称される社会経済全体の持続可能な発展に寄与するものでなければならず，今後の一層の展開が期待されるところである。

環境格付融資：日本政策投資銀行の例

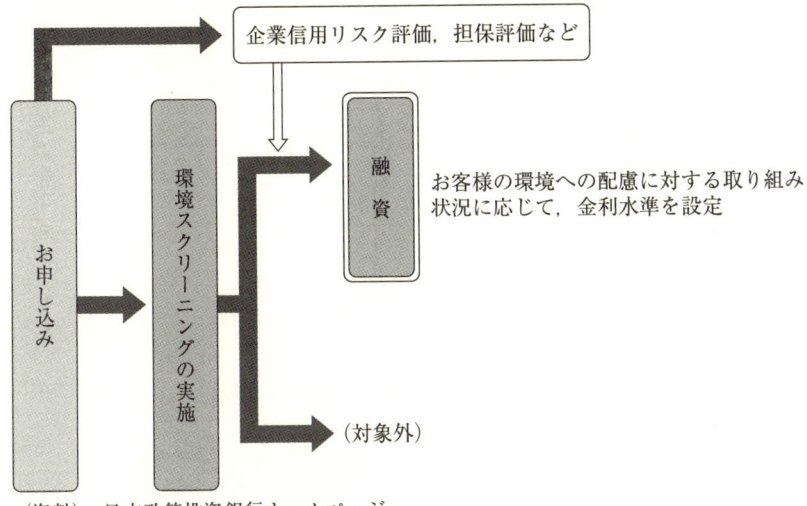

```
         ┌──────────→ 企業信用リスク評価，担保評価など
         │                              │
         │                              ▼
 ┌─────┐  ┌─────────┐       ┌─────┐
 │ お  │  │ 環境ス  │       │     │    お客様の環境への配慮に対する取り組み
 │ 申  │→ │ クリー  │─────→│ 融資 │    状況に応じて，金利水準を設定
 │ し  │  │ ニング  │       │     │
 │ 込  │  │ の実施  │       └─────┘
 │ み  │  │         │
 └─────┘  └─────────┘
                │
                └──────────→ （対象外）
```

（資料）　日本政策投資銀行ホームページ

責任投資原則（PRI）

○ UNEPFI（国連環境計画金融イニシアティブ：United Nations Principles for Responsible Investment）および国連グローバルコンパクトが2006年4月に公表した投資判断基準
○ 世界の機関投資家の投資決定プロセスに環境（E：Environment），社会的責任（S：Social），ガバナンス（G：Governance）の3つのファクターを反映させることが狙い

---

① 私たちは，投資分析と意志決定のプロセスにESGの課題を組み込みます。
② 私たちは，活動的な（株式）所有者になり，（株式の）所有方針と（株式の）所有慣習にESG問題を組み入れます。
③ 私たちは，投資対象の主体に対してESGの課題について適切な開示を求めます。
④ 私たちは，資産運用業界において本原則が受け入れられ，実行に移されるように働きかけを行います。
⑤ 私たちは，本原則を実行する際の効果を高めるために，協働します。
⑥ 私たちは，本原則の実行に関する活動状況や進捗状況に関して報告します。

索 引

アルファベット

ABL …………………………96
ATM …………………………116
CD ………………………62, 116
CDO …………………………175
CMBS ………………………175
CP ……………………………62
CRIN …………………………138
CSR …………………………238
DIPファイナンス ……………96
ETF …………………………68
FATF …………………………212
FB ……………………………62
G–SIFIs ……………………220
IFRS …………………………202
JASDAQ市場 ………………68
MICS …………………………116
OTC取引 ……………………170
PRI ……………………………238
REIT …………………………68
RMBS ………………………175
RTGS …………………………108
SIFIs規制 …………………222
SPC法 ………………………174
SRI ……………………………238
SWIFT (The society for Worldwide Interbank Financial Telecommunication s.c.) ………………110
TB ……………………………62
Tier 1 ………………………195
Tier 2 ………………………195
Too Big To Fail ……………220

あ行

アウトライト取引 ……………64
新しい業務形態をとる銀行 …42
あっせん委員会 ……………142
安全性の原則 …………………84
アンダーライティング ………148
一律分離課税制度 ……………82
一般法人預金 …………………75
インターネット専業銀行 …42, 122
インターネットバンキング …122
インターバンク市場 ………58, 60
疑わしい取引の届出制度 ……212
エクイティ・ファイナンス …86
大口信用供与規制 …186, 188, 198
オープン市場 ………………58, 62
オフショア市場 ………………72
オプション取引 ………164, 168
オペレーショナル・リスク …192, 235
オンラインサービス …………116

か行

海外部門の資金過不足 ………12
外貨預金 ………………………76
外国為替円決済制度 …………110
外国為替市場 ………………57, 64
外債 ……………………………70
改正割賦販売法 ……………125
改正信託業法 …………………41
価格変動リスク ……………235
家計貯蓄率 …………………126
家計部門の金融資産残高 ……10
貸金業法 ……………………125

索　引

貸出業務……………………84
貸出金利……………………90
貸出残高……………………54
貸出の規模別構成…………94
貸出の業種別構成…………94
貸出の種類…………………88
貸付信託……………………80
カストディ業務 ……………148
価値尺度機能………………2
価値保存機能………………2
割賦方式 …………………130
株価指数連動型投資信託…68
株式会社シー・アイ・シー…138
株式会社日本信用情報機構…138
株式市場 ………………66,68
株式店頭市場………………68
株式保有規制 ……………210
株式保有制限 …186, 188, 210
株式保有制限法 …………210
為替介入……………………65
為替業務……………………22
為替リスク ………………235
間接金融……………………14
カントリー・リスク ……235
企業間信用…………………8
企業の資金調達……………86
企業の社会的責任 ………238
キャッシング ……………136
協同組織金融機関…………44
業務純益 …………………226
銀行・証券の分離 ………146
銀行POS …………………118
銀行間の支払決済システム…23
銀行間預金市場……………60
銀行業………………………84
銀行代理業 ……………43, 126
銀行代理業制度 ……188, 218
銀行代理店制度 ……218, 219

銀行等保有株式取得機構 …210
銀行とりひき相談所 ……142
銀行の基本的機能…………16
銀行の公正取引に関する手引 …208
銀行の証券子会社 ………150
銀行の窓口販売 …………156
銀行法 ……………………188
銀行持株会社 …………32, 36
金銭以外の信託……………80
金銭の信託…………………80
金融ADR制度……………142
金融安定化二法……………27
金融改革プログラム…30, 187, 200
金融活動作業部会 ………212
金融機関の種類……………32
金融機関預金………………75
金融危機対応措置 ………204
金融機能強化法……………28
金融検査評定制度 ………200
金融検査マニュアル …187, 200
金融コングロマリット化 …214
金融コングロマリット監督指針 …214
金融サービス業におけるプリンシプル
　　　　　　　　　　……191
金融債………………………70
金融再生プログラム………28
金融再生法開示債権 ……202
金融先物取引 ……………166
金融資産残高………………10
金融市場の種類 ………56, 58
金融商品取引法
　　　……30, 125, 140, 147, 186, 216
金融商品の販売等に関する法律 …125
金融商品販売法 …………140
金融制度改革法……………24
金融的流通………………2, 5
金融犯罪 …………………144
金融持株会社………………36

241

索 引

金利オプション …………………168
金利スワップ ……………………168
金利リスク ………………………235
クレジット・デフォルト・スワップ
　　　………………………………164
クレジットカード ………………136
経済主体 ……………………………4
経常利益 …………………………226
決済業務 …………………………22
決済システム ……………………106
決済用預金 ………………………204
現金準備 …………………………20
権利行使価格 ……………………168
交換仲介機能 ………………………2
公共債 ……………………………70
公共性の原則 ……………………84
公金預金 …………………………75
口座振替 …………………………120
公社債（債権）市場 ……………66
控除項目 …………………………195
公的金融機関 ……………………32
公的資金 …………………………27
合同運用指定金銭信託 …………80
コール・オプション ……………168
コール市場 ………………………60
国債 ………………………………70
国際会計基準 ……………………202
国際業務 …………………………178
国債市場特別参加者 ……………156
国際統一基準 ………………194,195
国内基準 ……………………194,195
国民所得分析 ………………………2
個人金融資産 ……………………126
個人信用情報機関 …………125,138
個人信用情報の登録 ……………139
個人向け国債 ……………………156
個人預金 …………………………75
国庫短期証券 ……………………62

5％ルール ……………………208,210
コミットメントライン …………96
固有業務 …………………………22

さ行

債券 ………………………………70
債券現先市場 ……………………62
裁定取引 …………………………166
在日外国銀行 …………………32,42
裁判外紛争解決（金融ADR）……142
先物取引 …………………………164
先渡取引 …………………………164
サブプライム・ローン …………220
サブプライム・ローン問題 ……12
サブプライム住宅ローン ………187
産業再生機構 ……………………28
資金繰りリスク …………………235
資金決済機能 …………………16,17,22
資金決済システム ……………106,107
資金決済法 ………………………105
資金循環勘定 ………………………2,6
資金仲介機能 …………………16,18
資金の運用 ………………………18
資金不足主体 ………………………4
資金不足部門 ………………………6
資金余剰主体 ………………………4
資金余剰部門 ………………………6
自己査定 …………………………200
自己資本比率規制 …186,188,192,194
市場型間接金融 …………………14
市場リスク …………………192,235
市場流動性リスク ………………235
システミック・リスク ………171,204
実質業務純益 ……………………226
実物的流通 ………………………2,5
指定信用情報機関制度 …………138
自動受取り ………………………120
自動支払い ………………………120

自動振込 …………………120
支払決済手段……………23
支払準備 …………………20
事務リスク ………………235
社会的責任投資 …………238
社債 ………………………70
社債管理業務 ……………160
シャドーバンキング ……222
収益性の原則……………84
住専問題…………………26
住宅金融支援機構 ………134
住宅ローン …………124, 134
少額貯蓄非課税制度……82
証券化 ………………163, 174
証券会社…………………48
証券決済システム …106, 107
証券子会社 ………………150
証券市場…………………66
証券専門会社 ……………150
証券代理業務 ……………160
証券仲介業 ………………156
証券投資…………………154
証券保管振替機構 ………106
商工組合中央金庫 ………102
証書貸付…………………88
譲渡性預金………………76
消費者金融 ………………130
消費者信用 …………124, 130
消費者ローン ……………132
シンジケートローン……96
信託 …………………40, 80
信託銀行 ……………32, 40
信託商品…………………81
新長期プライム・レート……90
信用格付制度……………92
信用金庫…………………44
信用組合…………………44
信用創造機能…………16, 17, 20

信用補完制度……………98, 102
信用保険制度 ……………102
信用保証制度 ……………102
信用リスク ………170, 192, 234
スプレッド貸出…………90
スポット取引……………64
スワップ取引 ………64, 164, 168
政策金融改革 …………52, 53
政策金融機関 ……………52
政府系中小企業金融機関 …102
セーフティネット保証制度 …102
責任共有制度 ……………102
責任投資原則 ……………238
全銀システム ……105, 106, 108
全銀ネット ………………106
全国キャッシュサービス …116
全国銀行個人信用情報センター …138
全国銀行データ通信システム（全銀システム）…………………106, 108
専門金融機関制度………24
早期是正措置 ………186, 194
総合課税…………………82
即時グロス決済 …………108

た行

第二地銀…………………38
第二地方銀号協会加盟銀行 …38
短期貸出…………………90
短期金融市場 …………56, 58
短資会社…………………32
地方銀行 ……………32, 38
中央銀行…………………32
中小企業金融円滑化法…85
中小企業金融機関………32
中小企業の資金調達……98
中小企業の定義…………98
中小企業向け貸出 ………100
長期貸出…………………90

索 引

長期金融機関……………………32
長期金融市場 ………………56, 58
直接金融…………………………14
直物取引…………………………64
通貨オプション ………………168
通貨スワップ …………………168
ディーリング ……………148, 158
定期性預金………………………76
手形貸付…………………………88
手形交換 …………………106, 112
手形売買市場……………………60
手形割引…………………………88
デビットカードサービス ……118
デリバティブ取引 ………164, 170
デリバティブの時価評価 ……172
電子化…………………………120
電子記録債権…………………114
電子記録債権法………………114
電子マネー……………………120
店頭取引………………………164
当期純利益……………………226
投機的取引……………………166
東京オフショア市場（JOM）…57, 72
当座貸越…………………………88
当座預金…………………………76
動産・債権担保融資（ABL）………96
投資信託 …………68, 80, 152, 156
独占禁止法 ………………186, 208
特定社債保証制度………………98
都市銀行…………………………32
取引所市場………………………68
取引停止処分制度……………112

な 行

内国為替制度…………………108
内部格付手法…………………193
日銀ネット ……………………106
日本銀行 …………………32, 34

日本銀行金融ネットワークシステム
　………………………………106
日本銀行政策委員会……………35
日本公庫………………………102
日本政策金融公庫 ……………102
日本版金融ビッグバン ………186
年金信託…………………………80
農林漁業金融機関 …………32, 44
ノンバンク………………………48

は 行

バーゼル 2 ……………………192
バーゼル 3 …………187, 192, 220, 222
派生的預金………………………20
発行市場…………………………68
バリュー・アット・リスク …170
犯罪収益移転防止法 …………212
販売信用………………………130
非割賦方式……………………130
非居住者円預金…………………77
非預金取扱機関…………………32
ファイアーウォール規制 …150, 216
フォワード取引…………………64
付随業務…………………………22
普通銀行…………………………32
普通預金…………………………76
プット・オプション …………168
不動産投資信託…………………68
部門別資金過不足…………………6
部門別資金調達…………………8
振り込め詐欺被害者救済法 …144
不良債権…………………………26
プリンシプル・ベースの監督 …190
ブローキング ……………148, 158
プロジェクトファイナンス……96
ペイオフ …………………187, 204
弊害防止措置…………………150
ベター・レギュレーション …190

ヘッジ取引 …………………166
邦銀の海外展開 ……………180
法人部門の金融資産残高……………10
法的リスク …………………171
保険会社 ……………………48
本源的預金 …………………20
本人確認法 …………………212

ま行

マーケット・リスク ………………170
マザーズ……………………68
マスタートラスト………………40
マネー・ローンダリング ……186, 212
マルチペイメントネットワーク …120
民間金融機関………………32
民間金融機関の中小企業向け貸出
　　………………………………100
民間債………………………70
モバイルバンキング ………………122

や行

郵政民営化…………………50
ゆうちょ銀行………………50
預金業務……………………74
預金商品……………………77

預金取扱金融機関………………32
預金の受入れ………………18
預金の種類 …………………74, 76
預金の特徴 …………………74
預金保険制度 ………………204
預金保険法第102条……………206
預金利子課税制度……………82
預金者保護…………………144
預金者保護法………………144

ら行

リスク管理 …………………234
リスク管理債権 ……………202
流通市場 ……………………68, 70
流動性預金 …………………76
流動性リスク ………………170, 235
ルール・ベースの監督 ……………190
レバレッジ…………………162
レポ市場……………………62
労働金庫……………………44

わ行

ワンストップ・ショッピングサービス
　　………………………………126

《執筆者一覧》

〈第 1 章　わが国の金融構造〉　　　　　　神　門
〈第 2 章　銀行の基本的機能〉　　　　　　石　井
〈第 3 章　わが国の金融制度と金融機関〉　三　橋
〈第 4 章　金融市場〉　　　　　　　　　　飛　田
〈第 5 章　預金業務〉　　　　　　　　　　竹　内
〈第 6 章　貸出業務〉　　　　　　　　　　遠藤績穂
〈第 7 章　為替業務〉　　　　　　　　　　福　田
〈第 8 章　個人向けの銀行取引〉　　　　　藤　澤
〈第 9 章　証券業務〉　　　　　　　　　　三　橋
〈第10章　デリバティブ・証券化〉　　　　大　峰
〈第11章　国際業務〉　　　　　　　　　　井出野
〈第12章　銀行に対する規制・監督〉　　　三　澤
〈第13章　銀行の経営〉　　　　　　　　　遠藤満

図説　わが国の銀行（2013年版）

1988年11月 1 日　初版発行
2013年 3 月15日　 9 訂版発行

編　者　一般社団法人全国銀行協会
　　　　　　金　融　調　査　部
発行者　富　高　克　典
発行所　株式会社　財経詳報社

〒103-0013　東京都中央区日本橋人形町 1 ― 1 ― 6
　電　話　03（3661）5266（代）
　ＦＡＸ　03（3661）5268
　http://www.zaik.jp
　振替口座　00170-8-26500番

検印省略

printed in Japan 2013 ©

落丁・乱丁本はお取替えいたします　　　　（印刷・製本　勝美印刷）

ISBN978― 4 ―88177―288― 1